Peter H. Grassmann

Plateau 3: Zukunft vererben

SONDERAUSGABE FÜR DIE GLOBAL MARSHALL PLAN INITIATIVE

PETER H. GRASSMANN

PLATEAU 3: ZUKUNFT VERERBEN

Werteregulierte Marktwirtschaft
und Bürgerdemokratie

MURMANN

Dank

Die nach erfreulich kurzer Zeit mit Hilfe der Global Marshall Plan Initiative möglich gewordene zweite Auflage erlaubte es, das Vorwort und den Epilog zu aktualisieren und einige Textpassagen deutlicher zu fassen. Allen gilt mein Dank, für diese wie auch für die erste Auflage, denn ohne langjährige Förderer, ohne Rat, Geduld und Hilfe von Freunden und Familie und ohne die wachsende Zahl von Unterstützern wäre dieses Buch nicht möglich gewesen. Möge es dazu beitragen, unsere Marktwirtschaft zu einem System zu wandeln, an deren Werteorientierung wir uns täglich erfreuen können.

ISBN 978-3-86774-054-8

Aktualisierte Sonderausgabe für die Global Marshall Plan Initiative,
September 2008

Umschlaggestaltung: Rothfos & Gabler, Hamburg
Herstellung und Gestaltung: Eberhard Delius, Berlin
Satz: Offizin Götz Gorissen, Berlin
Gesetzt aus der Minion
Druck und Bindung: Freiburger Graphische Betriebe, Freiburg
Printed in Germany

Besuchen Sie uns im Internet: www.murmann-verlag.de

Ihre Meinung zu diesem Buch interessiert uns!
Zuschriften bitte an **info@murmann-verlag.de**
Den Newsletter des Murmann Verlages können Sie anfordern unter
newsletter@murmann-verlag.de

INHALT

Nur wer Weitblick hat, vermag Grenzen zu überwinden.
Nur wer Einblick hat, weiß Grenzen zu setzen.

Peter Gruss, Präsident der Max-Planck-Gesellschaft
(aus der Festrede für Carl Friedrich von Weizsäcker,
gehalten am 25. September 2007)

Vorwort

Sich wohlfühlen auf dieser Welt – das müsste doch eigentlich ganz einfach, fast selbstverständlich sein. Zumindest wenn man in einer der reichen Industrienationen lebt, in Wohlstand, Freiheit und Demokratie. Wenn man auf fünfzig Jahre Frieden zurückblicken kann und auf die in dieser Zeit aufgebaute Stärke der sozialen Marktwirtschaft, zuletzt gestärkt auch durch eine ökologische Komponente. Zweifellos ist unsere Marktwirtschaft dynamisch und erfolgreich, sichert unsere Versorgung und reagiert auf Produktwünsche, sichert – wenn auch mit erheblichem finanziellen Aufwand – unsere sozialen Netze und beschert uns täglich Tausende von Annehmlichkeiten, die von demokratisch gesicherten politischen Strukturen, von Bewegungsfreiheit und Wohlstand begleitet werden.

Und dennoch beschleicht uns manchmal das Gefühl, dass etwas schiefläuft. Immer wieder gibt es Kritik an Wertedefiziten der Marktwirtschaft, an fehlender sozialer Verantwortung und an mangelnder Langfristigkeit. Solche Zweifel haben mich alle meine Berufsjahre hindurch begleitet. Schon während meiner lange zurückliegenden Zeit als wissenschaftlicher Assistent in den USA störte mich die dort auch heute noch allgegenwärtige Verschwendung, diese Freude am Überfluss, ständig begleitet von aggressiver Werbung, typische Charakteristik einer immer nach Wachstum und schnellem Gewinn hungernden Wirtschaft. Übergewicht, Aggressivität und Konzentrationsschwäche, auch Drogensucht, vielfach schon bei Kindern, waren die äußeren Zeichen dafür, dass der dominante Leistungs- und Konsumdruck nicht zu innerer Balance, zu innerer Zufriedenheit führt, dass er vielmehr ein ständig belastendes Spannungsfeld des Vergleichens und der Wünsche auslöst, ganz zu schweigen vom sichtbaren Raubbau an Ressourcen und Natur.

Zwar schuf die amerikanische Marktwirtschaft neben einer enormen Schere zwischen Arm und Reich auch den Wohlstand einer großen Mittelschicht, der die meisten Länder der Welt nur neidisch machen konnte. Europa saugte diesen Lebensstil und Teile des Marktgebarens gleichfalls auf, die Vereinigten Staaten wurden bewundert. Versorgungs- und Beschäftigungsstärke sowie wirtschaftliche Kraft waren unübersehbar. Sie zeigten, dass eine starke Marktwirtschaft die richtige Basis war, aber ein Endpunkt konnte das nicht sein, die Systemschwächen waren zu deutlich. Es musste bessere Wege geben.

Meine späteren Aufgaben in der exportstarken Medizintechnik brachten mich bald in alle Teile der Welt, auch in die zum Teil ehrgeizig aufstrebenden »Entwicklungsländer«. In unterschiedlichster Form prallten hier die Egoismen der Marktwirtschaft auf die lokale Ausgangssituation und führten manchmal zu dramatischen Konflikten. Kaum irgendwo wurden die Aufgaben der sozialen Balance und der Nachhaltigkeit auch nur einigermaßen gelöst, überall fehlte den Egoismen der Marktwirtschaft eine Politik als Gegenpol oder Korrektiv, die unabhängig genug war, um vernünftig gegensteuern zu können. Es war enttäuschend und ernüchternd, dass ich gerade in diesen Ländern immer wieder beobachten musste: Marktwirtschaft hat Kraft, aber sie löst die zentralen Probleme auf dem Globus nicht, sie funktionierte eigentlich nur in den Industrieländern. Unsere Erwartung, die weitgehende Freiheit der Marktwirtschaft würde weltweit zu Wohlstand und sozialer Balance führen, war schlicht falsch, war zu naiv. Zu eindeutig waren Korruption und Kapitalexport, waren die extremen sozialen Unterschiede in allen Ländern Südamerikas, zu katastrophal war der Zustand in Afrika und in weiten Teilen Asiens. Lediglich in Fernost hatten sich um Japan herum einige Länder als die »vier Tiger« aufgestellt. Sie zeigten, dass Industrieproduktion einen gewissen Wohlstand schaffen kann, allerdings auch in diesem Fall mit einer extremen sozialen Spanne und gewaltigen Umweltproblemen gekoppelt. Unser System war einfach kein skalierbares, leicht und unverändert übertragbares Modell. Bei Besuchen in Indien und China wurde man schon unruhig, wenn man sich vorstellte, dass unsere verschwenderischen Lebensformen und Wohlstandsprodukte dort auch nur zum Teil übernommen werden würden.

Aber die Menschen dort drängten danach. Und zwar in rasch wachsender Zahl. Mit beginnendem Lebensstandard, einsetzender medizinischer Versorgung und besserer Ernährung kam rasch der verständliche Wunsch nach den übrigen Annehmlichkeiten der neuen Zeit und damit zugleich der Energiehunger. Dann aber wurde täglich klarer: Mag unser System der Industriestaaten für eine Milliarde Menschen gerade noch tragbar sein, auf weitere Milliarden ist es nicht ausdehnbar. Eine System- und Generationenfalle öffnet sich, und zwar umso rascher, je besser es gelingt, international Armut zu bekämpfen und Wohlstand zu fördern. Ein elementarer Konflikt.

Eine erste Hoffnung auf eine Trendwende hatte die nun schon lange zurückliegende Konferenz von Rio de Janeiro gegeben, das war 1992. Endlich wurde formuliert, was viele als die zentralen Probleme und als die besten Leitlinien des Handelns empfanden. Der Ruf zum Wandel, der Ruf nach neuen Kräften wurde zum Dokument. Nur: Die Reaktionen von Politik und Märkten blieben aus. Die fünf Jahre später anberaumte Konferenz von Kyoto konzentrierte sich weitgehend auf den Klimawandel und verstrickte sich dabei in einem Geflecht von Kompromissen. Die mehrheitliche Zustimmung blieb zu lange aus, und damit unterblieb das notwendige Umsteuern.

Die Probleme wurden immer deutlicher und vor allem der Klimawandel unübersehbar. Dann erschien Anfang 2007 der vierte (!) warnende Bericht des Klimarats der UN. Er war ein Aufschrei! Nun endlich schwenkten die Medien und damit weite Teile der öffentlichen Meinung um und begannen zumindest, dieses Problem zu akzeptieren. Der von der britischen Regierung beauftragte Ökonom Nicholas Stern brachte es auf den Punkt und schrieb den folgenden erschreckenden Satz: »Der Klimawandel ist das größte Versagen des Marktes.« Die Prognosen waren nun seit über 20 Jahren bekannt. Auch die erwähnte Rio-Konferenz hatte ja gerade die Gefahren unseres Energiehungers deutlich gemacht und uns schon damals zu umfassenden Verhaltensänderungen aufgefordert.

Einige wenige sind dem durchaus gefolgt und wurden »vernünftiger«. Auch ich fand zunehmend Freude daran, Fahrradtouren im Heimatland zu unternehmen, baute eine Wärmepumpe in mein Haus und ersetzte meinen benzindurstigen PKW durch einen sparsamen Diesel neuester Technologie. Mit Begeisterung verfolgte ich die gemeinsame Nachhaltigkeitsinitiative der Eidgenössischen Technischen Hochschule in Zürich, der University of Tokyo und des MIT in Boston, wo ich nach meinem Ingenieur- und Physikstudium wissenschaftlich tätig gewesen war. Ich besuchte die Jahrestagungen der »Alliance of Global Sustainability« der drei genannten Universitäten und hielt Vorträge zu Problemen der Unternehmensethik und Nachhaltigkeit. Immer mehr drängte sich der Klimawandel als offensichtlichste Folge marktwirtschaftlichen und technologischen Versagens in den Vordergrund.

Als passioniertem Skifahrer und Bergsteiger wurden mir die Zeichen kontinuierlicher Erwärmung, das Abschmelzen der Gletscher und die Schneesorgen vieler niedrig gelegener Alpenregionen Jahr für Jahr deutlicher vor Augen geführt. Immer wieder berührt von solchen Eindrücken, wurde ich wenigstens etwas energiebewusster und engagierter, wie viele andere Privatleute und Unternehmer auch. Meine Vorstandskollegen und ich verschärften die Umwelt-Audits, beschleunigten den Ausstieg aus FCKW, das wir damals über unsere Industrieanlagen noch tonnenweise in die Luft bliesen, und ersetzten Reisen, wann immer das irgendwie möglich war, durch Videokonferenzen. »Grün« wurde modern, und zwar ganz unabhängig von der politischen Einstellung. Aber hat es gereicht, ist die große Masse den neuen Vorstellungen und Forderungen gefolgt?

Offensichtlich nicht. Denn trotz aller Warnungen ist der unverändert fortschreitende Klimawandel ein besonders klares Symptom eines Systemproblems. Unsere Marktwirtschaft verachtet Werte, wann immer ein Teil der Kunden es zulässt, auch wenn wir dann sagen: »So haben wir das nicht gewollt« und die Fehlentwicklungen beklagen. Weder Kundenmacht noch der Politik gelingt es, die Werte zu achten.

Das gilt es zu brechen. Der Konsens über Wertesicherung in der Marktwirtschaft muss auf einem breiteren Sockel gebildet werden, in einem schwierigen Balanceakt zwischen geliebter Freiheit und verantwortungsvollem Umgang mit unseren Möglichkeiten. Wie also können die Regelungsmechanismen unserer Marktwirtschaft so ergänzt werden, dass die Berücksichtigung grundsätzlicher Werteforderungen für alle Unternehmen bindend wird? Das ist die Frage, auf die dieses Buch eine Antwort geben will.

Ich war lange in obersten Führungsfunktionen der Industrie tätig, habe große Geschäftsfelder aufgebaut und andere abgebaut, habe mitgeholfen, Tausende von Arbeitsplätzen zu schaffen, und zugleich viele andere Arbeitsplätze vernichten müssen. Ich weiß, wie erfolgreiche Marktwirtschaft funktioniert, und kenne ihre Defizite und Schwächen, auch ihre Grenzen. Die Misserfolge bei der Bekämpfung des Klimawandels scheinen mir gut erklärbare Konsequenzen aus Wesenszügen freier Märkte und aus der mangelnden Berücksichtigung sozialpsychologischer Erkenntnisse des Bürgerverhaltens. Es sind Systemfehler der Marktwirtschaft, die es zu verstehen gilt. Darum geht es in den einleitenden beiden Kapiteln. Aus diesem Verständnis abgeleitet, ergeben sich neue Steuerungsmechanismen, neue, korrigierende Kräfte, von denen – untermauert durch mehrere Beispiele – in den weiteren Kapiteln die Rede sein wird.

Es geht um eine verpflichtende Werteregulierung der Marktwirtschaft und um die Möglichkeiten der bürgerlichen Gemeinschaft, Märkte und Steuerungsprinzipien zu beeinflussen. Ich spreche dabei von Maßnahmen der verpflichtenden Wertesicherung für diejenigen Defizite, die durch Marktkräfte, soziale Unternehmerverantwortung oder politische Maßnahmen allein nicht ausgewogen genug in den Griff zu bekommen sind.

Sie alle haben Begrenzungen, vor allem im heutigen globalen Wettbewerb. Der nimmt auf soziale Werte keine Rücksicht. Als ich den Vorstandsvorsitz von Carl Zeiss übernahm, war das Unternehmen genau durch solche soziale Rücksichtnahme in die Krise geraten und wurde zum Sanierungsfall. Dieser weltbekannte Optikkonzern mit 15 000 Mitarbeitern unterliegt einer 100 Jahre alten Stiftungsverfassung, die allgemein als ein Pionierbeispiel sozialer Unternehmensführung, der »Social Responsibility« des Unternehmers, gilt. Durch eine zu einseitig »soziale« Auslegung dieser Verantwortung waren hier nun Personalanpassungen lange Zeit unterblieben, was ein das Überleben des Unternehmens bedrohendes Desaster nach sich zog. Die Sanierungsaufgabe zeigte mir täglich, wie wenig sozialen Spielraum ein Unternehmer heute im globalen Konkurrenzumfeld bei einer Sanierungsaufgabe hat, wie schwer es ist, harte Schnitte durch den sozial so wichtigen langsamen Wandel zu ersetzen. Die Globalisierung hat den Spielraum des Unternehmers hier nochmals verringert, die Möglichkeiten für einen vorbildlichen Werteschutz begrenzen sich sofort. Der Kunde will seinen Preisvorteil, der Investor ständig steigende Rendite.

Vom Hunger einer auf Wachstum getrimmten Marktwirtschaft getrieben, bleiben Werteziele und die Verpflichtung zur Nachhaltigkeit auf der Strecke, unbeachtet auch von der naturgemäß langsameren und abhängigen Politik und schulterzuckend negiert vom Großteil der Kundschaft. Es sind beide, die hier versagen: die anbietende Marktwirtschaft und deren Investoren und allzu oft auch die einkaufenden Bürger. Unser System muss sich dem stellen. Wir brauchen neue Wege zur verpflichtenden Sicherung langfristig wichtiger Werte, insbesondere da, wo wir als Verbraucher und Bürger die anonyme Bequemlichkeit und kurzfristige Egoismen vorziehen und damit der Marktwirtschaft das Alibi für die Missachtung der Werte verschaffen. Schon drängt sich der Verdacht auf, dass wir als Kunden, die wir mit unseren Kaufentscheidungen in Summe den »Markt« bilden, eine im Kaufverhalten zu egoistische Generation sind, ohne ausreichenden Wertebezug. Was immer langfristig wichtige Werte einer Zivilisation sind, sie drohen im Zusammenspiel kurzfristiger Egoismen der Verbraucher und der Bürger und des Kapitals, der Investoren, zu versinken. Diesen Makel gilt es zu beseitigen.

Es wird also um eine neue Evolutionsstufe, um ein neues, höher liegendes »Plateau« von Marktwirtschaft, Kundenverhalten und auch Demokratie für eine nachhaltig stabilere Gemeinschaftskultur gehen. Ich werde es »Plateau 3« nennen, um den Unterschied zu unserer heutigen sozialen Marktwirtschaft, dem »Plateau 2«, und dem klassischen Kapitalismus des 19. Jahrhunderts, dem »Plateau 1«, zu kennzeichnen. Als Bergsteiger gefällt mir dieses Denken in Plateaus, diesen schönen Hochebenen, vor denen immer ein oft schwer zu überwindender Steilhang liegt. Auf dem dritten »Plateau« muss es nun um echte Sicherung langfristig wichtiger Werte, um echte Nachhaltigkeit gehen. Gemeint ist nicht das allzu häufig unreflektiert gebrauchte Schlagwort, sondern ein Ruf nach dauerhaften Gleichgewichten und nach Respekt vor den Lebensnotwendigkeiten der nächsten Generation. Und es muss um die Langfristigkeit industriellen und wirtschaftlichen Handelns gehen, denn Nachhaltigkeit und langfristiger Unternehmenserfolg, das sind zwei Seiten derselben Medaille.

1. Die Zeit ist reif für neue Lösungen

»An Inconvenient Truth«

Im Juli 2006 sah ich auf der Grande Piazza von Locarno, dem von jahrhundertealten Bürgerhäusern umsäumten großen Platz, auf einer 30 Meter breiten Leinwand den Film von Al Gore »An Inconvenient Truth« in europäischer Uraufführung. Sie war von der Schweizerischen Klimaforschung aus Anlass des 125-jährigen Jubiläums des Schweizer Wetterdienstes organisiert worden. Die Nacht war warm, es war der heißeste Juli seit Menschengedenken. In diesem Film erläutert Al Gore seinen langen Kampf gegen die Energieverschwendung der USA und die enormen Risiken der globalen Erwärmung.

Wie ein Blitz schoss es mir wieder durch den Kopf: Das ist das Ergebnis unserer Produkte, unserer Technologien, unserer als so »perfekt« geltenden Erfindungen. Und es ist das typische Verhalten unserer Marktwirtschaft, die sich nicht um Werte kümmert, solange es der Kunde akzeptiert und vielleicht sogar fördert. Ich kannte dieses bedrückende Gefühl auch von meinen Führungsaufgaben in der medizintechnischen Industrie. Das Gesundheitswesen befand sich immer im Spannungsfeld von großem Geschäft und höchstem ethischen Anspruch. Wertesicherung bei der Vermarktung, beim ärztlichen Einsatz oder bei den Versuchungen zur Übertechnisierung war täglich Brot. Aber es waren nicht nur die bedrückenden Bilder vom oft unmenschlichen, überzogenen Einsatz unserer Geräte, es war auch die wenig diskutierte Rolle der Medizin als Störung eines Gleichgewichts und eigentlicher Ursache der globalen Bevölkerungsexplosion. Das ist vom Menschen gewollt, aber dennoch eine der versteckten Wurzeln der Ressourcenbelastung des Globus. Durch den Film wurde eine andere Dimension geschäftlicher Entwicklungen deutlich: Die Antwort der Technik auf unseren Energiehunger ruiniert den Lebensraum! Wir sehen es seit Jahren kommen, und nichts geschieht. Langfristig wichtige Werte zu schützen war im System unserer Marktwirtschaft allenfalls durch Gesetze vorgeschrieben, und die waren schwerfällig und oft ungenau.

Ich hatte viel Erfahrung darin gewonnen, wie Märkte funktionieren, und schon oft gegrübelt, wie der Wertesicherung in der Marktwirtschaft über die politischen Vorgaben hinaus mehr Nachdruck verliehen werden könnte, und Ideen entwickelt, wie das gelingen könnte. Gerade die unterlassene Abwehr des Klimawandels war ein typisches Beispiel für ein werteverachtendes Zusammenspiel von Wirtschaft, Kunden und Investoren. Stets wurde dem Kunden die Schuld in die Schuhe geschoben, der es nun mal so wollte, dabei außer Acht lassend, dass gerade wir deren Kaufverhalten erheblich beeinflussen konnten.

Aber so kann es nicht weitergehen, die Marktwirtschaft braucht mehr »Werteregulierung« in Form von verpflichtenden Leitlinien, die eine Verletzung unseres Planeten verhindern und ihr die Erfüllung auch von solchen ethischen Pflichten aufzwingen, die sich nicht kurzfristig in Umsatz und Gewinn niederschlagen. Was durch Gesetze erzwungen wird, reicht eben nicht. Dazu sind sie zu langsam und unflexibel und vor allem zu sehr mit Kompromissen behaftet. Die großen Debatten und die geringen Konsequenzen nach den Ermahnungen der Klimaforscher haben dies erneut überdeutlich bewiesen. Wir müssen das Systemdefizit angehen. Auch wenn es ein mit vielen Schwierigkeiten gepflasterter Weg sein wird, der Zeit und Opfer kostet, dürfen wir solche Katastrophen nicht einfach ungebremst auf uns zurollen lassen. Der Klimawandel ist lediglich ein Beispiel, letztlich geht es generell um Defizite nachhaltig korrekten Handelns und um Generationengerechtigkeit. Die Appelle an die Industrie, so wurde mir zunehmend klar, genügten nicht mehr, eine systemimmanente Antwort war gefordert, ein verändertes, stärker an einem Ziel ausgerichtetes Regelungsprinzip. Es betraf im Übrigen nicht nur das Klimaproblem, sondern zahlreiche andere Sünden gegen das Gebot der Nachhaltigkeit.

Doch noch einmal zurück zu dem genannten Film. Dieser zeigt indirekt noch eine zweite unbequeme Wahrheit: das Versagen der amerikanischen Demokratie, eigentlich unserer westlichen Demokratie. Er macht deutlich, wie die heutige Machtpolitik allzu oft mit den unbequemen Notwendigkeiten der Nachhaltigkeit umgeht, und zeigt die polemische Verunglimpfung anerkannter wissenschaftlicher Experten und Ergebnisse, die Rücksichtslosigkeit wirtschaftlichen Profitdrucks und den gerade noch gesetzeskonformen, aber überaus zweifelhaften Umgang mit Wahlergebnissen.

Dieser Film macht auch die Verantwortung des amerikanischen Wählers deutlich. Viele hatten wohl die Republikanische Partei von George W. Bush gewählt, weil sie die Grundhaltung von Al Gore kannten und die Konsequenzen einer nachhaltigeren Energiepolitik scheuten. Die Wahlversprechen der Demokraten deuteten außerdem auf eine starke Ausweitung der Sozialleistungen nach europäischem Vorbild und entsprechend kräftige Steuererhöhungen. Jeder Wähler musste seine Priorität zwischen diesen sehr unterschiedlichen Themen festlegen. Dennoch tragen die Wähler der Republikanischen Partei hier persönliche Verantwortung, weil sie damit einer Politik zustimmten, die die Klimakatastrophe ignoriert. Hier zeigt sich deutlich das Problem klassischer demokratischer Wahlen, Themen der Nachhaltigkeit mit anderen politischen Themen zusammen in einen großen Topf zu werfen. Zwangsläufig schauen die meisten zuallererst auf das kurzfristige Übel, das sich unmittelbar in den nächsten Jahren auswirken wird, und schieben die langfristigen Themen von sich weg. Das ist ein Hauptgrund, warum unsere heutige, nur repräsentative Demokratie nicht ausreichend zukunftsfähig ist. Sie zwingt uns nicht dazu, auf unangenehme Fragen eine Antwort zu geben, und erlaubt das Ausweichen in andere Prioritäten und Anonymität. Wen wundert dann, dass die Stimme der Vernunft die Egoismen nicht mehr übertönt und die Kurzfristigkeit siegt? Nachhaltige Lösungen für langfristig wichtige Themen sind so nicht durchzusetzen.

Das ist ein schwerwiegender Satz, der durch Beispiele zu untermauern ist. Vier davon werden auf den folgenden Seiten diskutiert; alle zeigen sie die Defizite der Generationengerechtigkeit und der sozialen Balance als zentrales gesellschaftliches Problem. Es geht letztlich darum, in welchem Zustand wir unseren Globus vererben, wie wir die nächste Generation formen, welche Beschäftigungskultur wir vererben und wie viele Schulden wir hinterlassen. Es sind die vier Themen, die uns Egoisten mit verschlossenen Augen heute nicht stören, uns morgen aber als Versagen vorgehalten werden. Und all das wird noch von den Nord-Süd-Gegensätzen und von Wohlstand und Armut als unbeantwortetem Hilfeschrei von Millionen in der Dritten Welt überlagert, deren Situation durch die prognostizierten Konsequenzen des Klimawandels noch ernster wird.

Die Klimafalle – Das Unbehagen einer egoistischen Generation?

In den Monaten nach dieser Filmaufführung ging es in der Klimadebatte Schlag auf Schlag, so als hätte der Regisseur dieses Timing abgepasst. Erst bestätigte der britische Ökonom R. Stern die enormen Kosten des beginnenden Klimawandels, dann veröffentlichte die UN-Kommission ICPP eine wissenschaftlich gesicherte

Schreckensanalyse nach der anderen, und endlich beendeten die Medien ihre Zweifel an der Stichhaltigkeit der Argumente, erzeugten aber – wohl unfreiwillig – fast Hysterie. Dabei war das Thema keineswegs neu.

Schon viele Autoren hatten unsere Probleme der Belastung des Globus und des Energieverbrauchs zum Thema gemacht. Es gab viele warnende Stimmen in fast allen Industrieländern und Sprachen, beginnend mit den ersten Veröffentlichungen des Club of Rome. Es wurden Verhaltensänderungen eingefordert und neue Lösungen angeboten, neue Technologien oder auch nur neue Prioritäten alter Technologien. Bücher wie Ernst Ulrich von Weizsäckers *Faktor 4* (1995) oder Amory B. Lovins *Winning the Oil-Endgame* (2004) wurden viel gelesen und gaben der Diskussion neue Impulse, praktisch aber hat sich an den Trends nur wenig geändert. Der immer wieder artikulierte Ruf nach der so lebenswichtigen Nachhaltigkeit im Energieverbrauch verhallte weitgehend wirkungslos. Heute sprechen einige Sozialethiker bereits von Sünde, fast alle sehen heute im Klimaschutz eine moralische Frage.

Damit ändert sich der Blickwinkel, denn dann treten die wirtschaftlichen Fragen in die zweite Reihe, Kosten und Gewinne sind nun nicht mehr die alleinigen Kriterien. Auch eine »Schonfrist« für Schwellenländer relativiert sich, denn natürlich ist es einfacher, durch Raubbau und eine »Nach mir die Sintflut«-Haltung unmoralisch Geld zu verdienen, aber das kann noch lange nicht heißen, dass damit den jetzt aufstrebenden Nationen ein Freischein zur Nachahmung gegeben werden sollte. Was für den Rauschgiftanbau gilt, gilt auch für Klimasünden. Nur ein weltweites Ende des Fehlverhaltens taugt als Antwort, auch wenn diese gerade für die Entwicklungsländer und die neu aufstrebenden Industrienationen komplex ausfallen muss.

Denn es gibt zwei Wege: Naheliegend war, dass die Schwellenländer ihre Infrastruktur und ihre Lebensformen mit unseren alten Energiekonzepten aufbauen und dabei von uns sogar unterstützt wurden. Der andere Weg mit mehr Zukunftssicherheit aber wäre, so weit wie möglich zu erzwingen, dass unsere Fehlentwicklungen nicht übernommen werden. Unser bisheriger Weg ist bequem, aber falsch. Unser Energiekonzept darf niemals von einer Milliarde Nutzer auf mehrere Milliarden oder sogar sieben bis acht Milliarden Nutzer ausgeweitet werden. Die globalen Gleichgewichte sind ausgeschöpft, *unser Energiekonzept ist nicht mehr skalierbar*. Wir müssen die Schwellenländer drängen, sich von vornherein für modernste, energiesparende und Alternativen nutzende Lösungen zu entscheiden, wo immer wir das beeinflussen können. Denn die derzeitige bequeme und schnelle Aufbauarbeit mit unseren alten Denkweisen schreibt zwangsläufig unsere ineffektiven, überholten Konzepte fort und macht die Notwendigkeit einer nächsten Sanierungswelle unausweichlich.

Schon die Konferenz von Rio de Janeiro 1992 hatte das zwangsläufige Ende unseres Lebensstils deutlich vor Augen. Mit ihrer Abschlusserklärung schuf sie ein sehr ungewöhnliches Dokument, das Sie am Ende dieses Buches finden. Nicht nur machte es die bestehenden Defizite weltweit bekannt und bewusst und gab Handlungsleitlinien, es forderte auch die Haftung der Schadensverursacher für die Folgen. Dieser »Earth Summit« brandmarkte ungewöhnlich scharf die Probleme unserer Wohlstandsgesellschaft und klagte entsprechende Änderungen unseres Verhaltens als Gemeinschaft ein. Gefordert wurde eine neue Form der weltweiten Partnerschaft mit einer viel konsequenteren Ausrichtung unseres Handelns an den Geboten des Umweltschutzes und an der Frage der Nachhaltigkeit.

Spätestens ab diesem Zeitpunkt wurde deutlich, wie wichtig dauerhafte globale Gleichgewichte sind, ohne die ein enormes Gefahrenpotenzial besteht, und für die wir deshalb alle Verantwortung tragen. Im kleineren, meist lokalen Maßstab haben wir dann auch gut gelernt, uns um Umwelt- und Naturschutz und, allgemeiner, um ökologische Probleme zu kümmern. In manchen Bereichen konnten auch große Korrekturen durchgesetzt werden, vor allem dort, wo wir unmittelbar und sofort davon profitierten. Die Verbannung der Fluorchlorkohlenwasserstoffe aus den Consumer-Produkten und aus den Reinigungsprozessen der Industrie, die Umstellung auf bleifreies Benzin, der Rückgang von Wasser-, Boden- und Luftverschmutzung, strenge Kontrollen von Nahrungsmitteln – all das waren Maßnahmen, die unsere Welt verbesserten.

Man könnte zufrieden sein, wenn eben nicht der Verbrauch der fossilen Brennstoffe und damit der Kohlendioxidausstoß nicht zugenommen hätte und wenn die Unterzeichnerstaaten wenigstens die allgemein als unzureichend angesehenen Vorgaben des Kyoto-Protokolls eingehalten hätten. Aber selbst diese Ziele wurden verfehlt, und das auch in Europa. Denn trotz teils durchaus beachtlicher Einsparungen wurde das durch überdurchschnittliches Wachstum an anderen Stellen mehr als kompensiert. Die verantwortlichen Politiker befürchten, dass wirklich harte Entscheidungen Popularität und vielleicht auch Wirtschaftskraft kosten könnten und positive Wirkungen noch geraume Zeit auf sich warten lassen werden. Das setzt von vornherein Grenzen.

Für uns Ingenieure und Technologen ist das irritierend, denn wir sind gewohnt, gegen die Gefahren und Risiken unserer Produkte, und seien sie auch nur von geringer Wahrscheinlichkeit, Vorkehrungen zu treffen. Sicherheitsrisiken in Autos, Medikamenten oder Lebensmitteln werden nicht geduldet, ebenso wenig die Umweltrisiken eines Fertigungsprozesses. *Vermeidung von Gefahrenpotenzialen* ist die Devise des Ingenieurs. Im Falle der Klimadebatte aber wollen viele diesem Grundsatz nicht folgen und erst den absoluten Nachweis des Treibhauseffekts auf die Klimaveränderung sehen. Den allerdings wird es nie eindeutig geben können, denn das Wetter ist eine statistische Größe, und tatsächliche Belege ergeben sich nur langsam aus der Datensammlung und -auswertung vieler Jahrzehnte. Dann aber ist die Klimakatastrophe irreversibel, und die nächste Generation sitzt in der Klimafalle. Die kommenden Generationen werden nicht gut auf uns zu sprechen sein, uns vielleicht eine »egoistische Generation« nennen.

Es ist höchste Zeit, wir müssen über unsere Systemfehler nachdenken. Sie betreffen nicht nur den Klimaschutz, sondern auch zahlreiche andere Beispiele fehlender Nachhaltigkeit im staatlichen wie im marktwirtschaftlichen Handeln.

Geschützt und versorgt, auf Pump

Alle großen Industrienationen haben Staatsschulden in einer Höhe angehäuft, für die die heutige Generation kaum mehr als die Zinsen aufbringen, geschweige denn die Schulden voll zurückzahlen kann. Eigentlich verbietet das die weitere Aufnahme von Krediten. Über fünf Jahre in Folge musste die deutsche Regierung zu Beginn des neuen Jahrtausends bekennen, dass sie die von der Europäischen Union festgelegte jährliche Höchstgrenze der Neuverschuldung von 3 Prozent des Bruttoinlandsprodukts immer wieder überschritten hatte, obwohl sie zuvor jedes Mal versichert hatte, dass die Grenze im kommenden Jahr unterschritten werde. Tatsächlich wurde sie aber gleich um Prozentpunkte verfehlt, wovon jeder in etwa 22 Milliarden oder 22000 Millionen Euro neue Schulden zulasten der Zukunft bedeutet.

Im Sommer 2005 interviewte ein Reporter des ZDF im Berliner Reichstag Abgeordnete, die aus einer Parlamentssitzung über den Bundeshaushalt und die Neuverschuldung kamen, und fragte sie, ob sie die Höhe der gesamten öffentlichen Verschuldung wüssten. Keiner der Abgeordneten kannte die richtige Antwort, alle stotterten nur herum, entschieden aber dennoch über das Volumen der Neuverschuldung. Die Gesamtverschuldung der öffentlichen Hand betrug 2005 fast 1,3 Billionen, also 1300 Milliarden Euro, eine Last für Jahrzehnte. Stets lautet die unausgesprochene Hoffnung: Die nächste Generation wird es schon richten. Wenn man – wie die Unternehmensberatung McKinsey errechnet hat – die übernommenen Sozialverpflichtungen mit einrechnet, dann sind das insgesamt 6,8 Billionen Euro. Würde man dies wie ein Unternehmen in eine Finanzbilanz einstellen, überschritte das bereits den Gegenwert der nationalen Vermögensbewertung, also eine durch Zukunftsverpflichtungen überschuldete nationale Bilanz – für ein Unternehmen wäre das der Grund für einen Konkursantrag!

Unsere Generation weiß sich also zu schützen, notfalls mit Schulden und notfalls auch zum Nachteil der Jugend – über Kündigungsschutz bei Arbeit und Wohnung, tariflichen Einkommensschutz, ein soziales Netz auch für weniger schwere Krankheiten und hohe Rentenansprüche. Zuletzt hat Kurt Biedenkopf diese Probleme eindringlich beschrieben (*Die Ausbeutung der Enkel*, 2007), oder auch Werner Sinn, der Leiter des Münchner ifo-Instituts. Und davor Meinhard Miegel in seinem bekannten Buch *Die deformierte Gesellschaft* (2002), das von der Idee einer breiten Diskussionsoffensive, dem Bürgerkonvent, begleitet war.

Finanzielle Sicherheit und sozialer Schutz für jeden sind notwendige Grundelemente der sozialen Marktwirtschaft – das steht außer Zweifel. All diese Sicherheiten besitzen aber auch eine Kehrseite, sie müssen finanziert werden, schwächen unsere nationale Wettbewerbsfähigkeit und verleiten zum Missbrauch. Sie vertreiben Unternehmen, verhindern Wohnungsbau, lähmen Gerichte, nehmen der eigenen Industrie die Konkurrenzfähigkeit und hatten schließlich in der Spitze über fünf Millionen Arbeitslose zur Folge. Oder waren es nicht eher sechs Millionen, wenn man ehrlich rechnet? Geschieht die Finanzierung gar durch Schulden, ist die Verletzung der Nachhaltigkeitspflicht besonders deutlich. Die wirtschaftlich nicht gedeckten Kosten der Sozialsysteme, also die Staatszuschüsse der letzten zwanzig Jahre, entsprechen recht genau der aufgelaufenen Gesamtverschuldung, und das jährliche Defizit der sozialen Netze, das durch Beiträge nicht gedeckt ist, liegt bei vielen Milliarden Euro.

Zugleich zieht gerade das deutsche Sozialsystem viele Nutznießer aus anderen Ländern an, die diese materielle Versorgung für einen paradiesischen Zustand halten, oft ohne eine Gegenleistung zu erbringen. Dabei kann ein derartiges System nur durch Leistung funktionieren. Werden zu viele Menschen Nutznießer, ohne einen eigenen Beitrag zu leisten, muss es über kurz oder lang kollabieren.

Zu den mutlosen Entscheidungen, den Unterlassungen der außenpolitisch so mutigen Kohl-Regierung, gehörte es, das im neuen globalen Wettbewerb volkswirtschaftlich nicht mehr konkurrenzfähige System der alten Bundesrepublik unverändert auf die neuen Bundesländer zu übertragen und damit den Schuldenanstieg dramatisch zu beschleunigen. Statt einer der Situation angepassten ehrgeizigen Leistungsmentalität war eine Versorgungs- und Umverteilungsmentalität die Folge. Wenn man auch Teilen der Bevölkerung der neuen Bundesländer das Verständnis und den guten Willen zum Leistungsbeitrag nicht absprechen konnte, so waren die Leistungsanreize doch zu gering, um eine wirkliche Änderungsbereitschaft zu bewirken. Mit nahezu vergleichbaren Löhnen und Nebenkosten der alten hochproduktiven Bundesrepublik belastet, verabschiedeten sich viele Industrieunternehmen daraufhin aus den noch unzureichend produktiven neuen Bundesländern in die östlichen Nachbarländer. Die kompensierten ihren Produktivitätsnachteil durch Kostengünstigkeit und Flexibilität.

Der Unterschied zwischen Lohn für Fleiß und Lohn für Produktivität ist außerhalb der Industrie wenig bewusst. Erst hohe Produktivität erlaubt hohe Lebensstandards und teure Sozialsysteme, die im Laufe der Jahre durch Investitionen, Vorleistungen, Lernen und Können erarbeitet worden sind. Die frühe Phase dieses Aufbaus aus zerstörten, unproduktiven Industrien heraus würde Kostengünstigkeit als Vorleistung bedingen und gibt wenig finanziellen Spielraum. Aber unabhängig von der Produktivität und damit zu früh wurden westliche Lebensstandards gefordert, die nur durch weitere Verschuldung zu bezahlen waren. Die Anreize für eine heranwachsende, starke Industrie verschwanden, eine die Schulden kompensierende Wirtschaftskraft fehlte, und die deutsche Abwärtsspirale der 90er Jahre mit schwindender Beschäftigungsstärke und steigenden Schulden begann sich zu drehen.

Beschäftigungsstärke – Basis für Wohlstand und soziale Ausgewogenheit

Deutschland hat mit der Wiedervereinigung einen ungewöhnlichen Clash der Systeme und der Wertephilosophien erlebt, der im Westen weniger offensichtlich wurde, aber in den östlichen Bundesländern nach jahrzehntelanger Indoktrination nicht nur einen schmerzlichen Umstellungsprozess, sondern auch viel Nachdenklichkeit zur Folge hatte. Während das große Defizit der alten Versorgungsschwäche verschwand, offenbarte sich rasch das große Defizit unserer Beschäftigungsschwäche. Ohne Beschäftigung aber sind Überfluss und volle Schaufenster uninteressant. Unsere Marktwirtschaft war unfähig, hier rasch eine Antwort zu geben. Die enormen Leistungen der sozialen Netze verhinderten einen Absturz in die Armut, aber ohne Anreize für Industrie und Produktivitätswachstum. Und zusätzlich zur Beschäftigungsschwäche konnte der aufmerksame »Ostler« gut die sonstigen rauen und wertearmen Sitten unserer Marktwirtschaft beobachten. Zwar kam die Freiheit zurück, mit ihr aber auch alle Versuchungen des Egoismus.

Der Angebotsüberfluss machte Eindruck, aber die tieferen Probleme wurden den meisten erst im Laufe der Zeit bewusst, die Enttäuschung war vorprogrammiert. Zahlreiche Fälle von Übervorteilung, Wirtschaftskriminalität, rauen Geschäftspraktiken und Großspurigkeit gaben einen Vorgeschmack auf die neuen Verhältnisse. Zugleich überschwemmten die Niedriglohnländer unsere Märkte mit Billigware und nahmen damit den ostdeutschen Bürgern die Anfangschance, während Westdeutschland mit überbordenden Sozial- und Subventionskosten, mit der Anpassungsschwäche des Arbeitsmarkts und der Skepsis der internationalen Unternehmerschaft belastet war. Früher ein industrielles Musterland, war Deutschland plötzlich in Ost *und* West nicht mehr konkurrenzfähig. Die Konsequenzen dieser Wirtschaftsschwäche waren in doppelter Hinsicht gravierend: Hätte dem starken sozialen Netz eine beschäftigungsstarke Wirtschaft gegenübergestanden, hätten die geringere Belastung und die kräftigeren Beitragseinnahmen der Sozialnetze die Schulden relativiert, sie in absehbarer Zeit womöglich ganz abgetragen. Ohne Beschäftigungsstärke aber wurde es zu einer Gratwanderung zwischen sozialer Pflicht und Verschuldungsfähigkeit unter Missachtung ausgewogener Generationengerechtigkeit. Zugleich tat sich für viele im Osten ein neuer Abgrund auf, weil sie – bisher an das sozialistische »Recht auf Arbeit« gewöhnt – nicht mehr gebraucht und aus dem Berufsleben ausgegrenzt wurden. Kein Zweifel, Beschäftigungsstärke ist einer der wichtigsten sozialen Werte der Marktwirtschaft, ohne sie ist ihre Versorgungsstärke sinnlos. Aber gerade da hatte die Bundesrepublik schon vor der Wiedervereinigung versagt.

Die Marktwirtschaft konnte diese Krise nicht allein bewältigen, auch die Politik war gefordert. Dort aber wurden die notwendigen Reformen zwischen den Parteien und den Gewerkschaften zerredet. Die Politik vertraute auf die Wirtschaft, die Wirtschaft hoffte auf die Politik, die Gewerkschaften fürchteten um ihre Mitgliederzahlen. Gelöst sind diese Probleme bis heute nicht, nur etwas gemildert, wenn auch Politik und Gewerkschaften erheblich dazugelernt haben. Konsequenzen wurden nicht gezogen, der Vorwurf des Reformstaus gilt unverändert. Im langfristigen Trend drehen wir uns noch immer in der Abwärtsspirale. Nicht nur in Deutschland, sondern in teils abgeschwächter Form in weiten Teilen des übrigen westlichen Europa.

Ungesund erzogen

Sehen wir uns noch den Umgang der Marktwirtschaft mit der Jugend an. Er wird vor allem da zum Problem, wo die Eltern – aus welchen Gründen auch immer – nur eine schwach ausgleichende Rolle wahrnehmen und die Jugendlichen den Versuchungen der Marktwirtschaft ohne Korrektiv ausgeliefert sind. Marketingstrategien sind heute in der Lage, weit über den Hunger hinaus Lust auf Fast Food zu wecken – und das vor allem bei der Jugend. Und genauso die Gier nach Gewaltmedien, nach elektronischen Spielen, Mobiltelefonen oder Videofilmen. Sie hat noch nicht die dicke Haut entwickelt, die gegen eine ständige Werbeberieselung widerstandsfähig macht.

Während meiner Zeit in Boston – damals war ich wissenschaftlicher Mitarbeiter am MIT – erlebte ich zum ersten Mal, was es heißt, ständig der Werbung ausgesetzt zu sein. Mit diesem »Konsumhammer«, wie ich das Phänomen heute nenne, wurde überall für irgendetwas geworben, Sendungen im Radio und im Fernsehen wurden dafür ständig unterbrochen, man konnte kein Programm ohne Unterbrechung konzentriert anhören.

Mich stieß diese omnipräsente Werbung ab, und ich hoffte, sie würde Europa nie erreichen. Noch heute sehe ich in diesen amerikanischen Sitten den Grund, warum die dortige Bevölkerung in zwei unterschiedliche Charaktere zu zerfallen scheint: in den hochaktiven, unternehmerischen und gut informierten und in eine breite Masse von teilnahmslosen, völlig uninteressierten und oft apathischen und übergewichtigen Menschen. Schon heute ist in den USA fast die Hälfte der Jugendlichen übergewichtig, in Chicago sind es sogar über 60 Prozent, und auch bei uns steigt der Prozentsatz rasch an, bewegt sich etwa bei einem Drittel. Übergewichtig sind sie letztlich durch den »Konsumhammer« und die Gewinnsucht unserer Generation. Ich sah und sehe sie als Konsequenz dieser Dauerberieselungen, als diejenigen, die nicht genügend Widerstandskraft aufgebracht hatten, all den kleinen Verführungen und Ablenkungen zu widerstehen. Gott sei Dank steht dem jedoch eine große Zahl freundlicher, gesunder und interessierter amerikanischer Bürger gegenüber, denen zu begegnen einen Besuch in den USA so angenehm machen kann.

Die amerikanische Werbemaschinerie scheint mir wie eine Art Gehirnwäsche zu funktionieren. Sie führt zu einer Vereinnahmung der Persönlichkeit, die weder mit der Behauptung, nur so sei ein steter Konsum gewährleistet, noch mit dem Hinweis auf das nur so mögliche kostenlose Fernsehprogramm verteidigt werden kann. Das alles ist zu teuer erkauft und führt zu sinnlosem Verbrauch, gesundheitsgefährdender Ernährung und zur Behinderung einer gesunden Persönlichkeitsentwicklung der jungen Menschen. Schon allein deshalb kann diese Variante der Marktwirtschaft ohne weitere Anpassung kein Exportmodell sein.

Dieses Thema stellt grundsätzliche Fragen nach der Freiheit und der Wertesteuerung durch Medien und Werbeindustrie und nach der Rolle, die sie bei der Erziehung der jungen Generation spielen, ob sie also die Entwicklung gesunder, widerstandsfähiger, unabhängiger Persönlichkeiten fördern oder erschweren. Lange ist bekannt, dass der extreme Fernsehkonsum der Jugend – täglich sehen amerikanische Kinder im Schnitt drei bis vier Stunden fern – schwere mentale und physische Schäden verursachen kann. Sie entfremden sich der Gesellschaft, haben mehr Lebensangst und ernähren sich unter dem Eindruck der Werbung falsch und neigen zur Gewalt. Kein Wunder, wenn mehr als die Hälfte der durchschnittlich fünf- bis zehntausend Fernsehstunden der Jugendjahre auf Gewaltfilme entfällt, die noch dazu ständig von Werbung unterbrochen werden. Wen wundert da noch die geringe Konzentrationsfähigkeit und die Aggressivität mancher Jugendlicher? Eltern allein können solche Fehlentwicklungen nicht kompensieren. Auch die Marktwirtschaft ist aufgerufen, blindem Konsumzwang eine erzieherische Wertekomponente entgegenzustellen.

Demokratie und Marktwirtschaft – das erste eroberte »Plateau« einer freien Gesellschaft

Ich hoffe, diese Beispiele konnten Sie überzeugen: Für viele ethisch bedingte Begrenzungen des Produktangebots und besonders für politische Korrekturen, die Verzichte und Rückschnitte verlangen, ist unser derzeitiges System nicht stark genug. Es muss durch zusätzliche Kräfte ergänzt werden, durch neue Kräfte in der Demokratie und durch neue Kräfte in der Marktwirtschaft. Die vielen Jahre, die fast tatenlos verflossen, haben gezeigt, dass ohne *gleichzeitige* Systemänderungen kein grundlegender Wandel stattfinden wird.

Wir brauchen ein neues Plateau der ethischen Steuerung von Marktwirtschaft, Märkten und Demokratie, das auf eine bessere Respektierung wichtiger Werte, allen voran der Anforderungen der Nachhaltigkeit, ausgerichtet ist. Wenn man als Wanderer unter der Felskante eines Hochplateaus steht und dann ein Durchsteigen gelingt, eröffnet sich ein neues, ein flacheres Stück, das bequemen Schritts zu durchwandern ist, – und das den nächsten Zielen entgegenführt. Es geht auf dem neu eroberten Plateau wieder voran.

Es steht außer Zweifel, dass der Weg, den unsere Gesellschaft mit der Entwicklung der Demokratie und Marktwirtschaft in den vergangenen zwei Jahrhunderten eingeschlagen hat, erfolgreich war: sozialer Ausgleich, Wohlstand, Wirtschaftskraft, persönliche Sicherheit. All dies hat sich aus dem sozialen Kampf, der Gewerkschaftsbewegung und Parteienarbeit mit politischem Engagement entwickelt. Die Französische Revolution war der Befreiungsschlag, der die Ideale der Freiheit, der Gleichheit und der Brüderlichkeit sowie die Trennung von Kirche und Staat in Europa realisierte, Ideale, die kurz zuvor schon die amerikanische Verfassung widerspiegelte.

Diese Überwindung der Hürden der alten Feudal- und Kolonialsysteme führte auf ein neues Plateau, ein neues Gesellschaftssystem, das durch eine repräsentative Demokratie und die marktwirtschaftliche Freiheit des Kapitalismus gekennzeichnet war. Durch technologische Entwicklungssprünge und die neue Gestaltungsfreiheit war es zugleich die Wiege der Industrialisierung. Ich nenne diese Phase das Plateau 1, die Zeit der frühen Jahre unserer Industrialisierung und der noch jungen Demokratie – die in den USA mit der Unabhängigkeitserklärung begann und sich auch in Europa rasch – wenn auch oft in kompliziertem Wettstreit mit den sterbenden Monarchien – durchsetzte. Es war eine Phase, in der unabhängige Bürger als Repräsentanten gewählt wurden, die Parteien noch kaum strukturiert waren, die Medien langsam und somit der Informationsstand des Einzelnen kaum tagesaktuell war. Dieses Plateau 1 zeigt sehr rasch die Stärke, die sich aus der Kombination einer freiheitlich geordneten Demokratie mit der daraus entstehenden Freiheit der Marktwirtschaft ergeben konnte und die begeistert zur Schaffung von Industrie und organisierter Produktion genutzt wurde, die Zeit, in der innovativ und unternehmerisch der junge industrielle Kapitalismus entstand – mit rascher Wirkung auf das Wachstum der Städte und das gesellschaftliche Leben.

Die soziale Marktwirtschaft: »Plateau 2«

Für die Umwälzung, die die großen technischen Erfindungen und die Industrialisierung auslösten, für die damit neu auftauchenden politischen und sozialen Probleme aber erwies sich dieses Plateau 1 als nicht ausreichend. Ein neues Plateau, ein Plateau 2, musste erklommen werden, um die sozialen Spannungen des jungen Industriezeitalters in den Griff zu bekommen. Industrielle Fertigung benötigte massenhaft billige Arbeitskräfte, und Hunderttausende wurden in der Hoffnung auf bessere Lebensbedingungen vom Land in die Städte gespült. Die einseitige Macht der Unternehmen zahlte niedrige Löhne bei härtesten Arbeitsbedingungen; große soziale Spannungen waren damit unausweichlich. Aber dem noch in Feudalkategorien denkenden Staatswesen lag solche Fürsorge fern, die von vielen als notwendig erachtete soziale Gerechtigkeit, der soziale Ausgleich gegen die Macht von Wirtschaft und Industrie blieb eine leere Hoffnung. Die Folge war, dass sich die Arbeitnehmerschaft wehrte. So wurden Mitte des 19. Jahrhunderts die Gewerkschaften als erste große Interessenvertretung und Kampfgemeinschaft gegründet, die – flankiert von den auf sie ausgerichteten sozialdemokratischen Parteien – ein neues Plateau der Durchsetzungskraft schufen mit den bekannten Erfolgen der Umverteilung und der Schaffung sozialer Netze. Damit war das neue Plateau 2, das Plateau der sozialen Problemlösungen, erklommen, das die Widerstände des jungen Industriezeitalters überwand. Der Sozialstaat mit seinen Sicherungsnetzen für den Bürger wurde geschaffen, als stolzer Kern der heutigen europäischen Industrienationen und Basis der sozialen Marktwirtschaft. Unschlagbar hatte sich die Marktwirtschaft gezeigt, wenn es um Anpassungsfähigkeit, Vielfalt und Kreativität des Warenangebots ging. Nur getrieben vom kommerziellen Erfolg, ließ sie andere Werteforderungen links liegen und provozierte damit einen sie ständig begleitenden Wettstreit von

Forderungen und Abwehrstrukturen, die sich schließlich in einer breiten Verbandslandschaft organisierten.

Der Wettstreit der Interessen führte im Laufe der Jahrzehnte zu einem dichten Netz von Interessenvertretungen, die sich erheblich in die Politik einmischten, kombiniert mit steigender Information und einer wachsenden Erwartungshaltung der unterschiedlichen Gesellschaftsgruppen. Die mangelnde Bereitschaft, über längere Zeiträume eroberte Privilegien und eingefahrene Gewohnheiten aufzugeben, wird von dieser Struktur verstärkt und trifft nun oft auf Berufspolitiker zu, die an ihre Wiederwahl denken müssen und Unpopuläres vermeiden, wobei sie oft auch von polarisierenden Medien unterstützt werden. Auf diesem Terrain schaukeln sich die Probleme gegenseitig hoch. All diese stark unterschiedlich wirkenden Kräfte beginnen sich heute nun zu oft zu blockieren, die Spätphase des Plateau 2 wird erkennbar. Große Lösungen gelingen nicht mehr, was von vielen nun schon seit Jahren beklagt wird.

Am Anfang der demokratischen Bewegung kamen die Politiker aus dem aufgeklärten Bürgertum und konnten wieder dorthin zurückkehren. Sie waren innerlich von einer auf Dauer angelegten politischen Karriere unabhängig. Für sie war Mut eine Selbstverständlichkeit und Wiederwahl nicht das unbedingte Primat. Der Berufspolitiker aber schreckt vor unpopulären und damit Mut fordernden Entscheidungen zu oft zurück. Und so sitzt die heutige Demokratie in der Falle. Starke Interessenvertretungen, populistisch gestimmte Medien und Berufspolitiker mit ihren Eigeninteressen bilden schier unüberwindbare Hindernisse beim Zurückschneiden fragwürdiger Rechte und auch der werteregulierenden Zähmung der Marktwirtschaft.

Für einen der jüngeren Zeitabschnitte fand ich das sehr detailliert bestätigt durch den Historiker Andreas Wirsching, der die politische Entwicklung der Bundesrepublik von 1982 bis 1990, der ersten Regierungshälfte von Bundeskanzler Kohl, untersucht hat.

In seiner Darstellung charakterisiert er diese Zeit als »Jahrzehnt der gescheiterten Krisenbewältigung ... und als Vorspiel zur Misere der Gegenwart«. Der Autor schreibt: »Der unüberwindliche Einfluss der Interessenvertreter hat Deutschland schlicht reformunfähig gemacht ... Offenkundig konnte die Bundesregierung nichts anderes erreichen, selbst wenn sie es gewollt hätte.« Deutlicher kann die Handlungsunfähigkeit in der Endphase des Plateau 2 nicht zum Ausdruck gebracht werden. Der Kommentator der *Süddeutschen Zeitung* schließt mit dem Satz: »Sollten die Probleme des Landes von der Politik von vornherein (systembedingt) nicht zu lösen sein, wäre das auch für die künftige Geschichte der Bundesrepublik keine erbauliche Aussicht.« Dem kann man wohl kaum widersprechen, es zeigt den Handlungsbedarf.

Ein neuer Handlungsansatz wird notwendig

Plateau 2 greift also trotz seiner lange bewährten Korrektur- und Regelungsmechanismen offensichtlich nicht mehr weit genug. Wir haben zwar eine neue Qualität von Wohlstand, Mündigkeit und Information erreicht – aber wir bleiben fast überall in zu kleinen Ansätzen stecken. Insbesondere unsere Probleme bei der Durchsetzung nachhaltigen Handelns zwingen uns dazu, neue Wege zu suchen, um eine vielversprechende Zukunft vererben zu können.

So klar die Erkenntnis, so schwierig ist es doch, sie umzusetzen: Wir sind keine Idealisten, wir sind Egoisten. Wenn ein Naturschützer ruft, wir sollen kleinere Autos fahren, fahren wir noch lange keine kleinen Autos, zumindest nicht alle von uns. Wenn fünfzig Stundenkilometer als Höchstgeschwindigkeit vorgeschrieben sind, fahren wir sechzig oder mehr. Und wenn wir auf der Autobahn nicht mehr als 120 Stundenkilometer fahren sollen, beschwören wir die Freiheitsrechte des Bürgers. Verzicht üben,

Rückschnitte und gar Opfer fallen uns eher schwer ohne eine ausreichende Motivation und ein tiefer gehendes Verständnis.

Man mag darüber jammern oder sich entrüsten, aber die Fakten belegen es. Den idealistischen, unabhängigen, mutigen Politiker, den man sich wünschen mag, gibt es nicht, zumindest nicht mit einer tragfähigen Parlamentsmehrheit. Durch Verharmlosung, manchmal auch durch Verunglimpfung und Angstmache werden radikalere Lösungsvorschläge zerredet und verwässert. Die Experten der Parteizentralen interessiert vor allem die Popularitätsquote. Manche Mediendarstellungen verzerren eher, statt eine tiefere Meinungsbildung zu fördern, und verfehlen eine deutliche Sprache. Prioritäten werden heruntergespielt oder überzeichnet und sachfremde Themen miteinander verwoben. So bleiben die großen Probleme ungelöst. Das ist die Realität der Industrienationen seit nun zwanzig oder dreißig Jahren, lange genug jedenfalls, dass wir sie als praktische »Erfahrung« akzeptieren müssen.

Und genau deshalb muss das heutige System der repräsentativen Demokratie mit seinem Netzwerk von Business und Interessengruppen auf den Prüfstand, muss verändert und aufgelockert werden. Denn jede große Korrektur erstickt heute im Widerstand, im Geschrei einer nicht quantifizierten Menge, das dann oft als Volkes Stimme ausgegeben wird, auch wenn es nur die einer Minderheit und einer bestimmten Interessengruppe ist. Was die Mehrheit des Volkes will, wird nicht exakt erfasst, die Bereitschaft zu notwendigen Korrekturen bleibt im Dunkeln, der Reformstau ist perfekt.

Wir brauchen ein Plateau 3, eine Zukunftsvision. Sie zielt auf eine systematisch mit ethischer Verantwortung gesteuerte Marktwirtschaft, mit besser verstandenen und demokratisch besser abgesicherten Werten, erreicht durch neue, ergänzende Kräfte.

Der steinige Aufstieg zum Plateau 3

Viele werden in solchen schwierigen Zeiten an den Grundsatz der demokratischen Verfassung denken: »Alle Macht geht vom Volke aus.« Gerade in Krisensituationen sollte er zur Leitlinie werden. Dieser demokratische Grundgedanke kann nach meiner Überzeugung die neue Kraft für Demokratie und Marktwirtschaft werden: die auf Grundsätze verdichtete, mehrheitliche Bürgermeinung, die Trendentscheidungen in Politik und Marktwirtschaft mitbestimmt. Wie das gehen kann, davon handeln die folgenden Kapitel.

Damit wird ein spannender Prozess der Einbeziehung der interessierten Bürgerschaft in Wissensverdichtung, Meinungsbildung und Konsensfindung in Gang gesetzt, Politik und Marktwirtschaft durch eine auf diese Probleme ausgerichtete Bürgerdemokratie und werteregulierte Marktwirtschaft grundlegend zu verändern. Wenn wir den Sprung auf dieses neue Plateau 3 schaffen, können wir die großen Probleme der Gegenwart Schritt für Schritt durch gemeinsam getragene Lösungen in den Griff bekommen.

Es setzt natürlich voraus, dass wir uns über unsere grundlegenden Werte als Europäer einig sind, aber auch, dass wir schon im Lösungsansatz die Lehren der Sozialpsychologie beherzigen, also die Ratschläge akzeptieren, die uns diese Wissenschaft über uns als Gemeinschaft gibt. Wertesicherung setzt voraus, den Bürger des 21. Jahrhunderts besser zu verstehen in seiner Motivation, zur Gemeinschaft zwar positiv beizutragen, aber auch in seiner evolutionär begründeten Neigung, sich selbst der Nächste zu sein und Gemeinschaftswerte zu missachten, ein Konflikt, der gerade im Anonymen gerne mit ethischer Schräglage ausgetragen wird. Nur aufbauend auf einem realistischen Menschenbild kann eine bessere Zukunftssicherung erreicht werden. Im nächsten Kapitel geht es also darum, unsere Werteorientierung zu hinterfragen, die grundsätzlichen Wünsche herauszuarbeiten und zugleich zu verstehen, was uns davon leicht- und was uns schwerfällt. Es geht um unsere Werte als hoch entwickelte Zivilisation, es geht um die Werte, die wir durchsetzen wollen, und es geht um die Hinweise der Sozialpsychologie, die uns bei der Suche nach Lösungen über unser Verhalten in der Gemeinschaft helfen können.

2. Brüderlichkeit und Fairness – Kernpunkte europäischer Werte

Shareholder- oder Stakeholder-Value?

Es muss Ende der achtziger Jahre gewesen sein, als ich zum ersten Mal in einer deutschen Wirtschaftszeitung vom Shareholder-Value – dem Aktienwert, dem primären Investoreninteresse – als angeblich bestem Steuerungselement für Aktiengesellschaften las. Es ist der Gegensatz zum Stakeholder-Value, also der Wertorientierung am Interesse aller Beteiligten, den Mitarbeitern, den Kunden, den Zulieferern, den Geschäftspartnern, folglich letztlich der partnerschaftlichen Gemeinschaftsverpflichtung des Unternehmens. Was war das denn? Der Aktienwert als primäres, vielleicht sogar einziges Ziel eines Unternehmens? Ausgerechnet der deutsche Vorsitzende eines großen Automobilkonzerns vertrat die These, dass dies die richtige Leitgröße schlechthin sei. Für die meisten in der Wirtschaft war bisher klar, dass ein Unternehmen zu mehr verpflichtet ist, als nur den Aktienwert zu steigern. Gute Produkte für seine Kunden zu liefern war selbstverständlich, sich um seine Mitarbeiter anständig zu kümmern ebenso, aber auch eine vernünftige Einordnung in das lokale und geschäftliche Umfeld, in die Gemeinschaft waren selbstverständliche Pflichten. Adam Smith hatte sich schon in seiner »Theory of Moral Sentiments« bemüht, sozial begründbares Eigeninteresse und blanken Egoismus auseinanderzuhalten. Deshalb war auch in der neueren Literatur führenden Ökonomen wie R. E. Freeman immer klar, dass es Smith um die Ausprägung einer liberalen Gesellschaft als beste Form ökonomischen Erfolgs ging, nicht um eine einseitige Glorifizierung des Kapitals. Dem Nobelpreisträger Milton Friedman dagegen ging es in seinen Veröffentlichungen zum Shareholder-Value um reine Finanzmaximierung, weshalb ihn sein Sohn einmal als »liberalen Anarchisten« bezeichnete und Kritiker als den »Prediger des schrankenlosen Egoismus«. Der Streit um die Rücksichtnahme auf alle Stakeholder, um Fairness und Werte, war entbrannt.

Natürlich ist es wichtig, den Aktionären eine gute Dividende auszuschütten und den Aktienwert zu steigern, aber waren diese Faktoren das alleinige Maß? Schließlich ist doch die soziale Rolle des Unternehmens, alle Stakeholder ausgewogen zu bedienen. Auch Investoren fanden das bis dahin meistens in Ordnung und respektierten diese breitere Berücksichtigung unterschiedlicher Interessen als Balance gegen den ungezügelten Kapitalismus. Nie zuvor war der Aktienwert, der »sharevalue«, in Europa die einzige Zielgröße gewesen.

Das änderte sich, als die Bedeutung von großen, anonymen Vermögensverwaltungen zunahm. Die rasch ansteigenden Vermögen der großen Pensionskassen und Versicherungen in den USA, Großbritannien und Schweden und andere große Kapitalfonds übten da einen ganz anderen Druck aus. Gierig nahmen sie Bücher wie etwa das von Alfred Rappaport auf, das die Erhöhung des Aktienwerts als den neuen »Standard«, das alleinige Maß des Geschäftserfolgs predigte (*Creating Shareholer Value: The new Standard for Business Performance*, 1986), auf. Für diese Investorengruppen, die bald von starken Private-Equity-Firmen begleitet und zusätzlich durch Hedgefonds gestärkt wurden, war nur noch entscheidend, dass der Aktienwert stieg. Im Grunde war das Unternehmen für sie lediglich ein täglich an der Börse gehandeltes Stück Papier. Und mit dessen Wertsteigerung ließ sich manchmal viel schneller Geld verdienen als mit Pfandbriefen oder Zinspapieren. Der Aktienwert wurde plötzlich zur allein bestimmenden Größe – mit verheerenden Folgen. Die kurzfristige Sicht der letzten Quartalszahl wurde entscheidend – und mit ihr eine ungemeine Beschleunigung des Desinteresses an allen anderen Werten, was einer erfolgreichen Bekämpfung der langfristigen Probleme den Boden entzog. In Widerspruch zur Erwartung des Normalbürgers geriet die Marktwirtschaft in eine Wertefalle. Plötzlich wurde es üblich, den Aktienkurs durch neue, noch unerfüllte Erwartungen, durch kurzfristige Forderungen gegenüber dem Management oder durch Bilanzzahlen-Optimierung hochzutreiben, teils unabhängig davon, ob die Werte des Unternehmens tatsächlich gesteigert worden waren. Das wurde dann noch aufgeheizt durch die (Un-)Sitte, Vorstände und manchmal sogar Aufsichtsräte gemäß der Wertsteigerung der Aktien durch Optionen und prozentuale Prämien zu beteiligen.

Plötzlich gerieten Manager in eine beinahe absurd anmutende Situation, wenn sie auch andere Werte als die kurzfristigen finanziellen bei der Unternehmensführung berücksichtigen wollten und diese verteidigten. Das war der offene Bruch zwischen dem sozialen Auftrag der europäischen Unternehmenskultur und der neuen Form der Marktwirtschaft in den USA, die sich rasch weltweit auszubreiten begann. Hier galt nun als Credo: »Only quick money counts.« Viele andere wichtige Themen spielten keine Rolle mehr: dubiose Methoden bei der Vermarktung, Rücksichtnahme auf die Gesundheit der Jugend etwa oder auf die Belastbarkeit des Planeten. Gerade langfristige ethische Aufgaben standen einer kurzfristigen Wertsteigerung im Wege.

Leider sind Europa und schließlich auch die jungen Industriestaaten diesen Tendenzen gierig gefolgt. Das ist für mich das eigentliche Thema der Globalisierung: die weltweite Verbreitung einer wertearmen Kultur, die die Verpflichtung zur Brüderlichkeit, also zu Fairness und Zukunftssicherung, vergessen hat. Wenn Gewinne zum alleinigen Maßstab werden, entsteht zwangsläufig ein Wertevakuum. Die Balance aller Ziele ist nicht mehr gegeben.

Interessant, dass sich in diesem anonymen Umfeld der Finanzinvestments plötzlich die oft so sehr als Kapitalisten geschmähten persönlichen Eigentümer von Firmen, die »Familien-Unternehmer«, als die Stärkeren erwiesen, weil sie viel eher in Langfristigkeit und traditionellen Stakeholder-Werten dachten. Das ist verständlich, schließlich war ihr Interesse in aller Regel der langfristige Erhalt und das Wachstum der Firma durch Kundenzufriedenheit, Mitarbeitermotivation und ausgewogene, anerkannte Führung. Viele Privatunternehmer überholten die anonymen Gesellschaften in ihrem gesellschaftlich vorbildlichen Engagement. Neuerdings entdecken aber auch manche der großen Aktiengesellschaften wieder das Thema der »Corporate Social Responsibility«.

All das ist jedoch freiwillig, es ist nicht verpflichtend für jeden. Bei allen positiven Beispielen, die es gibt, ist in der Summe nun eine Situation entstanden, die es unmöglich macht, den Zielen der Nachhaltigkeit und des Werteschutzes die Priorität zu verschaffen, die sie eigentlich verdienen. Denn diese Ziele verlangen eher Zurückhaltung, teure Vorleistungen und manchmal Rückschnitte, sie verlangen Fairness gegenüber der nächsten Generation.

Fairness – die Herausforderung der Marktwirtschaft

Freiheit, Gleichheit, Brüderlichkeit – die Kernpunkte der Französischen Revolution – gehören zweifelsfrei unverändert zu den zentralen Werten Europas und aller demokratischen Staaten. Sie wirken ganz unterschiedlich auf die Marktwirtschaft zurück, denn sie braucht die Freiheit als Basis von Unternehmertum, aber auch von Profit und Besitz. Gleichheit dagegen ist ihr eher fremd. Sie will Leistung, Differenzierung, Vermögensunterschiede, und nur durch Verordnungen und technische Normen werden ihr manche Regeln der Gleichheit aufgezwungen. Ihre eigentliche Werteherausforderung liegt in der Brüderlichkeit, in Zuwendung und Fairness gegenüber dem Nächsten. Es ist diese Botschaft des familiären Zusammengehörens, des sozialen Auftrags, des sich gegenseitigen Unterstützens und des fairen Umgangs miteinander, das in krassem Gegensatz zum Streben nach maximalem Profit steht. Wer sich zu diesen Basiswerten von Aufklärung und Demokratie bekennt, muss sich auch zur Nachhaltigkeit bekennen, muss für eine zukunftssichere Marktwirtschaft und Unternehmenskultur eintreten. Dieser Ruf nach Brüderlichkeit, nach Fairness, ist uralt, weltweit und keineswegs nur christlichen Ursprungs oder eine Idee der Französischen Revolution. Auch der Hinduismus fordert: »Keiner darf einem anderen antun, was er für sich selbst ablehnen würde.« Die Thora lehrt: »Du sollst deinen Nächsten lieben wie dich selbst«, und Zarathustra meint: »Was ich für mich selbst gut finde, sollte ich auch anderen gönnen«. Und Konfuzius sagte: »Was du nicht willst, das man dir tu, das füg auch keinem andern zu« – ganz wie wir es in der Schule gelernt haben –, und Buddha lehrte uns, andere als unsereins anzusehen. Die europäische Aufklärung schließlich erhob dies zum von der Religion unabhängigen Dogma, am klarsten formuliert in Kants »kategorischem Imperativ«, dem Grundgesetz guten Zusammenlebens, einem *a priori* geltenden Sittengesetz: »Handle so, dass die Maxime deines Willens jederzeit zugleich als Prinzip einer allgemeinen Gesetzgebung gelten könne.« Diese Zitate sind Ausdruck unseres glaubens- und kulturunabhängigen Wunsches nach Schutz und Geborgenheit, nach Respekt und Hilfe. Er bleibt auch in einer globalisierten Welt eine der fundamentalsten Forderungen an alles marktwirtschaftliche Handeln.

Das Immunsystem der Gemeinschaft

Ähnlich wie ein biologisches Immunsystem muss der Zusammenhalt der Gemeinschaft diese Brüderlichkeit der Marktwirtschaft einfordern, muss sanktionieren oder integrieren, je nach dem Verhalten der Beteiligten. Idealisten und »Gutmenschen« als das Normale anzunehmen bringt uns nicht weiter. Letztlich war es immer die Gemeinschaft, die durch Anerkennung oder Missachtung zeigte, wen sie bewunderte und wen nicht. Und das gab Europa auch in diesem Punkt immer die Stärke einer ungeschriebenen, aber von der Gemeinschaft getragenen Werteauffassung. Ob es nun der Handwerker war, der Qualität zu fairem Preis und zum verabredeten Zeitpunkt lieferte, oder der Handelsmann, der seine Leute gut behandelte und sich im Rat engagierte und um das Wohl der Stadt kümmerte, der Benediktiner, dessen Regeln Gemeinsinn und Arbeit zum Inhalt hatten, und der Lehrer, dessen Schüler zu gebildeten, respektierten Persönlichkeiten heranwuchsen. Sie alle waren die Akteure, die *wertvolle* Leistung, Anerkennung und Zufriedenheit schufen. Oft war die gute Leistung von Geld begleitet, aber das alleinige Maß war es in der europäischen Wirtschaftskultur nie. Im Gegenteil: Das schnelle Geld, der Halsabschneider, der Wucherer, der eine Notsituation ausnutzte, der Gierige, sie waren diejenigen, denen von der Gemeinschaft der Respekt verweigert wurde.

Die Forderung der Brüderlichkeit war und ist der Ruf nach Fairness und Gemeinschaftssinn auch in der Marktwirtschaft, nach zufriedenen Kunden, Geschäftspartnern, Mitarbeitern und der gesellschaftlichen Gemeinschaft. Und es war schließlich die grundsätzliche Forderung an die Wirtschaft, sich gegenüber allen »Stakeholdern«, allen Beteiligten – Kunden, Eigentümern, Mitarbeitern, Geschäftspartnern –, gemeinschaftsfreundlich zu verhalten. Das waren europäische Werte, und ich behaupte, sie sind es auch heute noch. Es sind unveränderte Erwartungen der

Gemeinschaft, mit schwindender Beachtung durch Manager und Investoren.

Fairness – der Gegenpol heißt Konkurrenz

Eine solche Ausrichtung der Marktwirtschaft, die auch Brüderlichkeit integriert, wäre eigentlich ganz einfach, wenn nicht aus der Freiheit der Wettbewerb und aus ihm die Konkurrenz entstünde, was dazu zwingt, sich im Wettbewerb stets auch am Handeln des Konkurrenten zu messen. Dieser Wettstreit, oft mit Metaphern wie »Kampf« und »Krieg« umschrieben, ist die Basis unserer Effizienzgewinne, also unseres Lebensstandards und breiten Versorgungsangebots. Die starken Begrenzungen werteorientierten Handelns, erzwungen sowohl durch Wettbewerb als auch Ergebnisdruck, werden außerhalb der wirtschaftlichen Sphäre meist unterschätzt. Gewinne sind einige Prozent vom Umsatz, die schnell von ethisch besserem, aber vom Kunden bei seinen Kaufentscheidungen nicht »bezahltem« Verhalten aufgefressen werden. Der Kunde möchte zunächst Produktqualität und Preiskampf. Das zwingt zu Kosteneinsparungen und Rationalisierung, der Begrenzung allen unternehmerischen Idealismus. Der Unternehmer muss finanziell überleben, das hat Vorrang vor den Idealen – sosehr sie auch gepredigt werden. So ist Fairness zwar ein Auftrag an die Wirtschaft, aber nur wenn sie von einheitlichen Rahmenvorgaben für alle Wettbewerber begleitet ist, lässt sich daraus eine Wirkung erzielen. Im Konkurrenzumfeld gibt es kein selbstverständliches und allgemeingültiges Regulativ für solche Werte, ob aus wirtschaftlichem Druck oder aus wirtschaftlichem Ehrgeiz werden über kurz oder lang alle dem »unvernünftigeren« Weg folgen – wenn nicht der Kunde über seine Kaufentscheidungen dem etwas entgegensetzt und die Gemeinschaft als Ganzes darüber wacht, dass der Ruf nach Fairness und Gemeinsinn eingehalten wird.

Der Aufruf zur Brüderlichkeit war immer auch ein religiöses Anliegen. Sei es die Angst vor Strafe, Hölle und Fegefeuer oder der Bann von der Kanzel – das half, »das Böse« zu verhindern und mildtätiges, barmherziges, sozial redliches Verhalten zu fördern. Je mehr die Religionen an Verbindlichkeit einbüßen, umso wichtiger wird es, dass eine Gemeinschaft diese Einstellung in einer anderen, weltlichen Form sichert. Sie muss solche Vergehen mit informellen Sanktionen belegen, was nur manchmal durch Regeln und Gesetze ergänzt werden sollte. Die Medien spielen dabei eine große Rolle, wenn sie Diskussionen anstoßen oder verstärken, wenn sie statt der »Kanzel« zum Ankläger werden – und dabei manchmal über das Ziel hinausschießen. Die Marktwirtschaft kann sich viel vornehmen, um einen Weg aus einem Dilemma suchen. Wenn dem nicht die öffentliche Meinung, die Meinung ihres Kunden, folgt, wird es kein Erfolg werden.

Hinweise der Sozialwissenschaften

Der englische Sozialökonom Richard Layard hat vor einigen Jahren sehr generell Faktoren der Zufriedenheit in einer Gemeinschaft, die sogenannten Glücksfaktoren, zusammengefasst. Das sind Zusammenhänge, die gerade in Bezug auf die Durchsetzung der Nachhaltigkeit interessant sind. Sein Buch *Die glückliche Gesellschaft* stellt den aktuellen Stand der Glücksforschung zusammen und gibt entscheidende Hinweise für Politik, Gesellschaftsordnung und Lebensauffassung, aber auch die Marktwirtschaft einer *zufriedenen* Gemeinschaft. Er zeigt zunächst, dass Zufriedenheit oberhalb eines materiellen Grundniveaus kaum noch von weiter steigendem Wohlstand abhängig ist und dass vielmehr die soziale Einbindung, das Umfeld und die Einstellung zu Land und Politik die wesentlichen Glücksfaktoren sind. Die Bereitschaft zum Handeln ist stets an eine gewisse Grundzufriedenheit geknüpft.

Interessant ist die starke Abhängigkeit von Gemeinsinn und Geborgenheit auch vom jeweiligen politischen System und seiner Bürgernähe. Ein Spitzenreiter in puncto Zufriedenheit ist deshalb die Schweiz – nicht nur wegen ihres Wohlstands, sondern vor allem wegen der übersichtlichen Kantonsstruktur und der starken Einbindung der Bürger in die politischen Entscheidungen. Der deutsche Verfassungsrechtler Andreas Glaser hat dies in seiner Veröffentlichung *Nachhaltigkeit und Verfassung im Vergleich Schweiz–Deutschland* (2006) sehr gut aufgearbeitet. Die Schweiz schneidet in allen Nachhaltigkeitsfragen – ob Staatsverschuldung, Sozialsystem oder Umweltschutz – besser ab, wobei er die Verknüpfung zur schweizerischen Volksbefragung gut erhärtet. Ein extremer Gegenpol dazu ist die mangelnde Zufriedenheit in politisch nicht überzeugenden Strukturen mit ethisch schwachen Werten wie dem (realen) Kommunismus. Die bloße Theorie, auch die Utopie einer besseren Gesellschaft, schafft keine Zufriedenheit, wenn konkrete Erfolge in der erlebten Wirklichkeit ausbleiben. Marx hatte die regierende Kraft von Eigentum und Besitz übersehen, ohne die die Komplexität der Versorgungswünsche jedoch nicht erfüllbar ist. Zusätzlich laufen alle Umweltthemen ohne korrigierende demokratische Kräfte katastrophal aus dem Ruder. Die heutigen Lehren der Sozialpsychologie großer Organisationen hätten den Misserfolg der Theorien von Karl Marx vorhergesagt.

Wechseln wir von der Gemeinschaft zum Individuum, sticht ein Aspekt besonders heraus: die große Bedeutung des ständigen *Vergleichens*. Alle Ergebnisse belegen, dass vor allem die *relative* Besserstellung Stolz und Zufriedenheit verleiht, sie ist eine der Triebfedern ständig wachsenden Konsums. Man will ein größeres Auto, ein schöneres Haus, mehr beruflichen Erfolg, ein besseres Einkommen als der Nachbar. Hier liegt die Wurzel des »when more is not enough«, also des manchmal auch überzogenen Leistungswillens, aber auch von Neid und Missgunst. Es ist das Kernelement der »gefühlten« Gerechtigkeit, die der Ratio so schwer zugänglich ist, aber eine wichtige Leitlinie jeder Politik sein muss. Anderen etwas wegnehmen, umverteilen, »sozial« ausgleichen, das alles sind sehr gefährliche Vorgänge, die naturgemäß starke Spannungen in einer Gemeinschaft erzeugen – und die den für Nachhaltigkeit oft erforderlichen Rückschnitten diametral gegenüberstehen. Denn gerade diese Unterschiede wecken einerseits gern politische Emotionen und menschlich verständliche Wünsche, andererseits muss aber diesen Versuchungen immer wieder gegengesteuert werden, wenn ein gutes Zusammenleben gelingen soll. Deshalb ist es zum Beispiel sündhaftes Fehlverhalten und demotivierende Dummheit, wenn sich die Chefs großer Unternehmen mit großen Gehältern selbst bedienen, und das womöglich noch unabhängig vom Erfolg des Unternehmens.

Die Neigung zum Vergleichen ist eine Triebfeder für Erfolg und Fortschritt, aber sie verbindet sich leider auch mit unserer allzu menschlichen Eigenschaft, uns an bessere Verhältnisse rasch zu *gewöhnen*. Das Zurück zum kleineren Auto, zur einfacheren Wohnung wird als großer Rückschlag empfunden und drückt schwer auf unser Wohlbefinden. Genau deshalb sind Rückschnitte in einer Demokratie so schwer durchsetzbar und eines der zentralen Probleme bei Maßnahmen wie für den Klimaschutz. Fast alle Maßnahmen sind mit Verzicht – und mit verunsichernder Veränderung, einem anderen der von der Sozialpsychologie untersuchten Probleme – zu erklären. Das ist sicher *das* zentrale Problem bei der Sicherung der Nachhaltigkeit und anderen gesellschaftlichen Kurskorrekturen – eine emotionale Schwierigkeit, auch als Gemeinschaft einmal zu verzichten, zurückzuschneiden, lieb gewonnene Gewohnheiten und »Besitzstände« aufzugeben, wenn es mit Blick auf morgen notwendig wird. Es gibt nur ein Mittel, dieser Macht der Gewohnheit entgegenzuwirken – Meinungsbildung und Verantwortungsbewusstsein stärker zu aktivieren durch Information, Einbeziehung und Anerkennung.

Das Dilemma wird damit offensichtlich: Die Marktwirtschaft nützt und braucht ihre Freiheiten und hat ökonomisch keine Motivation, auf Nachhaltigkeit und andere Kulturwerte Rücksicht zu nehmen. Das trifft auf eine Grundhaltung in der Gemeinschaft, die sich mit Einschränkungen oder gar Rückschnitten nicht anzufreunden vermag und denen man in der Anonymität der Massengesellschaft gern ausweicht. Es gibt zwar ein verbreitetes Unbehagen, aber die Kraft, eine Veränderung herbeizuführen, reicht nicht aus. Das erklärt meine zentrale These. Die Freiheiten der Marktwirtschaft treffen bei Themen der Nachhaltigkeit auf eine gern ausweichende, »unvernünftige« Gemeinschaft. Unsere Vernunft siegt nicht über die Bequemlichkeit, über die Gewohnheit und den Reiz des »unvernünftigen« Angebots und anonymen Kaufs. Ohne Mobilisierung neuer Kräfte der Meinungsbildung und zwingender Werteregeln für die Marktwirtschaft, ohne Änderungen am System werden wir diese Blockaden nicht überwinden.

Das bedeutet keineswegs ein Ende der Marktwirtschaft, sondern erfordert nur einen strengeren Rahmen. Zahlreiche Rahmen- und Regelwerke haben im Laufe der Jahre ihre Notwendigkeit und Wirkung klar bewiesen: Natur- und Umweltschutz, Sicherheits- und Zulassungsvorschriften, Qualitätsregeln, Transportregeln, Standardisierungen, all das sind Einschränkungen der Freiheit, aber eben solche, die die Gemeinschaft fordert. Mit einem Ende der Freiheit haben Regeln nichts zu tun. Auf die Qualität und die Internationalität des Regelwerks kommt es an. Bleibt es handhabbar für den Versorgungsauftrag und die Konkurrenzfähigkeit der Wirtschaft und ihre Beschäftigungsstärke?

Der Einzelne im Mittelpunkt – in vielen Gruppen vernetzt

Es nutzt die Kraft der Gemeinschaft und die Kraft der Gruppe. Die Gemeinschaft ist trotz der beschriebenen übergreifenden Gesetzmäßigkeiten natürlich keineswegs eine amorphe, homogene Masse. Unterschiedlich, wie wir sind, wollen wir mit unserer individuellen Meinung respektiert werden und suchen dabei Gleichgesinnte, formen schließlich ad hoc oder organisiert Gruppen Gleichdenkender, je nach Thema. So bilden sich zu allen nur denkbaren Themen immer wieder von selbst Gruppen. Sie sind eine hervorragende Verdichtung von Meinungen und Strömungen. Für alle Wertefragen wird man Gleichgesinnte und Experten, einen Argumentationsaustausch und Binnenkonsens finden. Jeder hat also ein unterschiedliches Muster von Gruppenzugehörigkeiten, und auch sein Engagement wird entsprechend unterschiedlich und individuell sein, teils nur formlos, teils »organisiert«, teils heute bereits durch elektronische Vernetzung unterstützt. Die Summe der Gruppenzugehörigkeiten bildet die Grundlage der eigenen Individualität. Und bei besonders beachteten Themen wird sie durch die Größe der Gruppe außergewöhnlich stark. Sie kann dann mit ihrem Anwachsen leicht zum Instrument für den Aufbau und die Durchsetzung neuer Ideen werden.

In den letzten Jahrzehnten wurde ungemein viel durch das Engagement von »Gruppen« mit gemeinsamer Geisteshaltung und gemeinsamen Zielen durchgesetzt. Das Ende der kommunistischen Herrschaft oder unser verbesserter Umgang mit der Umwelt sind deutliche Beispiele. Auf jeden einzelnen Beteiligten kam es dabei an. Und nur so kann es gegen das Beharrungsvermögen jeder Regierung und jeder anderen Machtkonstellation zu wichtigen Trendwenden kommen. Gleichgesinnte finden sich zusammen und werden als Gruppe stark. Nicht jeder wird sich für jedes Thema engagieren wollen, aber jeder für einige Themen, was ausreicht, dass bei Fehlentwicklungen Organisationen, »Sprachrohre« und damit genügend Gruppenkraft und kritische Masse entsteht. Ich nenne sie die werteorientierten NGOs, all die großen und kleinen Gruppen, die sich für Werte einsetzen und die sich jeder zu seinem Sprachrohr machen kann. Kaum etwas kann so viel Zufriedenheit bringen wie Engagement und der daraus entstehende Erfolg in der Gruppe.

Fassen wir zusammen: Unsere europäischen Wertvorstellungen verpflichten uns, aus den beschriebenen Problemen herauszufinden. Wenn wir Nachhaltigkeit ernst nehmen wollen, müssen wir uns eingestehen: Unsere Zivilisation schafft es trotz – oder wegen – allen Fortschritts nicht, die größten Zukunftsthemen zu bewältigen. Das System ist zu träge. Weder unsere Demokratie noch die ökosoziale Marktwirtschaft haben ausreichend gegriffen.

Jeder Ingenieur und jeder Manager, ja jeder Verantwortliche weiß: Bei einer durch die Technik ausgelösten Katastrophe, bei jedem größeren Unglück muss nach den Ursachen gesucht und über Abhilfe nachgedacht werden. Und als medizinisch erfahrener Ingenieur fällt mir auf, dass bei unseren Nachhaltigkeitsproblemen nur an Symptomen kuriert und nicht das ganze System therapiert wird. Der erhöhte Kraftstoffverbrauch unserer Fahrzeuge ist ein Symptom, die eigentliche Krankheit aber sind die fehlende Wertesicherung der Marktwirtschaft und die Schwäche der Demokratie. Daran müssen wir arbeiten, und zwar an beidem gemeinsam.

Und zugleich ist klar: Wir sind keine Idealisten, zumindest die meisten von uns nicht. Appelle allein genügen nicht. Zwischenzeitlich haben uns schon zu viele der Zukunftsthemen in der Gegenwart erreicht. Die Hurrikans sind da, die Klimaveränderung ist eingetreten. Die Jugend hat in dieser Zivilisation oft kein Zuhause, das sie optimal aufwachsen lässt, weder geistig noch im Hinblick auf ihre körperliche Gesundheit. Und die Sozialsysteme sind, wie der Staatshaushalt insgesamt, völlig aus dem Ruder gelaufen und hoch verschuldet.

Die Zeit ist reif für neue Lösungen, die auf der Grundlage unserer Demokratie und unserer Marktwirtschaft als dem Bewährten aufbauen, sie aber weiterentwickeln, sie reif machen zur Lösung der Probleme von morgen, die schon heute sichtbar sind und ahnen lassen, was noch auf uns zukommen mag.

Im folgenden Teil geht es um die Kräfte, die uns dabei helfen können, diese Probleme zu lösen. Es geht um neue Kräfte für Marktwirtschaft *und* Demokratie. Denn ich bin davon überzeugt, nur an einem der beiden Bereiche herumzudoktern beseitigt nicht das Grundproblem. Sie beeinflussen sich gegenseitig zu stark. Beide benötigen eine neue Dynamik. Sie sind die wichtigsten Eckpfeiler unseres Gemeinwesens, wir müssen deren Kräftespiel viel konsequenter auf die Erwartungen und Wünsche, aber auch auf das Wissen der Gemeinschaft ausrichten. Das bedeutet notwendige Systemverbesserungen

- für die Marktwirtschaft – unsere Basis von Lebensstandard und Versorgung – durch eine Erweiterung ihrer Steuerungsprinzipien zur besseren Werteregulierung und
- für Staat und Demokratie – unseren Garanten für Sicherheit und Ordnung – durch die neue Kraft einer aktiven Demokratie außerhalb des Parteienstreits mit mehr bürgerlichem Einfluss.

Wir leben in einer neuen Zeit. Die Menschen im 21. Jahrhundert können durch Zusammenhalt und Gruppenbildung, durch vernetzte Kommunikation und durch Konsensdruck die Welt stärker steuern als je zuvor. Nichts wird diese Kontrolle durch die Zivilgesellschaft, diesen Konsensdruck der Gruppe ersetzen können, wenn es um Korrekturen falscher Politik oder die Überwindung gemeinschaftsfeindlicher Wirtschaftsrichtungen geht. Darauf aufbauende systematisierte Wertesicherung in Märkten und Marktwirtschaft ist die eigentliche Antwort auf das langjährige

Versagen im Klimaschutz. Die neue Vielfalt nun eingeleiteter Aktionen ist erfreulich. Aber nur wenn diese bunten Blumen zu einem überzeugend schönen Strauß, zu einem Gesamtsystem koordinierter Maßnahmen zusammengebunden werden, wird daraus ein Erfolg. Und der Klimawandel ist nur das drängendste Problem der Wertemissachtung, das einzige Wertedefizit unseres Systems ist er bei weitem nicht. Ein Symptom, das eine grundsätzliche Lösung erfordert.

3. Werteregulierte Marktwirtschaft

Ernst Abbe – ein Pionier der sozialen Marktwirtschaft

Der Name Dr. Ernst Abbe wird Ihnen vielleicht nicht geläufig sein, sicher aber der Name von Carl Zeiss, der 1846 die nach ihm benannte Optikfirma in Jena gründete und später den Physiker Ernst Abbe zum Mitgeschäftsführer machte. Abbe entwickelte neue Theorien der Optik und ermöglichte damit außergewöhnliche Mikroskope – die Basis für die Erforschung von Zelle und Bakterie, neue Fernrohre, Entfernungsmesser, ein bunter Reigen erfolgreicher Produkte der Optik und der Präzisionsmechanik entsprang seinem Erfindergeist und begründete in den Jahren des ersten industriellen Aufschwungs Deutschlands gegen Ende des 19. Jahrhunderts den Weltruf der Carl Zeiss Werke. Abbe führte nach dem Tode von Carl Zeiss die Unternehmen allein fort und konnte dann seine Ideen über die soziale Verantwortung des Unternehmers konsequent umsetzen. Denn seine Leitidee war der langfristige Erhalt des Unternehmens als »Nahrungsquelle seiner Mitarbeiter« und als deren soziale Heimat, aber auch zum Wohle der Wissenschaft, seiner Kunden und der Gemeinden, in denen Carl Zeiss produzierte. Die Gewinne mussten stimmen, aber sie waren nicht wichtiger als alles andere. Das war ungewöhnlich für einen Unternehmer, es war deshalb auch nicht so ohne weiteres auf seine Erben übertragbar. Abbe wandelte deshalb das Unternehmen in eine Stiftung um, in deren Statut er die »Werteorientierung« des Unternehmens dauerhaft fixieren konnte.

Damit war gesichert, dass sich das Unternehmen »sozialer verhält, als es persönliche Inhaber dauernd gewährleisten würden.« Soziale Netze, soziale Sicherheit waren damals der große Traum der schlecht bezahlten Arbeiterschaft großer Industriebetriebe. Es entsprang den Wertedefiziten einer Zeit, in der der Gegensatz zwischen Vermögenden und Industriearbeitern noch in extremer Weise divergierte. Hungerlöhne und Extremstunden der Arbeiter waren die Regel. Die Unternehmen verdienten entsprechend immens – die Carl Zeiss Werke zum Beispiel verdienten über 30 Prozent vom Umsatz –, und große Unternehmervillen in landschaftlich schönsten Gegenden zeigten jedem den neuen Reichtum des noch jungen Industriezeitalters. Sozialgesetze existierten nicht, der Kapitalismus herrschte noch in Reinkultur, die Unternehmer prügelten sich mit den Gewerkschaften und der von ihnen gegründeten Sozialdemokratischen Partei. Mangels gesetzlichem Rahmen war ein Freihalten des Unternehmens von einseitigen Interessen der Eigner nicht möglich, aber Abbes Stiftung konnte das sichern »zum Vorteil aller, die in ihren Verbund eintreten, zum Dienste des Gemeinwohls und zur Ehre der deutschen feinmechanischen Industrie«. Im Stiftungsstatut definierte er 1896 die wesentlichsten Aufgaben mit viel Liebe zum Detail wie folgt:

- »dauerhafter Erhalt der Unternehmen als Hersteller hochwertiger Geräte und als Nahrungsquelle eines zahlreichen Personenkreises«,
- »als nützliches Glied im Dienste wissenschaftlicher und praktischer Interessen«,
- wie erwähnt, »Erfüllung größerer sozialer Pflichten, als persönliche Inhaber dauerhaft gewährleisten würden«, darunter Pensionsrechte, Krankheits- und Witwenversorgung,
- Neun- beziehungsweise Achtstundentag, Kündigungsschutz – also humane und sozial gesicherte Arbeitsbedingungen,
- Wahl und Mitspracherecht eines »Arbeiterrates«, unserem Betriebsrat entsprechend

- »Betätigung in gemeinnützigen Einrichtungen und Maßnahmen zugunsten der arbeitenden Bevölkerung von Jena« und
- Förderung von Forschung und Lehre der Feinmechanik und Optik aus den Erlösen,
- aber auch Erzielung eines soliden Gewinns zur Kapitalausstattung und Erfüllung der vorgenannten Pflichten.

All das war damals Neuland, beinhaltete aber schon alle Elemente der späteren »sozialen« Marktwirtschaft europäischer Prägung, des nun eroberten »Plateau 2« nach dem klassischen Kapitalismus.

Es war für Abbe nicht nur Idealismus. Wie jeder gute Unternehmer wusste er, dass es sich für Image und langfristigen Erfolg auszahlte, gesellschaftliche Werte zu achten. Er sah seine Mitarbeiter als den wichtigsten Wert des Unternehmens, ihre soziale Sicherheit lag ihm am Herzen, und die selbst durch härteste Zeiten fast immer erfolgreiche Mitarbeiterschaft hat es ihm gedankt. Und er fühlte genau, dass nicht nur die Arbeiter, sondern auch ein breiter Teil der Bürgerschaft damals vor allem diese Werte von einem Unternehmer erwartete. Die Stiftung brachte ihm Anerkennung, aber verständlicherweise auch viel Anfeindung von manchen seiner Industriekollegen. Andere allerdings sind seinem Beispiel gefolgt, wie etwa das heute milliardenschwere Unternehmen von Robert Bosch, bis die Gesetzgeber sozialen Gesichtspunkten mehr Gewicht einräumten. So sind die Grundsätze eines Ernst Abbe heute in Europa in Form eines sozialen Netzes und einer sozialen Marktwirtschaft Selbstverständlichkeit, ein Großteil seines Statuts ist Gesetz geworden.

Fast ein Jahrhundert lang florierte die Firma Carl Zeiss mit diesen Stiftungsregeln hervorragend, überstand sogar den Teilumzug aus der sowjetischen Zone nach Westen und den Neuanfang in Baden-Württemberg, bis es durch zu laschen Umgang mit Verlustgebieten – unter anderem durch eine nur scheinbar sozial begründbare Schonung verlustreicher Geschäfte und unterlassenen

Stellenabbau – 1994 erstmals in eine existenzielle Krise geriet. Das führte dann zu meinem Wechsel aus dem Vorstand der Siemens-Medizintechnik zu dem Unternehmen Carl Zeiss und war verbunden mit einem umfassenden Sanierungsauftrag. Wirtschaftliche Notwendigkeiten, also Konkurrenzfähigkeit und soziale Ansprüche, waren – blind durch vergangene Erfolge – zu weit auseinandergelaufen, soziale Einschnitte trotz der hohen ethischen Leitlinien unvermeidlich. Die Sanierung gab mir viel Gelegenheit, über diesen Wettstreit zwischen Werten wie sozialer Milde, langfristiger Unternehmenssicherung und notwendigem wirtschaftlichen Erfolg nachzudenken, es war praktischer Unterricht zu den Grenzen der Wertepriorität und auch zur ethischen Steuerung von Unternehmen.

Abbe war Patriarch, er konnte seine Unternehmenswelt und ihren sozialen Auftrag gestalten, wie er wollte. Aber natürlich waren nur wenige so vorbildlich, die Spanne der »Social Responsibility« der Unternehmer in dieser Zeit des klassischen Kapitalismus, des Plateau 1, war beliebig breit, reichte von ähnlicher Vorbildlichkeit bis zum menschenverachtenden Despoten. Aufsicht war notwendig, das Gesellschaftsrecht baute sich aus, Aktiengesellschaften und privatrechtliche Eignergruppierungen entstanden. Sie wollten ihr Kapital, wollten den finanziellen Wert der Firma gesichert sehen. Die Aufsichtsgremien der Investoren wurden erfunden, und ebenso forderten die Mitarbeiter ihr Gremium, ihren Arbeiterrat nach Abbes Vorbild, eine bald von den Gewerkschaften erhobene generelle Forderung. Wertesicherung durch Gremien durchdrang die Wirtschaft. Die »Governance«, die die Führung kontrollierenden, aber auch in Grundsätzen lenkenden Aufsichts- und Beiratsorgane wurden zum Standard des Wirtschaftslebens.

Die Rolle dieser Organe für eine erfolgreiche Marktwirtschaft, auch eine rein kapitalistische, wird oft verkannt, unterschätzt. Ob rein kapitalistisch oder ob soziale Marktwirtschaft, sie sind von einem dichten Netz von Aufsichtsgremien durchzogen. Längst ist der private Firmenbesitzer Seltenheit. Nicht nur bei großen Firmen sind längst anonyme Aktionäre, Gesellschafter und Institutionen die Eigentümer. Und sie lassen sich durch Repräsentanten, durch ihre Aufsichtsräte vertreten.

In der Öffentlichkeit wird das nur partiell wahrgenommen, denn Aufsichtsräte fallen außerhalb von Wirtschaftskreisen eigentlich nur auf, wenn etwas enorm schiefgeht und sie angegriffen werden. Sonst bleiben sie im Hintergrund, nicht aus Bescheidenheit, sondern als übliche Regel der Unternehmensführung. An die Öffentlichkeit tritt die Geschäftsführung, der Vorstand, der Vorstandsvorsitzende, er vertritt das Unternehmen »nach außen«, wie es so schön heißt. Aufsichtsräte sind »dezent«, zur Vertraulichkeit auch vom Gesetz her verpflichtet und auf den Dialog mit der Geschäftsführung festgelegt, auf ihre Kontrolle, auf Strategiefestlegung, auf die Absegnung der grundsätzlichen Entscheidungen, alles auf Vorschlag des Vorstands oder zur Sicherung der Grundsatzbeschlüsse der Eignerversammlung. Aufsichtsräte »gestalten« entsprechend wenig direkt. Personalentscheidungen sind die einzige unmittelbare operative Entscheidung, wichtig genug, aber im Zeitaufwand der kleinere Teil. Sonst arbeiten sie indirekt. Sie wachen, bieten Dialog, motivieren und kritisieren und sanktionieren, das Instrument zur Wachablösung der Geschäftsführung ist dabei immer im Hinterkopf.

Ich kenne mich da aus, denn ich war in Dutzenden von Aufsichtsräten weltweit. Die großen Firmen führen praktisch alle internationalen Gesellschaften und alle Tochtergesellschaften über Aufsichtsräte. Selbst die »Heuschrecken«, die härtesten der Private-Equity-Investoren, arbeiten über Aufsichtsräte. Sie sind zentrales und nach meiner Meinung erfolgreiches Element der Marktwirtschaft, in der sozialen Marktwirtschaft durch die Zugehörigkeit von Mitarbeitervertretern ergänzt. Ohne diese Strukturen wäre unsere Marktwirtschaft eine völlig andere, in wirtschaftlicher und sozialer Hinsicht schwächere. »Governance« ist zentrales Ordnungselement unserer Marktwirtschaft.

Ökologie und Nachhaltigkeit – die Schwerpunkte heutiger »Corporate Social Responsibility«

Wertesicherung ist in der Arbeit des Aufsichtsrats (und analoger Beiräte) über die rein finanziellen und sozialen Aspekte hinaus sehr unterschiedlich und meist nur gering beachtet. Nur teilweise verbreitert sich das zu dem im vorigen Kapitel diskutierten Stakeholder-Ansatz oder – moderner – dem Willen zur »Corporate Social Responsibility«, kurz CSR, als einer Philosophie der Unternehmensführung. Der Aufsichtsrat kann das forcieren, umgesetzt werden muss es aber von Vorstand und Führungskräften, ja allen Mitarbeitern. Fortschrittliche Unternehmen stellen sich heute dieser Forderung einer umfassenderen wertebezogenen Einordnung in die Gemeinschaft, einen Zwang aber gibt es nicht.

Dieser fehlende Zwang ist nicht nur bedauerlich, er ist bedenklich insbesondere unter dem Aspekt der Pflicht zur Nachhaltigkeit. Der »Rat für nachhaltige Entwicklung« – ein Expertengremium, das die deutsche Bundesregierung seit einigen Jahren berät – hat deshalb als eine seiner ersten Maßnahmen eine Leitlinie zur »Corporate Social Responsibility« herausgebracht, wie auch der EU-Gipfel in Lissabon im Jahr 2000 solche Werteorientierung eingefordert hat. Durchgesetzt ist sie damit noch nicht.

Heute können wir zwar eine stark gestiegene Bereitschaft gerade bei großen Unternehmen beobachten, sich der Forderung ethisch korrekten Handelns zu stellen, ihrer sozialen Verantwortung – der »Corporate Social Responsibility« (CSR) – in vorbildlicher Weise nachzukommen und dem Wort »sozial« dabei eine breitere, teils auch schon auf Nachhaltigkeit ausgerichtete Bedeutung zu geben. Aber das sind die Ausnahmen, sie sind bei mittleren Unternehmensgrößen und insbesondere im Private-Equity-Bereich eher selten, und das zeigt schon: Allein auf Idealisten und Gutmenschen können wir kein tragfähiges System aufbauen.

Der Gegensatz ist offensichtlich. Die Forderung nach sozialem Ausgleich hat im Laufe der letzten hundert Jahre alle Bereiche der Wirtschaft durchdrungen und machte die soziale Marktwirtschaft zu einem festen Bestandteil unseres Wohlstands. Mitbestimmung, Arbeitsdirektor, Tarifrecht oder soziales Netz sind die Schlagworte, hinter denen flächendeckende Durchsetzung durch Gesetz, Verbände und betriebsinterne Organisation steht. Aber die Maßnahmen zur Sicherung der ökologischen Komponenten, also zur Schaffung einer wirklichen ökosozialen Marktwirtschaft, erreichen diese Durchdringung bei weitem nicht, wenn auch an einer Systematisierung gearbeitet wurde. Öko-Audits und Umweltbeauftragte in Vorständen und Geschäftsführungen wurden ebenso üblich wie die Überwachung durch Verbände und Behörden. Wichtige ökologische Werte durchzusetzen bedurfte unzähliger flächendeckender Maßnahmen der Unternehmensführung und der Gesetzgeber Und dennoch lässt das System reichlich Wünsche offen, vielleicht weil die konsequente Durchdringung mit »Fürsprechern« analog zum Sozialbereich unterblieb. Die Kraft der Öko-Organisationen reicht eben bei weitem nicht an die Kraft der Gewerkschaften heran. Im Grunde sind beide Bereiche nicht direkt vergleichbar, denn die soziale Bewegung konnte die Mitarbeiter der Unternehmen zu ihren Fürsprechern machen, konnte sie bis zum Streik organisieren. Anders formuliert: Die Mittel, mit denen die soziale Sicherheit des Plateau 2 erklommen wurde, sind für die neue Steilwand der ökologischen Wertesicherung nicht anwendbar.

Es bedarf anderer Wege. Die erwähnten Aufsichtsgremien der Industrie erfüllen zwar nicht alle Wünsche, wissen sich aber Respekt zu verschaffen und haben Ordnungsmacht. Denn sie formulieren die grundsätzlichen Regeln, sie setzen die führenden Personen ein und können sie durch Anreize und auch durch die Androhung eines Abbruches der beruflichen Karriere zur Disziplin zwingen. Das scheint mir eher ein Ansatz, die Wertesicherung in der Marktwirtschaft verpflichtend durchzusetzen: die Erweiterung der Grundidee der »Governance«, also der übergeordneten Steuerung und Kontrolle. Dazu wird es nicht genügen, dies nur als eine weitere Aufgabe in das Pflichtenbuch heutiger Aufsichtsräte zu schreiben. Es bedarf anderer Dialoge, anderer Erfahrungen und anderer Mittel der Durchsetzung als bisher gewohnt, um die Sicherung unzureichend beachteter gesellschaftlicher Werte, wie eben das Gebot der Nachhaltigkeit, zur verbindlichen Pflicht für jeden Unternehmer zu machen.

Werte bestimmt die Gemeinschaft

Werte fließen, sie folgen den Wünschen der Gemeinschaft. Freie, demokratische Gemeinschaften sind stark und setzen – wenn auch oft nur langsam – ihre Werteprioritäten durch. Es ist die zwangsläufige Entwicklung in einer guten Demokratie. Probleme werden erkannt, werden zu Wünschen und Meinungen, bis schließlich der öffentliche Druck überhandnimmt und eine Lösung einfordert. Werteprioritäten entspringen so akuten Gemeinschaftsproblemen, die Erwartungen und Problemstellungen sind nichts Statisches, sie sind laufend in Bewegung. Ein System muss in der Lage sein, dem flexibel zu folgen. Zunächst ist das natürlich eine Aufgabe der staatlichen Organe. Es gibt viele Beispiele für Problemlösungen auch im ökologischen Bereich. In der Rückschau überrascht sogar, wie schnell manches umgesetzt wurde, wenn man sich erst einmal zu verpflichtenden Leitlinien durchgerungen hatte. Nehmen wir bleifreies Benzin, das noch junge Rauchverbot oder den Bann der Fluorchlorkohlenwasserstoffe, dieser leicht verdampfenden Wunderflüssigkeit, deren Anwendung von

Spraydosen über Kühlschränke bis zur hochwirksamen Materialreinigung reichte und die in ungeahnten Mengen zum Einsatz kam. Gut erinnere ich mich noch an einen meiner Besuche in einer Röntgenröhren-Fertigung: »17 Tonnen FCKW haben wir jährlich zur Reinigung der Gläser verbraucht«, erklärte der Leiter der Fertigung stolz, als er mir die neue FCKW-freie Ultraschallreinigungsanlage für die Glasgefäße unserer Röntgenröhren erläuterte. FCKW war bisher die mit Abstand beste Reinigungsflüssigkeit für diese Vakuumröhren, dass wir aber ein solcher Großverbraucher waren, war mir neu. FCKW war eben ein hochwirksames Reinigungsmittel für anspruchsvolle Industriegläser. Ich konnte die Menge gar nicht glauben, aber es handelte sich dabei um die in einer solchen Fertigungslinie übliche. Bei einem späteren Besuch in der Siemens-Lampenfertigung in der Nähe von Rosenheim berichtete man von einem Verbrauch von 22 Tonnen jährlich, und auch hier herrschte der gleiche Stolz über die Verbesserung. Die neuen Reinigungsmaschinen kosteten zwar einige Millionen Euro, aber die Industrie reagierte nach Erlass der entsprechenden Verordnungen rasch und senkte allein in Deutschland den FCKW-Ausstoß um Hunderttausende von Tonnen jährlich. Auch die Verbraucher zeigten mehr und mehr Disziplin und verzichteten auf die praktischen Spraydosen. Der Hinweis auf die Zerstörung des Ozongürtels der oberen Atmosphäre und die Gefahr von Hautkrebs überzeugte, schließlich alle, so dass dieses Verfahren trotz seiner Leistungsfähigkeit und seiner guten Produkte verbannt werden musste. »Gilt das Verbot weltweit?«, fragte ich noch, und das Gesicht des Werkstattchefs verdüsterte sich. »Es wäre schön, aber ich fürchte: Nein. Das alte Verfahren ist viel billiger. Ich hoffe, das alles schadet uns nun nicht im Wettbewerb, der Preiskampf gegen Fernost ist hart.« Ein kleiner Hinweis, dass solche Maßnahmen weltweiten Konsens brauchen, wenn sie den fairen Wettbewerb nicht verzerren sollen. Aber immerhin, die große Gefahr, die von FCKW ausging, scheint gebannt.

Ähnlich große Erfolge in Europa kennen wir alle bei der Gewässer- und Bodenreinhaltung oder bei der Entschwefelung der Kraftwerksabgase. All das ging relativ schnell, in wenigen Jahren war die Umweltbelastung gebannt. Jedes der Themen bewegte eine Zeit lang hitzig die Gemüter und wurde in allen Medien diskutiert. War allerdings gestern noch Naturschutz das große Thema, also Umwelt- und Artenschutz, so ist es heute die übergeordnete Langfristigkeit, die Nachhaltigkeit wirtschaftlichen Handelns, allem voran der Klimaschutz. Werte werden neu definiert und verändert, neu priorisiert. Einzelne und Gruppen machen die Probleme bewusst, andere Gruppen beginnen sich zu engagieren, und schließlich führt die Kraft der Gemeinsamkeit zur Lösung.

Nichts steuert die Marktwirtschaft mehr als die Kraft der Kunden, auch wenn dies allgemein weniger bewusst ist. Aber jede Kaufentscheidung ist natürlich auch eine Stimmabgabe eines »Wählers« der Marktwirtschaft, eben des Kunden. Er aber will zuallererst eine leistungsfähige Versorgung, den Zugriff auf ein breites, einfallsreiches und flexibles Warenangebot von hoher Qualität und Preiswürdigkeit. Versorgung dominiert als die höchste Priorität, sie ist unverzichtbare Basis des Lebensstandards. Gerade hier in Mitteleuropa konnten wir mit dem Blick durch den »Eisernen Vorhang« immer gut beobachten, was Versorgungskraft eigentlich bedeutet. Waren Sie seinerzeit einmal in der DDR? Erinnern Sie sich an die langen Schlangen vor den Geschäften und an das miserable Warenangebot? Bessere Ware war nur in einigen wenigen Läden zu erhalten, und auch da nur gegen Devisen, die der Normalbürger nicht besaß. Es gelang im »real existierenden Sozialismus« nicht, das für eine zufriedene Gemeinschaft minimal notwendige Warenangebot zu beschaffen. Der Kommunismus hatte den Menschen übersehen. Ohne die Triebkraft des Eigentums und des Gewinns entstanden keine Unternehmer – und ohne Unternehmer kein attraktives Warenangebot. Stattdessen Schwarzmarkt, Protektionismus durch die Partei und eine abgewirtschaftete Industrie, die Umwelt und Gesundheit missachtete. Der Sozialismus scheiterte an einem unrealistischen Menschenbild: Er wollte den Menschen jeden Egoismus austreiben und sie zu reinen, genügsamen Idealisten machen, ohne dabei die Bedeutung der Versorgung als einen der wichtigsten Werte zu erkennen. Es war klar, dass die Menschen eines Tages dieses Regime davonjagen würden. Der Druck der Massen beendete diese Verirrungen. Man hatte sich entschieden: Erfolgreiche Unternehmer sind besser als Funktionäre – auch wenn beide ihre ungeliebten Seiten haben. Die freie Marktwirtschaft mit ihrer Warenfülle und ihrer hohen Angebotsqualität war der überzeugende Gegenpol. Im ganzen Ostblock standen die Menschen schließlich auf, vereinigten sich zu starken Gruppen und vertrieben eine Ideologie, die ihnen diese Werte nicht bieten konnte.

Aber mit dem Angebot beginnt die Versuchung, die Anonymität und die Flucht vor der »Vernunft« – der Blick für die Probleme ist getrübt. Obwohl oft ein öffentlicher Konsens über das eigentlich Notwendige besteht, folgen dem zu wenige individuelle Kaufentscheidungen. Stattdessen wird, aus welchem Grunde auch immer, den »unvernünftigen« Versuchungen nachgegeben, oft schlicht aus Unwissenheit oder Gleichgültigkeit. Dieses Wechselspiel von Wünschen, Kaufentscheidungen, Versuchungen und Bedenken, das ist er letztlich, der Markt. Eine echte Herausforderung, denn auch der Staat tut sich bei großen und umstrittenen Problemlösungen unheimlich schwer.

Die Herausforderung

Im Klimabericht des ehemaligen Weltbank-Ökonomen Sir Nicholas Stern an die britische Regierung liest sich das dann so in der Zusammenfassung:

»Der Klimawandel ist das größte Versagen des Marktes, das die Welt je gesehen hat, und interagiert mit anderen Mängeln des Marktes...

Klimawandel verlangt eine internationale Antwort auf der Basis eines gemeinsamen Verständnisses langfristiger Ziele und einer Vereinbarung eines Handlungsrahmens.«

Diese Antwort zu finden wird so ohne weiteres nicht gelingen, und zwar weder der Marktwirtschaft noch der Politik, denn bisher fehlen die Instrumente dafür. Ein Verständnis für langfristige Ziele besitzt die Marktwirtschaft nicht. Und die bunte Völkerstruktur des Globus konnte bisher keine internationale Antwort auf dieses globale Problem geben. Ich fürchte, so wird es auch mit den neueren internationalen Vereinbarungen (Heiligendamm, Brüsseler Gipfel, New York, Washington ...) wieder geschehen. Sie beruhigen zwar erst einmal, aber weder wird die Bevölkerung einbezogen, noch erhalten die konkurrierenden Industrieunternehmen eine verbindliche Leitlinie. Jeder wird auf den anderen schielen, und jeder wird vom anderen Vorbildliches erwarten, um solange selbst die wirklich großen Änderungen zurückzustellen. Aus Konkurrenzverhältnissen werden durch politische Zielsetzungen noch lange keine Gemeinsamkeiten und keine grundsätzlichen Verhaltensänderungen. Schon die Appelle von Rio und Kyoto, internationale Vereinbarungen zu treffen, waren Hoffnungsäußerungen und keine wirkliche Antwort, wie deren Wirkungslosigkeit beweist. Wie muss eine fundiertere Antwort aussehen? Nehmen wir allein die Forderung nach einem effektiveren Klimaschutz. Stern setzt die Zielmarke in seinem Report sehr hoch:

»Letztendlich erfordert eine Stabilisierung, ... die jährlichen Emissionen um mehr als 80 Prozent unter die derzeitigen Niveaus zu bringen.«

Das bedeutet eine vollständige Veränderung unseres Umgangs mit fossiler Energie – einen Ausstieg oder die »Dekarbonisierung«, ein für praktisch alle Teile unserer Marktwirtschaft dramatischer Vorgang, der die derzeitige Wertehierarchie der Wirtschaft in Frage stellt. Die von Teilen der Europäischen Union angestrebte Halbierung bis zum Jahr 2050 würde nicht genügen, sie ist zu langfristig und zu gering. Zunächst 20 Prozent bis 2020 zu erreichen, eine Forderung der Bundesregierung und der Europäischen Union, genügt natürlich erst recht nicht. Bisher waren Wachstum und wirtschaftlicher Erfolg die höchsten Werte von Industrie und Politik. Wenn wir den neuen Herausforderungen unserer Zeit gerecht werden wollen, müssen wir Innovation und Bereitschaft zum Wandel viel besser durchsetzen. Dem Ausstiegsszenario aus fossilen Brennstoffen wird dann höchste Priorität eingeräumt werden, und die große Aufgabe wird es sein, die innovative Kraft zur Schaffung einer energiearmen Zivilisation und neuer Energiequellen zu entfalten – eine Aufgabe, die nur eine starke Marktwirtschaft lösen kann. Die Politik wird das nicht allein schaffen können, dazu ist sie – wie beschrieben – wegen der öffentlichen Interessenlage bei Beschäftigung und Wachstum zu ängstlich. Es müssen sich marktwirtschaftliche und politische Ziele in neuer Weise verbinden.

Goodwill oder Gewinne – das große Spiel

Weder Freiwilligkeit noch internationale Appelle und Übereinkünfte vermögen die notwendigen Änderungen zu bewirken. Die Marktwirtschaft, deren Akteure sich immer im harten Konkurrenzkampf befinden und gegen langfristige Perspektiven so gut wie resistent sind, wird Klimaschutz und viele andere, eigentlich nicht marktkonforme Werteziele nur dann erfüllen können, wenn hierfür Konkurrenz durch Kooperation ersetzt wird – sie ist der Gegenpol der Konkurrenz. Eine solche Neuordnung der Prioritäten kann nicht allein von oben »top down« kommen, also weder von der Politik noch von den Managern. Sie braucht einen Aufbau aus der Branche heraus, von unten, »bottom up«.

Es fehlt nicht generell an *goodwill*, viele Unternehmen haben sich sogar eine ethische Leitlinie als Teil ihres »code of conduct«, also ihrer Handlungsprinzipien, gegeben. Aber ein Gleichklang einer Industrie bei der Lösung großer Probleme entsteht daraus noch nicht. »Corporate Social Responsibility« ist eine Vorgabe in einem einzelnen Unternehmen, es handelt sich dabei nicht um eine Koordinierung einer Marktwirtschaft auf ein gemeinsames Ziel, und nur Insider wissen, wie gering der praktische Spielraum dafür ist.

Marktwirtschaft kann viel, aber nicht alles

Die ungezügelte freie Marktwirtschaft ist wie ein wildes Pferd: schön, leistungsstark, schnell und überlegen. Aber nur gezügelt und geführt ist sie wertvoll, absolviert »Hohe Schule«, sonst bricht sie aus, tritt um sich oder galoppiert querfeldein. Zwar ist unser Wirtschaftssystem vielen Regeln als gegensteuernde Kraft unterworfen, aber für die Themen der Nachhaltigkeit und auch für manche andere Wertesicherung sind sie nicht wirksam genug.

Dieses jetzt vorhandene Drängen der Gemeinschaft muss also durch ein entsprechend ausgebautes Regelwerk umgesetzt werden. Manche der marktwirtschaftlichen Regelwerke haben eine geradezu unglaubliche Präzision erreicht. Etwa beim Gewässerschutz, der heute in fast allen westlichen Industrienationen Standard ist, oder bei den strengen Regeln, nach denen Bilanzen und Finanzdaten erfasst werden. In diesem Bereich herrscht zuverlässige Ordnung. Zudem wurden diese Regeln vor einigen Jahren zumindest in den USA noch gewaltig verschärft durch ein US-Gesetz, das durch Betrügereien einiger Wirtschaftsführer, allem voran die großen Bilanzmanipulationen der Aktiengesellschaften Enron, WorldCom, Adelphi und Tyco, ausgelöst wurde.

»Sarbanes-Oxley« (genannt nach den beiden Politikern, die das Gesetz durchgesetzt haben) gilt als Kürzel für dieses Gesetz – und kostet die Industrie etwa einen Prozentpunkt des Gewinnes, anders formuliert: Man bekommt ein Prozent des Umsatzes an zusätzlichen Kosten aufgebürdet. Das ist viel, denn gesunde Unternehmen kommen in der Regel auf eine Umsatzrendite von 5 bis 10 Prozent. Ein Prozent, das sind Milliarden weltweit, und auch bei einem holländischen Unternehmen bedeutete es viele Millionen Euro zusätzlicher Kosten. Ich war Mitglied des Aufsichtsrats, und es ging um den Finanzbericht. »Der Aufwand ist enorm«, erklärte folgerichtig Peter Wenn, der Finanzchef. Sarbanes-Oxley definierte, wie Umsätze, Kosten und Rückstellungen genau zu verbuchen sind, welche betriebsinterne Organisation geschaffen werden muss, wie sie kontrolliert wird und wer per Eid für die Richtigkeit bürgen muss. Fast alle Regeln der Finanzbuchhaltung und der Bilanzierung, also der Vermögensbestimmung, mussten in den betroffenen Unternehmen neu geschrieben werden, Doppelverantwortungen festgelegt und ein dichtes Netz von Überprüfung und Genehmigung aller finanziellen Vorgänge geschaffen und unterhalten werden.

Die Politik und die Unternehmen scheuten also keinen Aufwand, um dem Misstrauen der Finanzwelt mit einem abgesicherten und transparenten Zahlenwerk zu begegnen. Die Vorstände mussten den Jahresabschluss jeweils mit eidesstattlicher Erklärung als korrekt und den Regeln entsprechend bestätigen. Da das Unternehmen nicht nur in Amsterdam, sondern auch an der Börse in New York gelistet war, mussten außerdem die internationalen europäischen Finanzregeln, also der ebenfalls neu überarbeitete IFRS (International Financial Reporting Standard), berücksichtigt werden. Peter Wenn legte eine mehrere Zentimeter dicke Dokumentation auf den Tisch, die viele hundert Seiten umfasste. Die Regeln auf beiden Kontinenten waren unterschiedlich, unterschiedliche Bilanzen mussten erstellt und unterschiedliche

Buchungsverfahren angewandt werden. Hierüber gab es kaum Diskussionen im Aufsichtsrat, schließlich waren die Regeln nun einmal so festgelegt, und danach hatte man sich zu richten. Da sie für alle Unternehmen gelten, ist auch der Konkurrenznachteil gering, die Kritik an der Praktikabilität allerdings groß. Es war eben ein Gesetz, das zu akzeptieren war. Aber bedarf es immer des Gesetzgebers, um etwas Schlagkräftiges durchzusetzen?

Fair Play im Sport – das Beispiel der Sportverbände

Auf der Hinreise zu der Aufsichtsratssitzung hatte ich zwischen meinen Vorbereitungen immer wieder Berichte über die Tour de France gehört. Mein Sohn hatte an vielen Radrennen und vielen Ironman-Wettkämpfen teilgenommen, dieser brutalen Mischung von Marathon, Radrennen und Langstreckenschwimmen. Aber es war die Welt meines Sohnes, da musste ich in diesen Sportarten Bescheid wissen. Diesmal tauchten lauter neue Namen auf, denn der Radsportverband hatte nach einem neuen Dopingskandal erstmals durchgegriffen. Jan Ullrich und etliche andere des Dopings Verdächtige waren draußen, und nun bekamen unbekanntere Fahrer ihre Chance. Das waren die Regeln im Sport: Der Verband wachte über Fair Play und gliederte die schwarzen Schafe aus. Nicht ohne Schwierigkeiten und Debatten, manchmal mit viel Mediendruck, aber am Schluss doch mit Härte und erfolgreicher Konsequenz. Ohne Gerichte und ohne Gesetzgeber, einfach nur aufgrund seiner guten Kenntnis der Sportart hat sich jeder Verband heute klare Regeln geschaffen und Methoden entwickelt, um diese durchzusetzen. Die Botschaft ist klar: Wer dopt, fliegt, und wer foult, wird gesperrt. Oder: Wer sich nicht an die Regeln und ethischen Mindeststandards hält, dessen Karriere ist am Ende. Die Festlegung sauberer Regeln und die Sicherung von Fairness sind Teil des Systems. Natürlich gibt es manchmal auch Rückschläge, die aber führen gerade wegen des großen Interesses der Allgemeinheit immer zu heftiger Diskussion und dann zu Verbesserungen, ohne die Intervention des Staates, in reiner Selbstverwaltung. Ohne Verbände gäbe es keinen drogenfreien Radsport, das kann als sicher gelten. Und genauso wäre der Wildwuchs der technischen Lösungen im Motorsport – nicht nur in der Formel 1 – kaum vorstellbar und der geliebte Fußball ein Hauen und Stechen. Kein Zweifel, die Sportverbände sind bei der Wertesicherung in ihrem Metier erfolgreich. Also ist die Frage nur konsequent, ob man nicht das gleiche Modell von den Wirtschaftsverbänden verlangen kann, die als gemeinsames Dach der Unternehmen in fast allen Wirtschaftsbranchen existieren.

Eine Aufgabe der Verbände?

Als leitender Industriemanager wird man automatisch in die Verbandsarbeit hineingezogen – so wurde auch ich Mitglied im Vorstand mehrerer nationaler und internationaler Industrieverbände. Zunächst war ich skeptisch, ob es sich hier nicht nur um Bürokratie und Plaudermeetings handelte, aber im Lauf der Zeit wurde mir klar, dass die Verbandsarbeit die einzige schwache Klammer ist, die eine Branche zusammenhält und trotz Konkurrenzkampf koordinieren kann. Dazu gehört die Zusammenarbeit mit den Regierungen bei Gesetzgebung und Verordnungen genauso wie etwa die Kooperation mit Hochschulen und Universitäten. Lange war ich auch Mitglied des Vorstands der AdvaMed, dem amerikanischen Industrieverband der medizintechnischen Industrie. Das war besonders interessant, denn diese Industrie ist naturgemäß ständig vielen problematischen ethischen Fragen ausgesetzt. AdvaMed ergriff die Initiative und schuf einen für alle Mitglieder verpflichtenden ethischen Verhaltenskodex, der von der Frage der Geschenke an Ärzte bis zum Sponsoring von Kongressen vieles regelte. Die Schaffung dieses Verhaltenskodex war schmerzhaft, und wegen des Einspruchs mancher Mitgliedsfirmen wurden wesentliche Teile gestrichen, dennoch kam es schließlich zu Austritten. Es wurde sehr klar, dass die heutigen Verbände nur ihren Mitgliedern dienen müssen, und es wurde auch offensichtlich, dass diese sich, gerade was die ethische Grundhaltung betrifft, durchaus unterscheiden. Aber nur was innerhalb der Mitgliedsfirmen Konsens findet, kann zur Regel werden, die Allgemeininteressen bleiben außen vor. Es wurde auch deutlich, dass die Verbände eine Rolle zwischen freien Märkten und Gesetz spielen können, die unterschätzt wird, die man viel stärker einsetzen und fordern könnte. Industrieverbände sind eine fachlich bestens informierte Organisation, die vom einzelnen Hersteller unabhängig genug sein kann, um allgemeingültige Regeln zu erarbeiten, wenn sie politisch gestützt wird. Sie hätte mit entsprechenden gesetzlichen Vorgaben durchaus die Kraft, dort einzugreifen, wo die Freiheit zu groß und das Gesetz zu unflexibel, zu langsam oder zu mutlos ist.

Natürlich passen dazu nur die Strukturen, während sich Kultur und Auftreten grundsätzlich ändern müssten – wie ja auch in Industrieunternehmen immer wieder Kulturwandel angesagt ist. Mit einer völlig reformierten Grundhaltung aber kann das Verbandswesen zu einer neuen, koordinierenden und teils überwachenden Kraft werden, die ähnlich wie bei der Kontrolle und Regulierung der Abläufe im Sport funktionieren könnte. Solche Industrieverbände könnten koordinierend für Zukunft und Ethik wichtige Forderungen durchsetzen, wenn die politischen Bedingungen dafür geschaffen werden. Eine gesamte Branche wird kaum dagegen Einspruch erheben, denn schwarze Schafe oder überaggressive Wölfe sind eigentlich in keiner Branche beliebt, man muss sie heutzutage allenfalls dulden.

Im Grunde fährt jeder Wirtschaftszweig mit einer selbstverpflichtenden Koordinierung auf bestimmte Entwicklungsrichtungen besser. Über lange Jahre habe ich mich – wie viele andere auch – empört, in welch krassem Gegensatz die drohende Klimakatastrophe zur Modellpolitik vieler unserer großen Autofirmen stand – und nach wie vor steht. Die Amerikaner mit ihren immer größer und schwerer werdenden Fahrzeugen, diesen großen Geländewagen, dort »SUV« genannt, und der De-facto-Verbannung verbrauchsarmer Dieselfahrzeuge, für die sie keine fortschrittliche Technologie entwickelt hatten, versanken völlig in der Kurzfristigkeit. Die Europäer redeten viel über Effizienz, protzten aber letztlich mit hohen PS-Zahlen und Formel-1-Erfolgen. Nur die Japaner schneiden schon seit längerem besser ab. Kein Wunder, denn dort koordiniert das METI, das Ministerium für Wirtschaft, Handel und Industrie, zusammen mit den Industrieverbänden die Industriepolitik durch Zielvorgaben und hohe Forschungssubventionen; eine Funktion, die weit über unsere Auffassungen der Rolle eines Ministeriums hinausgeht. Auch die Japaner schafften zwar nicht genug, aber viel mehr als wir in ihrer Modellpolitik. Die Hybridfahrzeuge sind nur ein erstes Beispiel. In Europa und USA ist die Automobilindustrie dagegen von sich aus offensichtlich nicht in der Lage und wohl auch nicht gewillt, sich so zu organisieren, dass die Modellpolitik den Anforderungen an rasch sinkenden Kraftstoffverbrauch gerecht wird. Zu sehr versprechen PS-Stärke, suggerierte »Sportlichkeit« und Höchstgeschwindigkeit Abgrenzung gegen die weltweite Konkurrenz und bessere Preise. Aber koordiniert müsste doch Vernunft einziehen können. Was im Sport als »Selbstüberwachung« durch die eigenen Verbände geht, muss doch auch auf eine Branche wie die Automobilindustrie übertragbar sein. Deren Verbände sind wahrhaft groß genug. Es ist eine Struktur, deren Aufgaben und Möglichkeiten man zur gleichen regulierenden Kraft ausbauen könnte wie die Verbände im Sport, wenn sie sich nur dem Wertethema stellen würden. Was müsste man ändern?

Der Zukunfts- und Ethikrat – für einen flächendeckenden branchenspezifischen Dialog

Das braucht anfänglich nicht einmal den Gesetzgeber. Es beginnt schon mit der Stärkung des »Gewissens« der Verbände, also durch einen systematischen internen und externen Dialog über »Gut und Böse«, über das ethisch richtige Auftreten der Branche. Dafür sind viele der Mitgliedsfirmen heute noch zu blind, zu sehr getrieben vom Druck nach kurzfristigem kommerziellem Erfolg. Verbandsvorsitzende sind da schon etwas unabhängiger und reflektieren meiner Erfahrung nach wesentlich häufiger das gesellschaftlich richtige Handeln ihrer Branche, gerade weil ihre Aufgabe häufig darin besteht, gegen neue Regeln Lobbying zu betreiben. Das bringt viel Berührung mit den Sorgen der Politik und mit Nichtregierungsorganisationen, also mit Gegenargumenten aus einem anderen Blickwinkel und anderen Werteauffassungen.

Wo Raum zur beispielhaften »Freiwilligkeit« besteht, wurde und wird er heute schon erstaunlich oft genützt. Es ist wesentlicher Teil der Aufforderung, die mit der »Corporate Social Responsibility« umschrieben ist, auch für die Verbände. Gerade der mächtige Dachverband der deutschen Industrie, der BDI, rief schon vor längerem eine große Klimaschutz-Initiative ins Leben, die hochrangig im Leitungsgremium besetzt und von einem wissenschaftlichen Ausschuss begleitet wird – eine insgesamt ehrgeizige und weitreichende Initiative. Aber ihr Beratungsgremium kommt als »wissenschaftlicher Beirat« nur aus der Industrie. Es fehlt die systematische Einbeziehung der Kritiker, also der zur Industrie kritischen NGOs der Zivilgesellschaft und der neutraleren Experten der Wissenschaft. Ein wirkliches Wachrütteln, eine neue »Denke« kann nur aus dem intensivierten Gespräch mit Externen und auch Andersdenkenden entstehen. Das erfordert selbst auferlegten Zwang und Kontinuität, es erfordert ein neues, darauf ausgerichtetes Organ der Verbände.

Das führt logisch zu einem externen Zukunfts- und Ethikrat als Pflichteinrichtung für jeden Wirtschaftsverband. Zukunftsräte, Nachhaltigkeitsberatung, »sustainability commitees« sind im Prinzip als Initiativen bekannt und unterschiedlich erfolgreich. Das kann man aufgreifen und verfeinern. Man muss ihm Fachwissen, Einblick und Zähne geben. Dazu wäre ein Gremium erforderlich, das im Rahmen des Möglichen von den Mitgliedsfirmen unabhängig ist, aber fachlich gut informiert – und das so der Branche den Spiegel von außen vorhalten kann, ihr also Verfehlungen und Schwächen besser bewusst macht, fragliche Entwicklungen hinterfragt, auf diese Weise die Diskussion von Alternativen erzwingt und so neue Zielsetzungen erreichen kann. Viele der großen NGOs – wie Greenpeace und der World Worldlife Fund – sind gut über Bracheninterna und technologische Möglichkeiten informiert. Dafür sorgen schon ihre – meist jungen – Mitglieder aus der Industrie, die sich über die ethische Richtung ihrer Arbeit Sorgen machen. Und auch bei Mitarbeitern von Universitäten und Forschungseinrichtungen ist mir enorm viel Expertise begegnet, was sie als Gesprächspartner für Wertefragen der Wirtschaft geradezu prädestiniert. Nicht ein ideologisch unbeweglicher Debattierclub ist gemeint, sondern ein fachlich qualifiziertes Gremium primär von Wissenschaftlern, aber auch Vertretern dieser »werteorientierten« NGOs für ökologische, soziale oder Dritte-Welt-Ziele. Sie sind es, die gemeinsam in einen »organisierten«, also kontinuierlich stattfindenden Dialog mit Branchen- und Unternehmensrepräsentanten eintreten müssen. Das wird neue Einsichten in Forderungen, aber auch in die Probleme einer Branche bringen, kann aber auch mancher im positiven Sinne »aggressiveren« Idee die Tür öffnen, die zunächst noch abgelehnt wurde. Kontinuierlicher Dialog schafft Verständnis und meist auch Vertrauen, bringt mehr Kreativität in die Lösungswege und stärkt im Endeffekt die gesellschaftliche Akzeptanz einer Branche. Wenn sich das konsequent durch die gesamte Verbandslandschaft und ihre Hierarchie zieht, so entsteht daraus ein vernetztes Sprachrohr der Zivilgesellschaft gegenüber allen Wirtschaftszweigen. Ein lebendiger, spannender Dialog wäre das Ergebnis.

Dialog bringt Ziele – der Anfang eines Weges

Man mag sich zu einem solchen Dialog ohne Verpflichtungen skeptisch verhalten. Das, meine ich, ist viel zu eng, zu ungeduldig gesehen. Gute Unternehmer haben das »Zuhören« gelernt, und bei jeder Personalsuche nach Führungskräften steht »soziale Kompetenz« im Anforderungsprofil weit oben. Zuhören führt zum Nachdenken, wie es in jeder kreativen Gestaltungsaufgabe zwingend notwendig ist. In diesem Zusammenhang eine Episode von Ernst Abbe, als ihm sein »Arbeiterrat« einmal meuternd gegenüberstand. Der Betriebsrat beklagte, dass Abbe seinem Rat nicht gefolgt sei, worauf Abbe antwortete, dass er genau zugehört und die Argumente in seine Überlegungen einbezogen habe, aber die Entscheidungen müsse er persönlich verantworten und fällen, und die seien nicht immer identisch mit dem Ratschlag seiner Mitarbeitervertreter. Aber allein ihr Recht, ihm Argumente vorzutragen, ihn in einen Dialog zu zwingen, sei schon ein großes, ein aus seiner Sicht enorm wichtiges Recht, betonte er. Oft hat er – wie ich selbst übrigens auch – nach der Empfehlung seiner Betriebsräte gehandelt. Das zeigt, wie viel Einfluss allein durch Dialog entstehen kann. Gegen den Dialog zu handeln sollte immer zweimal hinterfragt werden, weil man sich sonst wichtige Chancen vergibt.

Zurück zum Zukunfts- und Ethikrat. Niemand wird erwarten, dass jede Branche seinen Ratschlägen gleich von Beginn an folgt. Die Debatten werden vielfach mühsam sein, und das Statement des Zukunftsrats dürfte von der Branchenmeinung manchmal völlig abweichen. Bei schwierigen Themen mag sich sogar eine öffentliche Debatte entspinnen. Wichtig wird dann die faire Begleitung durch unsere immer neugierigen Medien, die Verständnis für beide Seiten aufbringen sollten. Denn über allen nicht erfüllten Forderungen der Nachhaltigkeit stehen schwierige Themen der Märkte und der Konkurrenzfähigkeit. Wenn wir einer Branche die Erfolgsfähigkeit und Beschäftigungskraft, also die internationale Konkurrenzfähigkeit, nehmen, hätten wir eine Chance vertan. Auf die Symbiose kommt es an, darauf, beide Seiten zu sehen und gangbare Wege zu finden.

In einem ersten Schritt kann sich dieser Ethik- und Zukunftsrat um die bestmögliche Abstimmung von Forderungen und Erwartungen an die Entwicklungstendenzen einer Industrie bemühen, ohne immer gleich einen Konsens zu erzielen. In jedem Fall kommt es zu einem Nachdenken auf beiden Seiten. Die Reibungen zwischen den Gewohnheiten der Branche und den Meinungen der Allgemeinheit – manchmal auch unterstützt von den Medien – können weitreichende und dennoch konkurrenzfähige Kompromisslösungen zur Folge haben. Es kommt zur organisierten Mitsprache der großen NGOs und der wissenschaftlichen Community. Ich möchte behaupten, dass gerade die Automobilindustrie in Deutschland heute viel besser dastehen würde, wenn sie sich schon vor Jahren auf einen solchen Dialog eingelassen hätte – über Sachzwänge, Kundenverhalten und technische Möglichkeiten. Bei der Durchsetzung eines allmählichen Schwenks auf eine zukunftsfähigere Produktpolitik hätte sie vermutlich statt Dauerkritikern Partner gefunden. Statt jahrelanger defensiver Hektik könnte aus einem solchen Dialog vielleicht auch ein veritabler »Ruck« werden – statt kurzfristigem Aktionismus eine langfristig industrieweit koordinierte Modellpolitik energetischer Sparsamkeit.

Die neue Rolle der Verbände – von der Klammer zum Wächter

Vielleicht sind Sie überrascht, wenn ich schon in diesem Dialog über die Verbände eine koordinierende Kraft der Industrie sehe, eine zentrale Komponente für eine neue, stärker werteorientierte Marktwirtschaft. Nun, dieser Dialog ist natürlich nur der Anfang, und für einen vollen Erfolg sind weitere Schritte notwendig. Lassen Sie uns die Idee einer Weiterentwicklung zu Definitions-, Kontroll- und Überwachungsaufgaben, zu einer »ethischen Governance« genauer durchspielen.

Ich habe die Sicherung des Fair Play im Sport, – insbesondere für Berufssportler – erwähnt. Alle Sportarten haben ihren spezifischen Verband, der sich um die Festlegung der Regeln und deren Durchsetzung kümmert. Ein Dachverband koordiniert die Gemeinsamkeiten und sichert die Abgrenzungen. Auch die Industrie hat flächendeckend existierende branchenspezifische Verbandsstrukturen, oft sogar mit internationaler Verflechtung. Sie kümmern sich um gemeinsame Geschäftsbedingungen, regen Normen an, unterhalten manchmal sogar Beschwerdestellen und fungieren gleichzeitig für ihre Mitglieder als politisches Sprachrohr. Weiße Flecken, also verbandsfreie Branchen, existieren praktisch nicht. Im DIHK (Deutscher Industrie- und Handelskammertag) zum Beispiel sind 3,6 Millionen Klein- und Mittelbetriebe organisiert. Dieser Dachverband von Handwerk und Handel umfasst 81 Handwerkskammern und Fachverbände. Der Bundesverband der Deutschen Industrie (BDI) umfasst 37 branchenspezifische Fachverbände und repräsentiert mehr als 100 000 Unternehmen aller Industrien, darunter die großen Zusammenschlüsse der Elektrotechnik, des Maschinenbaus bis hin zur Kommunikationsindustrie und den großen Verbänden der Chemie- und Pharmaindustrie. Alle großen Industrieunternehmen gehören dem für sie zuständigen Verband an. Und es geht weiter mit dem Bankenverband, den Dienstleistungs- und Handelsverbänden, den Industrie- und Handelskammern, den Handwerkskammern, den vielen Berufsverbänden wie dem Verband der freien Ingenieure oder dem Journalistenverband der Medien. Die Liste ließe sich verlängern, alles Geschäftliche hat heute sein Sprachrohr, seinen Verband. Ich war immer wieder überrascht, welch gute und sauber organisierte Strukturen und welche Professionalität diese Wirtschaftsverbände trotz ihrer Vielfalt und teils auch Überlappung auszeichnet.

Schon die enorme Breite der Verbandslandschaft zeigt, dass der Staat die Wertekontrolle aller Branchen weder allein organisieren kann noch muss. Unsere heutige Marktwirtschaft ist dazu einfach zu breit angelegt und in ungemein viele Richtungen spezialisiert. Gerade deshalb müssen Regeln durch einen Bottom-up-Ansatz erarbeitet werden, gleichzeitig praxisnah und branchenspezifisch. Das kann der Staat nicht gut und nicht schnell genug. Aber dafür stehen die Verbände bereit, allerdings müssen sie dafür in ihrer Kultur und ihren Instrumenten erheblich umgebaut werden. Ethische Fragen und insbesondere Fragen der langfristigen Rolle kommen heute dort eindeutig zu kurz, im Vordergrund steht heute die Koordinierung von Geschäftsbedingungen, von Sprachregelungen für Angriffsflächen oder die erwähnte »Lobbyarbeit« bei der Politik. Aber genau da ist anzusetzen: bei der Ergänzung der Aufgaben durch Festlegung der Branche auf Nachhaltigkeitsziele und wichtige Ethikwerte. Das muss flächendeckend in *jeder* Branche und damit als Vorgabe an *jede* Firma als ein Teil der Selbstverwaltung der Branche erreicht werden – was natürlich nicht ohne die Politik geht. Und was auch nicht heißen darf, den Bock zum Gärtner zu machen, deshalb ja gerade der unabhängige Spiegel durch den branchenspezifischen Zukunftsrat als ein den Verband beobachtendes und kontrollierendes Organ.

Naturgemäß wird es entscheidend darauf ankommen, den Zukunfts- und Ethikrat zielkonform und professionell zu besetzen. Er muss die unterschiedlichen Anforderungsprofile der Gesellschaft ebenso wie das Wissen um neue technologische Möglichkeiten der Branche widerspiegeln, so weit wie realistisch möglich frei von branchenbezogenen Abhängigkeiten und Interessenkonflikten, aber dennoch mit Wissensträgern und gesellschaftlich engagierten Experten mit Branchenkenntnis besetzt sein. Das ist nicht einfach, aber es ist ein häufiges Anforderungsprofil an externe Organe.

Zu einer solchen Besetzung zähle ich die Vertreter »werteorientierter« NGOs, also des Klimaschutzes, des Jugendschutzes, der Anti-Korruption und der Verbraucherverbände sowie externe Experten der Wissenschaft und technologischen Forschung. Sie alle können in ganz anderer Weise als die Branche selbst von werteorientierten Bürgern angesprochen, gefordert und gefördert werden und sich so mit ihnen eng vernetzen. Meinungen und Einfluss der Allgemeinheit werden auf diese Weise fachkundig verdichtet und ein Beitrag zum Dialog. Diese Besetzung bildet den breit informierten Gegenpol zu den Branchenvertretern, die die kommerzielle Rolle und die Versorgungspflichten beziehungsweise Kundenwünsche vertreten.

Es sind die richtigen Voraussetzungen für die notwendige Streitbarkeit mit den Branchenvertretern, für die Weitung des Blickwinkels beider Seiten, eine Basis für neue Zieldefinitionen. Aus diesem Dialog kann ein besseres Verständnis der unterschiedlichen Problemsicht, aber hoffentlich auch Konsens über die mittel- und langfristigen Entwicklungsziele und Handlungsmaximen der Branche entstehen. Zugleich ist er die Grundlage für eine weitestgehende Selbstorganisation der ethischen Selbstkontrolle der Branche, branchenspezifisch und mit Praxisnähe und frei vom staatlichen Regulativ.

Im besten Fall entsteht so eine abgestimmte Zielsetzung, wie viel Klimaschutz, welcher Jugendschutz, welche sozialen Maßnahmen allen Beteiligten erstrebenswert und machbar scheinen, was also das »richtige Maß« ist.

Vor dem Gesetz sind alle gleich

»Hoffentlich«, werden Sie vermutlich sagen. Und was hat das mit Marktwirtschaft zu tun? Die Antwort ist einfach: Nur das Gesetz kann den Konkurrenzkampf so weit ausschalten, dass eine wirkungsvolle Verbandsarbeit im obigen Sinne möglich ist. Denn Wirkung können die Verbände nur dann entfalten, wenn ihre Regeln verbindlich für *jedes* Geschäft und für *jedes* Unternehmen gelten. Im professionellen Sport ist das automatisch der Fall, ohne Zugehörigkeit zu einem Sportverband gibt es keine Beteiligung an Wettkämpfen. Ähnlichen Zwang muss der Gesetzgeber allen Geschäften auferlegen. Zugehörigkeit zu einem Branchenverband und seine werteregulierte Überwachung durch den Zukunfts- und Ethikrat und die Sanktionsmaßnahmen müssen vom Gesetz gestützt werden. Die Definition gewisser Entwicklungs- und Verhaltensziele oder Zusammenarbeit und gewünschte Kooperation, wie es zum Beispiel wichtig wird bei langfristigen Energie-, Mobilitäts- und bautechnischen Technologien, erfordern Anpassungen der Kartellgesetze usw.

Zu den staatlichen Aufgaben gehört natürlich auch, die beteiligte Verbandslandschaft der Wirtschaft in einer überschaubaren Zahl von Branchenverbänden zusammenzufassen, also nur ausreichende Größe und Kompetenz zuzulassen, wie zum Beispiel im Handwerk schon üblich. Andernfalls wäre ein Wildwuchs von Branchenverbänden eher kontraproduktiv.

Governance

Nach der ersten Phase des Kennenlernens und auch des gegenseitigen Verstehens kann man darangehen, den Zukunfts- und Ethikrat in die »Governance«, also die Steuerung und Überwachung der Branche, insgesamt einzubeziehen. Das geht nicht ohne den Gesetzgeber. Auf Dauer ist es zwingend, dass die Werteregulierung einer Marktwirtschaft alle Funktionen der »Governance« von Industrie, Dienstleistung und Handel durchdringen muss, also die grundsätzliche Definition der Geschäftspolitik, die Ernennung der obersten Führungskräfte und die Kontrolle. Eine vorsichtige »Mitbestimmung«, eine Mitsprache, die Argumente einbringt, nicht als Teil der täglichen Geschäftsführung, sondern als erinnernde Stimme. Die ursprüngliche Pflicht des »Aufsichtsrats« eines Unternehmens bezog sich nur auf die Wahrnehmung der Interessen der Eigentümer. Eine Stakeholder-Orientierung aber muss in allen Aufsichtsorganen Vertreter mit Sinn für die wichtigsten Werteorientierungen haben.

Die soziale Marktwirtschaft hat die Aufsichtsratsarbeit in vielen Ländern um die Mitsprache der einheimischen Unternehmensbelegschaft erweitert, der »Mitbestimmung« in den Aufsichtsräten größerer Gesellschaften. Sie hat also auch in den Aufsichtsorganen ihre Mitsprache gefunden, wenn auch in sehr unterschiedlicher Form. In Schweden sitzen Angestelltenvertreter mit im Gremium, aber ohne Stimmrecht, werden aber als wertvoller Teil des Dialogs akzeptiert. In den Niederlanden können die Arbeitnehmer einige externe Aufsichtsräte mitbestimmen, was zwar zum Engagement von Vertretern mit sozialer Orientierung, aber ohne jegliche Branchenkenntnis führt und deshalb keine echte Mitarbeitermitsprache beinhaltet. In Deutschland dagegen hat die im Prinzip richtige Mitarbeitervertretung die wirkungslos überzogene Form der »paritätischen« Mitbestimmung angenommen, die eher hemmend zu künstlichen Verzerrungen und am Ende doch nur zu geringer Wirkung führt.

Mit dieser deutschen Situation müssen wir uns genauer befassen, denn sie blockiert die Ausweitung des Systems auf eine breite Werteorientierung. Das Gesetz schreibt vor, dass die Hälfte der Aufsichtsräte von den einheimischen Mitarbeitern gewählt wird. In der der Regel besteht sie dann aus Gewerkschafts- und gewerkschaftlich organisierten Betriebsratsvertretern, vertritt also primär den sozialen Schutz. Durch die Gleichheit mit der Eignerseite tritt nun regelmäßig eine »Fraktionspflicht«, eine Stimmengleichheit beider Seiten ein. Damit blockiert diese »paritätische« Mitbestimmung alle Möglichkeiten, den Geist der Kapitalvertretung auch werteorientiert zu gestalten. Dieses Gesetz erzwingt nahezu, als Vertreter der Aktionäre beziehungsweise Eigentümer ausschließlich »zuverlässige Kapitalisten« zu berufen, weil sonst die einheimische Arbeitnehmer- und Gewerkschaftsseite schon bei einem einzigen »Abweichler« die Mehrheit erhielte. Ich konnte selbst einmal erleben, zu welchen kuriosen Situationen dies führen kann. Nur dem politischen Geschick von Lothar Späth war es zu verdanken, dass eine Aufsichtsratssitzung der Carl Zeiss Jena GmbH nicht zur Katastrophe wurde: Es war meine erste Sitzung als Vorstand von Carl Zeiss, nachdem ich für die Sanierung dieses Unternehmens die Verantwortung übernommen hatte. Das Sanierungskonzept, das aus meiner Sicht dem Standort Jena die maximal denkbare Weiterbeschäftigung von 1150 Mitarbeitern sicherte, musste vom dortigen Aufsichtsrat verabschiedet werden. Lothar Späth war Mitglied. Ich war mir meiner Sache sicher, denn allgemein hatte man einen noch größeren Einschnitt erwartet. In der Aufsichtsratssitzung aber erklärten Gewerkschafts- und Mitarbeitervertreter, dass sie den Plan respektieren, aus grundsätzlichen Überlegungen aber nicht zustimmen wollten, denn es sei doch ein erheblicher Personalabbau von etlichen hundert Mitarbeitern erforderlich. Daraufhin erklärte der das Land Thüringen vertretende Wirtschaftsminister – das Land kontrollierte damals über die staatliche Jenoptik 49 Prozent –, dass ihn seine Kabinettskollegen mit Rücksicht auf die amtierende CDU/SPD-Koalition gebeten hätten, nicht gegen die Belegschaftsvertreter zu stimmen. Der Aufsichtsrat war gekippt, die Belegschaftsvertreter hatten die Mehrheit. Nur der Überzeugungskraft von Lothar Späth war es zu verdanken, dass die Belegschaftsvertreter, die ebenfalls von ihrem Gesamtbetriebsrat auf die Ablehnung festgelegt worden waren, schließlich doch zustimmten und damit die unvermeidliche Insolvenz der Carl Zeiss Jena GmbH vermieden wurde.

Eine streng paritätische Mitbestimmung nimmt jedem einzelnen Mitglied die Freiheit, anders abzustimmen, als es dem Fraktionszwang entspricht, und versperrt die Möglichkeit einer breiter aufgestellten Werteorientierung. Mit anderen Worten: Die Zusammensetzung der Aufsichtsräte in einer werteregulierten Marktwirtschaft bedarf einer wesentlich besser durchdachten Struktur zur Berücksichtigung aller Stakeholder und Werteforderungen, ohne deshalb die in einer freien Wirtschaft notwendige Mehrheit der Eignerseite zu durchlöchern. Auf ausgewogenen Dialog, auf den »Spiegel« kommt es an, auf die Korrektur von Schräglagen durch die Kraft der hinter diesen Werten stehenden Gruppen und Argumente, teils vertreten durch werteorientierte NGOs.

Zwangsläufig wird eine verbreiterte Wertesicherung in der Marktwirtschaft also entsprechende Mitspracherechte in allen Aufsichtsratsorganen erfordern. Das beginnt zum Beispiel schon bei den Ritualen der Nominierung von Aufsichtsratskandidaten für die Hauptversammlung. Auch in diesem Fall ist Schweden einen vorbildlichen Weg gegangen und hat hierzu ein Nominierungskomitee aus den unterschiedlichen Aktionärsgruppen eingeführt. Der deutsche freiwillige Governance-Kodex sollte dem folgen. Eine Werteorientierung der Marktwirtschaft muss logischerweise fordern, schon in diesem Nominierungskomitee vertreten zu sein, um die vorgeschlagenen Mitglieder auf ihre allgemeine Wertekompetenz hin zu beurteilen. Vielleicht mit, vielleicht ohne Vetorecht, in jedem Fall ergibt sich daraus eine wertemäßig ausgewogenere Zusammensetzung der Aufsichtsgremien.

Auch die Governance-Funktionen im Verbandswesen leiten sich aus den oben beschriebenen Aufgaben des Zukunfts- und Ethikrats relativ direkt ab. Es ergibt sich fast zwangsläufig, eines oder mehrere Mitglieder des Zukunftsrates auch in den Vorstand (oder Beirat) des Verbandes zu berufen. Eine der wichtigsten Aufgaben dieses Vorstandes, der heute bei Industrieverbänden meistens nur aus Vertretern von Mitgliedsfirmen besteht, ist die Steuerung der Geschäftsführung. Umso wichtiger ist es, ihn von der klassischen Lobbyvertretung abzugrenzen und in einem Verbandsvorstand die Vertreter unterschiedlicher Stakeholder, also unterschiedlicher Werteerwartungen, mitwirken zu lassen oder anderweitig mit der Meinung des Zukunftsrats zu verzahnen. Es bleiben also zwei Gremien, die aber durch Doppelmitgliedschaften verkoppelt werden können.

Entscheidend ist der Mut der Unternehmensführung und der Aufsichtsorgane zum Dialog mit anderen Denkrichtungen und anderen Wertevorstellungen. Wir stehen erst am Anfang des Kampfes um die Weiterentwicklung der sozialen beziehungsweise ökosozialen Marktwirtschaft zur umfassennd werteregulierten Marktwirtschaft. Es geht nicht darum, soziale Errungenschaften zu opfern, sondern es geht darum, auch anderen wichtigen Werteforderungen – derzeit insbesondere der Nachhaltigkeit und des konsequenten Klimaschutzes – durch angepasste Besetzung der Aufsichtsorgane ausreichend Geltung zu verschaffen. Es wird darauf ankommen, dass die Wissenschaftler und die werteorientierten NGOs sich so weit organisieren und öffentlichen Respekt sichern, dass auch ihnen eines Tages wie im Sozialsektor eine systeminhärente Mitsprache zugestanden wird. Gute Kommunikation auch in die Öffentlichkeit, unterstützt durch die klassischen Medien und die heutigen Möglichkeiten des Internet, und demokratisch sachbezogene Innenstrukturen sind wichtige Voraussetzungen.

Fehlverhalten sozial ausgrenzen

Doch zurück zu den Maßnahmen, welche die Koordinierungs-, Überwachungs- und Sanktionsmöglichkeiten eines Verbandes erheblich stärken können. Dazu gehören die Audits der Unternehmen zu selbst auferlegten Werteregeln des Verhaltenskodex, die Führung einer Beschwerdestelle und schließlich eine breite Beratungs- und Implementierungskompetenz. In der Industrie muss man sich vor allem der Führungskräfte annehmen – sie entsprechen den Leistungssportlern, die fair handeln sollen, zugleich aber große Erfolge einfahren wollen und der Versuchung eines Fehlverhaltens am stärksten unterliegen.

Bei der Arbeit der Zukunfts- und Ethikräte wird es also nicht nur ein entscheidender Punkt sein, wie die Grundregeln für die einzelnen Branchen definiert, sondern auch wie sie bei den verantwortlichen Führungskräften der Unternehmen als Leitungsmaxime durchgesetzt werden. Die Macht der Gemeinschaft entsteht durch die Gruppendynamik eines organisierten Einforderns, aber auch durch die Möglichkeit des sozialen Ausgrenzens bei Fehlverhalten. Nach dem Prinzip: Positives anerkennen, Verstöße anprangern. Jeder ist auf soziale Anerkennung angewiesen, und genau diese gilt es jedem Abweichler zu verweigern. Führungskräfte und Unternehmer, die den Verhaltenskodex deutlich verletzen, müssen dem Beurteilungsverfahren der Branche unterliegen und werden vom Verband bei gravierenden Verstößen für selbständige Unternehmer- oder Führungsaufgaben gesperrt. Streit ist damit sicher programmiert, aber der Sport liefert das

Beispiel, wie Regelbeachtung zu erzwingen ist. Er sperrt Akteure auf Zeit, manchmal sogar auf Dauer, und das ist auch auf Führungskräfte mit unakzeptabler ethischer Kompetenz übertragbar. Sie müssen Werte beachten, sonst gelingt eine Werteorientierung nicht. Führung fordert Elite, soziale Kompetenz und Beispiel. Es gibt genügend andere Möglichkeiten, in abhängiger und kontrollierter Angestelltenfunktion seinen Lebensunterhalt zu verdienen, wenn man diesen Anforderungen nicht gerecht wird. Wer gegen das Gemeinwohl verstößt, muss mit vorübergehenden Verboten und eingeschränkter geschäftlicher Bewegungsfreiheit rechnen. Die Verlockung, Kunden zu übervorteilen oder das Gemeinwohl sträflich zu missachten, schwindet, und der Werteregulierung wird es gelingen, sich rasch Respekt zu verschaffen.

Schon heute gibt es in vielen Ländern die Möglichkeit des Berufsverbots durch den Berufsverband. Praktisch genutzt wird sie nur unzureichend, denn unser Glaube an die Gerichte als allein »abstrafende« Instanz ist noch zu groß. Aber gerade die endlose Dauer und das häufige Versagen der Rechtsverfahren zur raschen und zielgerichteten Ausgrenzung der Missetäter ist eine der zentralen Schwächen unseres derzeitigen Rechtsstaats. Die Branche kann dieses Defizit durch ihre Selbstorganisation und Fachkenntnis am besten beseitigen. Interessanterweise haben ausgerechnet Rechtsanwälte für sich ein solches Verfahren installiert. Die Anwaltskammer kann bei unethischem Verhalten die Anwaltslizenz entziehen, der Betroffene muss sich dann andere Aufgaben als Jurist suchen. Analoge Berufssperren sind für Ärzte, Lehrer und manche Beamte bekannt.

Es gibt breite Aufgaben für die Wertesicherung durch die Verbände. Wir alle haben »Gemeinheiten« der heutigen Marktwirtschaft erfahren: verdorbene oder schlechte Ware, miserable Qualität, nicht eingehaltene Versprechungen, verbotene Zusätze in Nahrungsmitteln, Viehzucht mit Hormonen usw. Oder mangelnde Zahlungsdisziplin, eine typische Variante der Bauträger, die gerade kleine Handwerksbetriebe häufig ins Aus treibt und ein typisches Vorgehen westdeutscher Unternehmer beim Aufbau der neuen Bundesländer war. Man schützte Gewährleistungsmängel vor und verweigerte die Zahlung. Bis der Vorgang rechtlich geklärt war, hatten die jungen und noch finanzschwachen Handwerksbetriebe der neuen Bundesländer schon längst aufgeben müssen. Denkbar, wenn auch besonders umstritten, wären Regeln zur Entlohnung von Führungskräften, insbesondere zur Ausgewogenheit von Erfolgsprämien zwischen Gewinn und Werteschutz, zwischen sozialer Kompetenz und Fähigkeit zum Wandel und vielleicht sogar mit vorsichtiger Definition von Obergrenzen, etwas, was bisher nicht einmal im Sport gelungen ist.

Um ein Gefühl für die Aufgabe zu haben, ist es wichtig, ein weitverbreitetes Vorurteil zu korrigieren. Die meisten Bürger denken bei den Diskussionen über Unternehmensethik vor allem an die großen Konzerne und Teile der Finanzbranche. Dies kommt wohl daher, dass in den Medien primär die großen Konzerne Beachtung finden, wobei diese eben nur einen Teil unseres Wirtschaftslebens ausmachen. Nach meiner Zeit als Vorstand von Carl Zeiss übernahm ich einige Beirats- und Aufsichtsratsmandate bei jungen Start-ups. Immer wieder stieß ich dabei auch auf Investoren und auch Geschäftsführer, deren ethische Grundhaltung miserabel war und die auch nicht vor halbkriminellen Machenschaften zurückschreckten. Besonders schlimm war die Zeit, als der Neue Markt boomte und alle Börsen international übertrieben, als jeder glaubte, sein Unternehmen hochprofitabel an diese Börsen bringen zu können, wenn es nur gelänge, gegenüber Analysten und Banken glänzende Zukunftsaussichten zu versprechen und als Erfolgsgeschichte zu verkaufen.

Die Konsequenz aus diesen Erfahrungen war für mich eindeutig: Wirklich schlechte Moral findet sich bei einem Teil des sogenannten Mittelstands und bei Akteuren, die oft kaum öffentlich sichtbar sind. Bekanntlich sind etwa 80 Prozent der Arbeitsplätze beim Mittelstand und bei Kleinunternehmen angesiedelt, weshalb eine werteorientierte Marktwirtschaft ganz besonders diesen Bereich einbeziehen muss.

Das rasche brancheninterne Ausgrenzen aller »schwarzen Schafe« kann natürlich den Wert und die Notwendigkeit zügiger Gerichtsverfahren nicht voll ersetzen, es kann die Gerichte aber stark entlasten. Schnelle Gerichtsverfahren sind ein wichtiges Zeichen einer gut funktionierenden Gemeinschaft und eines guten Rechtsstaats. Sie müssen unverändert Hand in Hand gehen mit der Arbeit der Branche und jede Verfehlung und jeden Gesetzesbruch bestrafen, Verbandsentscheide absichern und Ausgrenzungen durchsetzen. Nur tun sich Gerichte dabei schwer, weil ihnen die Branchenkenntnis fehlt, die dann durch zeitraubende Gutachterverfahren ersetzt werden muss.

Es überrascht im Übrigen, dass es zwar eine breite Tradition der Arbeitsgerichte und des Arbeitsrechts gibt, letzteres sich aber fast ausschließlich mit den normalen Angestellten und deren Rechten und Pflichten befasst, Führungskräfte werden dagegen meist nur bei klarem Fall von Betrug vor Gericht gestellt. Erlaubt ist, was ohne Betrug Geld bringt, und zwar unabhängig von Kundenzufriedenheit und Gemeinschaftsgeist, von sozialer Kompetenz, Umweltsünden und Raubbau an der Zukunft. Eine werteorientierte Marktwirtschaft setzt natürlich Regeln und eine Gesetzgebung voraus, die zwischen dem Risiko jeder vorausschauenden Unternehmensentscheidung und dem »bad will« der Vorteilnahme auf Kosten der Gemeinschaft gut zu unterscheiden weiß. Es hinterher nur besser zu wissen, wenn unternehmerischer Mut einmal nicht erfolgreich ist, führt nicht weiter.

Vermutlich ist bei der Einführung branchenspezifischer Werteregeln, verstärkt durch solche Sanktionsmöglichkeiten, viel Widerstand der Geschäftswelt zu erwarten. Aber er dürfte sich in Grenzen halten, solange die Kodexregeln die Notwendigkeit des zum Erfolg notwendigen Bewegungsspielraums anerkennen und *für alle* gelten. Marktwirtschaft heißt, flexibel und kreativ auf veränderte Kundenanforderungen und Kostensituationen zu reagieren. Sind die Regeln für alle gleich, bleiben Grenzen und Freiheiten einheitlich und der flexible Rahmen in ihm das Bewährungsfeld im Wettbewerb. Der Kodex darf unternehmerisches Handeln also nur so weit eingrenzen, wie er die Notwendigkeit für Spielräume respektiert. Innerhalb der erarbeiteten Werteregeln muss die Beweglichkeit frei sein, und die Regeln müssen eben für alle gelten, auch für Importeure und den Handel. Dann wird die Akzeptanz bei den Unternehmern größer sein, als die meisten vermuten.

Globaler Respekt durch Handelsregeln

In globalen Märkten machen Werteregeln nur Sinn, wenn sie international beachtet und zumindest in den großen Wirtschaftsblöcken der EU und der USA durchsetzbar werden. Es bleibt dann aber immer noch die große Schar der meist fernöstlichen Billiganbieter ohne Wertestandards. Deshalb gehen die Forderungen an den Gesetzgeber noch etwas weiter und berühren ein bei Politikern sehr unbeliebtes Thema. Es kann natürlich nicht angehen, dass internationale Bemühungen um Wertesicherung von einem Teil der Nationen unterlaufen werden. China war lange Zeit mit seinem noch aus der sozialistischen Ära herrührenden respektlosen Umgang mit der Umwelt auf einem völlig unakzeptablen Kurs. Und das immer noch sehr bürokratische Indien hat einfach nicht die interne Ordnungskraft und Anpassungsstärke, um den Herausforderungen der Zeit zu begegnen. Es ist zu hoffen, dass bei den laufenden Klimagesprächen, etwa im Rahmen der Vereinten Nationen, gerade diese beiden Nationen dazu gebracht werden, ihr Verhalten zu verändern. Es ist den USA hoch anzurechnen, dass sie auf der Beteiligung dieser Staaten an internationalen Vereinbarungen bestanden haben. Die Konsequenz bei mangelndem Erfolg allerdings muss sein, dass beide Staaten, wie auch alle anderen, die sich am Klimaschutz nicht beteiligen, mit Embargomaßnahmen rechnen müssen, also mit Importsperren, Klimaschutzabgaben und Strafzöllen.

Die Gratwanderung der Medien

Den Massenmedien fällt als Gewissen der Gemeinschaft – neben Legislative, Exekutive und Judikative gerne als vierte Kraft bezeichnet – bei der Durchsetzung von Nachhaltigkeitszielen eine besonders schwierige Aufgabe zu. Denn auch sie unterliegen wirtschaftlichen Sachzwängen, wollen ihre Auflagen und Erträge steigern und müssen ihre Leser nicht nur informativ, sondern auch emotional ansprechen. Nicht alle Berichte zu Nachhaltigkeitsthemen kommen gut an. Wer hört schon gerne Schuldvorwürfe und Appelle zu Einschränkung und Verzicht? Jedem Journalisten und jeder Redaktion ist bewusst, dass man eine besondere Verantwortung hat, ausgewogen zu berichten und negativem Appell wie positiven Beispielen ausreichend Raum zu geben. Auch die Journalisten und Medienverbände werden in einer werteregulierten Marktwirtschaft einen starken Zukunfts- und Ethikrat haben, der in vielen Ländern mit einem Presserat bereits einen wichtigen Vorläufer hat, übrigens mit lehrreichen Erfahrungen zur Durchsetzungskraft und Arbeitsweise von Gremien.

Gute Beispiele müssen anerkannt werden, dürfen im Wirtschaftsleben keine Nachteile haben und sollten wirtschaftliche Vorteile bringen. Für ein Firmenimage ist das Medienecho immer das Entscheidende. Auch das ist ein besonderer Appell an die Medien, die von alters her eher zu Kritik und Negativem – zu den »bad news« – neigen, als positive Beispiele zu begleiten. Ohne öffentliche Beachtung ist ein Erfolg nicht möglich.

Ein Zukunfts- und Ethikrat ist hier freier, neutraler und kann auf seiner Internetseite unabhängige Forderungen, Vorschläge und natürlich auch Erfolge aufführen. Damit entsteht zusätzlich zu den klassischen Medien eine weitere und direktere Quelle der Information. Solche Möglichkeiten konsequent zu nutzen liegt auch auf der Linie, die Al Gore in seinem an Vernunft und Urteilsvermögen appellierenden Buch *Angriff auf die Vernunft* als entscheidend herausstellt. Die von ihm und anderen zitierten Analysen der University of California oder von Sozialwissenschaftlern aus Chicago oder Helsinki bestätigen die langjährige Verharmlosung der Klimarisiken durch die Medien, was unabhängigere Informationsquellen erforderlich macht. Es ist die zentrale Aufgabe für deren Zukunfts- und Ethikrat.

»What does not get measured, does not get done«

Die Öffentlichkeit urteilt als Kunde immer mit. Dazu wünscht sie sich einfache Leitlinien, verständliche Hinweise auf Vorbildliches und weniger Vorbildliches. Damit ergibt sich eine weitere große Aufgabe für einen kompetenten Zukunfts- und Ethikrat, nämlich Leitlinien und eine allgemein verständliche Kommunikation zu schaffen für das Rating von Produkten und Firmen. Es nützt wenig, wenn auf Fast-Food-Produkten eine lange Liste der Zutaten aufgeführt ist, aber die »Ampel«-Bezeichnung gerade für Jugendliche und Eilige geeigneter wäre – in Großbritannien zum Beispiel werden ungesunde Lebensmittel mit einem roten Punkt versehen. Solche Symbole sind unverzichtbar für die erfolgreiche Durchsetzung und Verfolgung wichtiger Maßnahmen. In der Wirtschaft ist das Agieren mit »score cards« und Ratings weit verbreitet, um die Umsetzung eines Maßnahmenkatalogs oder Qualitätsprogramms verfolgen und für jeden sichtbar machen zu können.

Selbstverständlich muss mittelfristig eine ethisch verantwortliche Haltung für Firmen auch finanziell lohnend sein. Das ist die Anerkennungsprämie der Allgemeinheit. Kunden und Investoren können belohnen und bevorzugen. Dazu sind allgemein akzeptierte Messgrößen erforderlich, denn wenn es nicht gemessen wird, wie soll es dann erkannt, belohnt und unterstützt werden? Verständliche Angaben zu Kohlendioxiderzeugung und Energieverbrauch können objektiviert Fortschritt oder Stagnation und Rückschritt zeigen, auch als zeitliche Trendaussage, die gerade bei graduellen Veränderungen großer Branchen und Produktgruppen sehr wichtig ist.

»What does not get measured, does not get done« ist deshalb hier die altbewährte Unternehmerregel. Messzahlen zu Erfolg und Misserfolg, zu Qualität und Pfusch, zu Schnelligkeit und Verschlafenheit waren immer schon wichtige Parameter, um Mitarbeitererfolg, Können und Kundennähe aufzuzeigen und zu Verbesserungen anzuregen. Gleiches gilt für an Nachhaltigkeitszielen orientierten Veränderungen.

Der Nachhaltigkeitsindex

Für Firmen betont das die Bedeutung eines Werteindex oder Sustainability-Index als Orientierung für Kunden und Investoren. Wenn Branchen und Firmen um Definitionen ihres Ethikkodex ringen, der viele Einzelfragen der Nachhaltigkeit und des »good corporate citizen« umfasst, können Stellenwert und Erfolge in einem Index gut abgebildet werden. Der Wertekodex wird dabei selbstverständlich bereits vorhandene und bewährte Regeln des Umweltschutzes, des Sozialverhaltens, der sozialen Fairness, der Einbeziehung der Drittländer – um nur einige zu nennen – aufnehmen, sich aber besonders um die Frage der Nachhaltigkeit und Zukunftssicherung bemühen.

Ein wirklicher Wertekodex ermöglicht es, Status und Fortschritt im Vergleich der Firmen zu evaluieren. Ein Ethikaudit, also eine Beurteilung durch ein neutrales Ethikgremium, wird regelmäßig den Erfüllungsgrad der Einzelmaßnahmen in einem »corporate sustainability audit« beurteilen müssen, was übrigens auch für Verbände anwendbar ist. Das Gremium kann dabei die Erfüllung jeder der aufgestellten Regeln »benoten« und zusätzlich ihrer Bedeutung entsprechend gewichten. Daraus ergibt sich ein Gesamterfüllungsgrad, der Sustainability-Index oder auch Werteindex, wofür es schon Beispiele gibt. Die meisten sind allerdings bisher kaum als objektiv vergleichbare Messgröße geeignet. Ein Beispiel ist der Sustainability-Index im Dow Jones, der gerade bei Langzeitinvestoren wie Pensionsfonds und einigen Banken mehr und mehr auf Interesse stößt. Aber die lange Historie des Dow-Jones-Index, der 1995 gemeinsam mit der Schweizer SAM-Gruppe definiert wurde, zeigt, dass die allgemeine Aufmerksamkeit dafür lange Zeit gering war. Nun aber hat eher ein Wildwuchs eingesetzt, das Schlagwort wird missbraucht. Nachhaltigkeit beziehungsweise »Sustainability« sollte betonen, dass es nicht nur um die kurzfristige Erfüllung von Forderungen an das Produktangebot, sondern um die gleichzeitige Erfüllung des wesentlich anspruchsvolleren Ziels eines Nachhaltigkeitsversprechens geht. Zunächst zeigte das Schattendasein dieser schon länger existierenden Indizes, dass ohne konsequente und einheitliche Regeln zu wenig zu erreichen ist. Kommen einmal Standards und Vergleichbarkeit, müssten die großen Investoren, also Pensionsfonds, Versicherungen, Banken und Private-Equity-Firmen, gezwungen werden, ihre Investitionsregeln auch unter solchen Gesichtspunkten transparent zu machen. Das hätte zur Folge, dass der Beteiligungsdruck erheblich steigen würde.

Die Akzeptanz und die Qualität der Umsetzung dieses Werteindex können zusätzlich am Logo jeder Firma durch ein Symbol, ähnlich dem ® der »registered trademarks«, für jeden sichtbar gemacht werden. Dieses Symbol könnte sogar Platz für eine Bewertungszahl oder eine A/B/C-Benotung haben, sozusagen ein verbesserter grüner Punkt beziehungsweise analog zu den A/B/C-Ratings der Ratingagenturen in Bezug auf die Kreditwürdigkeit. Es läge dann an uns Kunden und Investoren, den am besten beurteilten Firmen geschäftlich den Vorzug zu geben, und der Gesamterfüllungsgrad stünde als gutes Maß zur Beurteilung der Geschäftsbeziehung zur Verfügung. Der Kunde – und analog der Investor – kann sich also leichter die drei wichtigen Fragen beantworten: »Wo« will ich kaufen, »wen« will ich unterstützen«, und »wer« gibt ein gutes Beispiel?

Kunden- und Investorenmacht gehen dabei weiter, als es im ersten Moment scheint. Aktien- und Pensionsfonds, Versicherungen, und Banken sind heute die typischen Großinvestoren, die bei Beachtung solcher Systematisierung Enormes erreichen könnten. Zu einem wirklichen Machtfaktor wird das aber erst durch ein flächendeckendes Kennzeichnungssystem und durch Druck auf alle Investorengruppen, nachhaltigkeitsorientiert zu investieren.

Unternehmen als »Good Corporate Citizen«

Anerkennung und guter Dialog – auch streitbarer – über außergewöhnliche Ziele führt gerade bei Unternehmern nicht nur zum Nachdenken, sondern sehr oft zu weiteren Aktionen. Zahlreiche Beispiele zeigen, dass die vielen Appelle der werteorientierten Bürgerschaft an die Unternehmerlandschaft keineswegs vergebens waren. Ein »Good Corporate Citizen«, also ein gesellschaftlich wertvolles Unternehmen, orientiert sich nicht ausschließlich an der Weckung und Befriedigung von Kundenwünschen zur Umsatz- und Gewinnmaximierung. Es leistet darüber hinaus auch einen positiven Beitrag zu den lokalen und globalen Problemen unserer Gesellschaft. Die freiwillige Beachtung der CSR/Corporate Sustainability Responsibility habe ich erwähnt. Viele große und kleine Firmen engagieren sich bereits regelmäßig durch interne Verhaltensvorgaben und durch die Übernahme anspruchsvoller Sonderprojekte zum Beispiel in Entwicklungs- und Schwellenländern. Das Projekt des global agierenden britisch-niederländischen Konzerns Unilever zur Wasserreinhaltung in der Bucht von Manila war ein frühes Beispiel oder die Bemühungen von BMW um Kinder- und Jugendbildung in Südafrika. Viele setzen erhebliche finanzielle Mittel ein, ohne dass das direkte Auswirkungen auf Umsätze und Gewinne zur Folge hätte. Imagegewinn und entlastende Argumentationshilfe sind dabei genauso Ansporn wie Neugier oder Idealismus. Ein anderes Beispiel sind die zahlreichen Stiftungen, wie die der Allianz oder der Rückversicherung, die Bertelsmann Stiftung oder die Alfred Herrhausen Gesellschaft für internationalen Dialog.

Der neutrale und kompetente Zukunfts- und Ethikrat hat einen kreativen und öffentlich sichtbaren Dialog zu entwickeln, der jede Branche zwingt, sich mit Werteforderungen und neuen Lösungsansätzen konsequenter auseinanderzusetzen. Er ist Teil einer erweiterten branchenbezogenen »Governance« jeder Geschäftstätigkeit und vereinheitlicht die Grenzen des unternehmerischen Handlungsspielraums. Sanktionen grenzen ungeeignete Führungskräfte aus, und die vergleichende Sichtbarkeit gibt Vorteile beim Wettbewerb um Kunden und Investoren. Die Beachtung von Werteregeln wird dadurch zum wettbewerbsentscheidenden Grundsatz.

Regeln sind das eine, die zügige Umsetzung das andere. Hier wird es ganz besonders auch auf das Verantwortungsgefühl aller Führungskräfte ankommen. Viele der Unternehmer und der Führungskräfte in der Industrie sind auch Rotarier. Hier – und analog bei Lions – begegnen sich in örtlichen Clubs von jeweils 50 bis 100 Mitgliedern engagierte Bürger aus Wirtschaft, Wissenschaft und Kultur zum Gedankenaustausch. Die Mitgliedschaft verpflichtet zur Beachtung ethisch hochstehender Handlungsweisen im Geschäfts- wie im Privatleben und zum Engagement im sozialen Bereich. Selbstloses Dienen ist das übergeordnete Motto. Alles persönliche Handeln soll einer in den Statuten definierten Vier-Fragen-Probe standhalten:

1. Ist es wahr?
2. Ist es fair für alle Beteiligten?
3. Wird es Freundschaft und guten Willen fördern?
4. Wird es dem Wohl aller Beteiligten dienen?

Dies sind Fragen, die letztlich überall in einer ethisch hochstehenden Marktwirtschaft Leitlinien sind und positive Antworten fordern. Es sind letztlich Regeln der Brüderlichkeit. So neu sind obige Überlegungen also nicht, wir müssen sie nur leben, unabhängig davon, ob als Rotarier oder als Geschäftsmann. Es können die grundsätzlichen Regeln, die Richtschnur für nachhaltige Entscheidungen in jedem Unternehmen sein. Dann ist die Zukunft gesichert.

4. Bürgerbeteiligung – der Schlüssel zum Marktwandel

Ein notwendiges Instrument der Zukunftssicherung

So sehr der Film und die Bücher von Al Gore die amerikanische Öffentlichkeit beschäftigten, die Systemfrage, also das prinzipbedingte Defizit der nur repräsentativen Demokratie, blieb darin unberührt. Es scheint, Amerikaner seien zu stolz auf ihre Demokratie, zu verfassungstreu, um grundsätzliche Änderungen zu erwägen. Wir Europäer tun uns da leichter. Es geht letztlich um die Probleme der repräsentativen Demokratie in dieser Spätphase des Plateau 2, dieser durch quirlige Medien, starke Verbände und viel Machtpolitik, aber auch hohes Informationsniveau der Bürger gekennzeichneten Entwicklungsstufe unserer Demokratie.

Was fehlte, um vielen Nachhaltigkeitsproblemen – wie zum Beispiel dem lange bekannten Klimarisiko – zu begegnen, war der politische Mut zur Veränderung. Es war und ist typisch für diese Spätphase des Plateau 2, in der zwar reichlich Lärm und Geschrei produziert, aber nicht durchgreifend gehandelt wird. Was deshalb wirklich zunahm, war der Druck, mit dem die Bürger forderten, stärker an Entscheidungen beteiligt zu werden und das jetzige demokratische System zu ändern. Das ist heute zumindest der Tenor in Deutschland, wie alle Befragungen immer wieder belegen. Laut der McKinsey-Umfrage »Perspektive Deutschland 2006« sind 53 Prozent der über eine Million Befragten dafür, dass auch auf nationaler Ebene mehr Entscheidungen direkt von den Bürgern und nicht vom Bundestag getroffen werden. Und bei der späteren forsa-Umfrage im Auftrag der Zeitschrift *Stern* Ende 2006 bei 1000 repräsentativ ausgewählten Bürgern erklärten 80 Prozent, dass sie mehr direkte Volksentscheide auch auf bundesrepublikanischer Ebene wünschen. Dahinter steckt viel Misstrauen, wohl aber auch unterbewusst das Gefühl, dass man ein Problem besser versteht, wenn man am Entscheid über den Lösungsweg direkt beteiligt ist – und gehört und ernst genommen wird. Die Bürger wollen mitmachen, denn sie sehen die Hilflosigkeit der Politik bei den wirklich großen Themen. Eindringlich wird dieses Ergebnis in »Perspektive Deutschland« geschildert. Ich zitiere aus der Einleitung:

»Die Menschen brauchen eine Plattform, um sich differenzierter, umfassender zu artikulieren – besser, als es mit gelegentlichem Wahlstimmzettel und in ad-hoc-Umfragen möglich ist. Das Volk präsentiert sich als dialogfähiger Partner im Reformprozess, ohne Illusionen, tatkräftig und leistungsbereit – nur die Eliten sehen das vielfach noch nicht.« Soweit die Ergebnisse einer Online-Umfrage bei mehr als 600 000 Bundesbürgern!

Wir brauchen ein System, das diese Einstellung der Bürger zur stärkeren Einbindung nutzt, damit möglichst ein noch besseres und verantwortungsvolleres Problembewusstsein und eine andere Grundstimmung geschaffen werden.

Eine Reform muss und kann nur von Europa ausgehen. Die USA sind für wahre Reformen noch nicht selbstkritisch genug, auch wenn sich dort viel bewegt. Für einen grundlegenden Umschwung und eine echte Reform brauchen wir – auf welchem Kontinent auch immer – nicht nur neue Personen, sondern auch neue Kräfte, die eine stärkere Demokratie mit tiefer gehender Meinungsbildung und Verantwortung schaffen. Nachdem mehr als zwanzig Jahre die Gefahren des Klimawandels verdrängt worden sind, wird es ohne neue Kräfte in der Demokratie nicht gelingen, die für die Ziele der Nachhaltigkeit notwendige Kontrolle der Marktwirtschaft und des Konsumdrucks voll einzufordern. Zu sehr wird der Kompromiss im Vordergrund stehen, die inzwischen starke politische Aktivität sollte uns da nicht die Augen verschließen. Der größte und nicht sofort erkennbare Kompromiss ist dabei das Versprechen des Handelns in der Zukunft. Erst Kyoto, dann Bali, und alles nach 2012. So vergeht Zeit mit Ablenkung durch Versprechen und Vorsätze. Sie sind gut gemeint, sind politisch richtig, aber sie führen nicht zu dem notwendigen »Ruck«, zum sofortigen Handeln. Das kann nur durch schnellere Änderung der Einstellung, durch eine viel konsequentere und sofortige Einbeziehung aller Bürger in die Verantwortung erreicht werden. Denn Zeit ist genau das, was wir nicht haben. Bürgerbeteiligung an den Grundsatzentscheidungen ist der schnelle Weg, der Bewusstsein und damit Verhalten ändern kann.

Haben wir eigentlich inzwischen die uns aus der Sozialpsychologie bekannten Regeln des Verhaltens auch in unseren demokratischen Systemen berücksichtigt und in die Praxis umgesetzt? Marx kannte diese Regeln noch nicht, jeder Sozialpsychologe hätte ihm seinen totalen Misserfolg vorausgesagt, und Millionen von Menschen wären die Leiden dieses größten gesellschaftspolitischen Experiments aller Zeiten erspart geblieben.

Aber auch die demokratischen Strukturen von heute warten noch auf die Umsetzung der lange gewonnenen Erkenntnisse der Sozialpsychologie. Sie predigt die Einbeziehung und Beteiligung, wie sie Volksentscheide und Bürgervoten bringen. Auf diesem Wege schaffen sie Verantwortungsgefühl, unterstützen die Meinungsbildung und bewirken eine bessere Akzeptanz der Mehrheitsmeinung. Es geht also nicht so sehr darum, dem Politiker in den Arm zu fallen, sondern vielmehr darum, komplexen Themen zu adäquater Meinungsbildung und breit getragener Entscheidung zu verhelfen und sie damit auch zum Instrument der Politik und der vernunftorientierten Marktformung zu machen.

Ein Bürgervotum bei schwierigen Themen macht es für die meisten Menschen leichter, auch unangenehme Veränderungen zu akzeptieren. Die Meinungsbildung hat mehr Tiefgang, man diskutiert und fühlt plötzlich die eigene Verantwortung. Naturgemäß fordern Probleme der Nachhaltigkeit in der Regel Rückschnitte, um Übertreibungen und Wildwuchs entgegenzutreten. Aber obiger Punkt ist hierbei besonders wichtig: der Beitrag zur Meinungsbildung.

Eine Meinungsbildung durch ein Bürgervotum – so nenne ich alle themenbezogenen Volksentscheide, Volksbegehren und analogen Bürgerbeteiligungen – läuft ganz anders ab. Das Thema wird einige Wochen oder Monate breit diskutiert. Die Medien befassen sich damit, unterschiedliche Meinungsgruppen melden sich zu Wort. Da das Votum in der Regel nicht mit einer Personalfrage verknüpft ist, treten die üblichen Machtkämpfe etwas in den Hintergrund. Fast immer kristallisieren sich einige Gruppen mit verschiedenen Meinungen heraus, und ein manchmal hitziger Schlagabtausch beginnt. Die Erfahrungen zeigen aber, dass im Laufe der Diskussion die oberflächlichen und emotionalen Argumente in den Hintergrund treten und die Probleme und möglichen Antworten von einer breiten Bürgerschicht gut verstanden werden. Das ist das Besondere am Bürgervotum: Es schärft die Urteilskraft, schafft Klarheit über die mehrheitliche Meinung und gibt damit einen relativ sicheren Ausgangspunkt für politische und marktwirtschaftliche Maßnahmen. Auch für die Marktwirtschaft bietet das eine bessere Plattform für Veränderungen, wird doch die Handlungsbereitschaft der Bürger bei Rückschnitten, sei es im Kraftstoffverbrauch, im Immobilienbereich oder sonst beim Energieverbrauch, auf diese Weise deutlicher sichtbar. Solange die Mehrheit der Bürger Sparmaßnahmen für sich persönlich ablehnt, kann die Marktwirtschaft – wenn sie im Markt erfolgreich sein will – Energiesparen nicht zu ihrer obersten Leitlinie machen. Bildet sich aber ein Konsens für mehr Klimaschutz heraus, liefert dieser ganz neue Handlungsoptionen für die einzelnen Unternehmen und Branchen. Sie wissen sich dann im Trend und können das Einsparen von fossilen Energieträgern pointiert in ihren Produktentscheidungen und ihrer Vermarktungspolitik herausstellen.

Klimaschutz? Nur durch Bürgerbeteiligung

Die Notwendigkeit, den Bürger konsequenter einzubinden, war schon auf der Konferenz in Rio erkannt worden und findet sich entsprechend in der Plattform, die damals verabschiedet wurde. Im Grundsatz 10 heißt es:

»Umweltfragen sind am besten ... unter Beteiligung aller betroffenen Bürger zu behandeln. Auf nationaler Ebene erhält jeder Einzelne angemessenen Zugang zu den im Besitz öffentlicher Stellen befindlichen Informationen über die Umwelt ... sowie die Gelegenheit zur Teilhabe an Entscheidungsprozessen.«

Den Autoren dieses wohlüberlegten Aufrufs war klar: Ohne »Revolution« kann eine Gesellschaft nur dann geändert werden, wenn alle gut informiert sind und das demokratische System in der Lage ist, grundsätzliche und weitreichende Änderungen, die »Opfer« und Verzicht bedeuten, aber letztlich von der Mehrheit der Bevölkerung als erforderlich akzeptiert werden, tatsächlich auch umzusetzen. In der Theorie erfordert das *nur* den mutigen, selbstlosen Politiker mit ausreichender Parlamentsmehrheit. Aber in der heutigen Spätphase des Plateau 2 gelingt das nicht mehr. Was immer man tut, es gibt Betroffene, das liegt in der Natur der Sache. Und das ruft die Interessenverbände und die Freude der Medien an Polarisierung und Emotionalisierung auf den Plan. Am Ende weiß niemand mehr, was die Mehrheit nach etwas kühlem Nachdenken wirklich will. Man weiß nur, dass man es nicht allen recht machen kann. Und damit verlässt den naturgemäß auf Wiederwahl bedachten Politiker allzu gern der Mut. Und daher geschieht nichts oder zu wenig.

Ein gut organisiertes Bürgervotum ist in der Lage, derartige Blockaden aufzubrechen. Es wird zum imperativen Mandat, das den Handlungsweg vorgibt. Auf der Ebene der Länder und Kommunen ist das Instrument heute in Deutschland weitgehend schon Allgemeingut geworden. Aber bei den wichtigsten Schaltstellen, also auf der Ebene der Bundesregierung und genauso bei der Europäischen Union, sträubt man sich bis heute. Warum? Ich wage zu behaupten, dass die letzten zwanzig Jahre in Deutschland wesentlich besser gelaufen wären, wenn etliche der strittigen »Reformen« durch Volksentscheide vorgeklärt oder entschieden worden wären. Auch die Stimmung und die wirtschaftliche Lage wären heute wesentlich besser. Warum ist dann der Schritt zur Bürgerbeteiligung so schwierig?

Die Konflikte der Berufspolitik

Berufspolitiker, also die Mitglieder der »politischen Klasse«, und die Parteien sind meistens mehr an Wiederwahl und Kontinuität interessiert als an der Durchsetzung unpopulärer Änderungen. Politik ist Beruf und Lebensinhalt, und wie bei Unternehmen geht es auch hier um einen Kampf um Marktanteile. Das verlangt kurzfristige Erfolge. Um Langfristiges, für das Verzichte und unbequeme Anpassungen notwendig sind, deren positive Auswirkungen sich vielleicht erst nach den nächsten Wahlperioden zeigen, geht es eher nicht. Die Parteien scheuen diese Risiken. Das Schicksal von Gerhard Schröder mit der Agenda 2010 zeigt exemplarisch, wie schwer wir es den Politikern dann machen. Aber der Berufspolitiker ist in Europa Teil des Systems, und zwar ein nicht ganz verzichtbarer, weil für diese Ämter politische Erfahrung und Detailkenntnis oft unerlässlich sind.

Nachhaltigkeit setzt weniger kurzfristig orientierte Entscheidungsprozesse voraus. Das kann nur die erwähnte themenbezogene Bürgerbeteiligung, die Erweiterung der demokratischen Entscheidungsfindung sein, die dem einzelnen Bürger mehr Mitsprache und damit mehr Mitverantwortung gibt. Bürgerdemokratie und Bürgervotum – in welcher Ausprägung auch immer – rücken die Verantwortung jedes Einzelnen für nachhaltiges Handeln in den Mittelpunkt der gesellschaftlichen Teilnahme. Er und seine Nachfahren sind letztlich auch direkt Betroffene, wenn es zum Beispiel um den Klimawandel geht. Die Mehrzahl der Bürger wird also – das bestätigen unter anderem die Ergebnisse aus der Schweiz – bei Themen der Nachhaltigkeit bessere Entscheidungen treffen als der von den beschriebenen kurzfristigen Überlegungen abhängige Berufspolitiker. Und die so zustande gekommenen Entscheidungen werden in der Allgemeinheit dann auch leichter akzeptiert werden, selbst wenn sie Einschränkungen erfordern.

Es liegt also nahe, die bei Kommunen und Ländern eingespielten Verfahren der Volksentscheide auch für die natürlich viel wichtigeren Ebenen der Bundesrepublik und der Europäischen Union zu fordern. Aber aus langjähriger Führungserfahrung heraus hätte ich dennoch etliche Bedenken, die sich vielleicht mit Meinungen in der obersten politischen Führungsebene decken. Es geht um die Probleme der Komplexität, der emotionalen Fehlentscheidungen durch mangelhafte Information und die Gefahren fehlenden Bürgerinteresses und durch Aktionismus und Überforderung. Das sind Argumente gegen Volksentscheide und Bürgervoten von Seiten der Politik, die über rein machtpolitische Argumentation hinausgehen. Zunächst einmal ist die Komplexität der Materie bei Bundes- und Europa-Gesetzen offensichtlich. Wie oft haben wir schon über handwerklich schlecht gemachte Gesetze geklagt? Dazu kommt noch die Besorgnis, eine kontinuierliche Linie der Politik sei so nicht durchzuhalten, die Politik werde durch ständige Aktionen vom konsequenten Kurs abgebracht oder sogar in einen rein reaktiven Aktionismus getrieben. Diese Probleme sind aus der Führung großer Unternehmen bestens bekannt.

Wenn ich auf die Erfahrungen aus großen Industrieunternehmen zurückgreife, fehlt zunächst eine Zwischenstufe, die sortierend verdichtet, informiert und unabhängig hilft. Denn auch in solchen Unternehmen gibt es zahlreiche unterschiedliche Meinungen, Initiativen, Vorschläge und Emotionen. Aber kaum eine unzufriedene Gruppe wird in großen Unternehmen auf die Idee kommen, sich direkt bei der Firmenspitze zu melden. Sie geht vielmehr zum Betriebsrat, und auch größere Gruppen werden nicht aktiv, ohne sich zumindest mit dem Betriebsrat beraten zu haben. Letzterer kennt nicht nur die Zusammenhänge und vergleichbare Probleme, er weiß auch über den Wirtschaftsausschuss und die laufenden Beratungen mit der Firmenleitung bestens über die Unternehmenssituation und wichtige Veränderungsabsichten Bescheid. Hier wirkt der Betriebsrat wirklich in vielen Fällen durchaus sammelnd, verdichtend und priorisierend, ist also Koordinator unterschiedlicher Wünsche, weiß aber andererseits auch sehr gut, welche scharfen Attacken oder gezielten Aktionen er mit bester Erfolgsaussicht lancieren kann. Er ist eines dieser Organe, die Wissen vernetzen, damit auch Aktionen koordinieren und auf diese Weise eine in der Regel respektierte, manchmal auch sehr aggressive Position einnehmen, ohne allerdings der Unternehmensleitung die letzte Entscheidung aus der Hand nehmen zu können.

Das über 100 Jahre alte Stiftungsstatut bei Carl Zeiss hatte nicht nur als erstes deutsches Unternehmen den erwähnten Arbeiterrat, also einen Betriebsrat, eingeführt, sondern auch ein unabhängiges Petitionsrecht. Im Statut hieß es, dass das Unternehmen nicht an Massenfertigung denken, sondern sich an technisch hochwertigen, schwierigen Fertigungsaufgaben orientieren solle. Das wurde natürlich in der Phase der Unternehmenssanierung von vielen Gruppen, die unwirtschaftliche Präzisionsgeräte herstellten, als Argument herangezogen, wenn es um Einschränkung oder Einstellung von Geschäften ging. Übersehen wurde dabei, dass an einer anderen Stelle im Statut die Pflicht zur Wirtschaftlichkeit stand, also die Pflicht, mit Gewinn zu arbeiten. Entsprechend hat der Betriebsrat solche Petitionen immer dann nicht unterstützt, wenn sie über ihn liefen und eine wirtschaftliche Lösung als unwahrscheinlich galt. Er war der Filter, der auf die Befolgung solcher wichtigen Unternehmensgrundsätze achtete und sich entsprechend nur hinter den realistischen und zu Ende gedachten Teil der Petitionen stellte. Bei denen aber wurde er nicht nur zum Sprachrohr, sondern auch sehr oft zum informierten Berater der Unternehmensleitung, der gerade durch seinen anderen Blickwinkel wichtige zusätzliche Hinweise geben kann und damit wesentlich zur erfolgreichen Umsetzung mancher Maßnahmen beiträgt.

Bürgerentscheide haben diese Zwischenstufe zwischen Bürger und Entscheidungsorganen meist nicht. Das könnte der Grund sein, warum es zahlreiche Beispiele von unglücklichen »Beschlüssen« gibt. Denn das kann an schlechten Formulierungen, unvollständiger Information oder schlicht schlechtem *timing* liegen. Wer erinnert sich nicht an den Bürgerentscheid zum Bau einer Hochbrücke über das Elbtal bei Dresden, wobei in der Vorinformation die Tatsache, dass dieser Talabschnitt Weltkulturerbe ist, einfach übersehen wurde? Manchmal liegt es auch nur daran, dass exotische Fragen wenig Interesse hervorrufen, damit nur die fanatischen Akteure zur Abstimmung gehen und eine Mehrheit bilden. Entsprechend liefern manche Abstimmungen nicht wirklich den Konsens der Mehrheit der Bevölkerung und werden erst nach zuweilen überraschenden Ergebnissen kräftig diskutiert. Es fehlt eben die weise »Koordination« durch ein unabhängiges Gremium, wobei man die Analogie mit dem Betriebsrat nicht zu weit treiben darf. Schließlich werden die Bürger zunächst einmal durch die Parlamente repräsentiert. Es geht aber um die wirkungsvollere

Zusammenfassung von Werteforderungen der Zivilgesellschaft und das parteienunabhängige Einbringen von Expertenwissen.

Mit dem Modell eines sich an die Idee des Betriebsrats anlehnenden »Sprachrohrs der Zivilgesellschaft« müssten sich einige der Probleme des Bürgervotums in den Griff bekommen lassen. Denn für den Erfolg kommt es auch hier darauf an, zunächst unabhängig von Regierungsmeinungen Wünsche zu verdichten, zu artikulieren und zugleich sein gesamtes Wissen beiden Seiten, also den Bürgern und der Regierung mit dem Parlament, beratend zur Verfügung zu stellen. Ich werde das Organ »Bürgerrat« nennen. Dieses wird umso wichtiger, je komplexer und grundsätzlicher die Themen werden, die sich zwangsläufig von der meist relativ hohen Übersichtlichkeit lokaler Themen und Abstimmungen unterscheiden. Wir brauchen also nach meiner Überzeugung ein bei Volksentscheiden beratendes Gremium für die Bundesrepublik und übergeordnet auch eines für das vereinte Europa mit seinen fast 400 Millionen Einwohnern und einer großen Zahl von Sprachen und Kulturen. Das Gesetz hat zu entscheiden, wann der Bürgerrat durch ein Quorum auf den Fragewortlaut festgelegt ist. Dann kommt ihm nur die Pflicht zur neutral umfassenden Information zu. Aus den übrigen Initiativen aber kann er zusammenfassend und formulierend tätig werden und damit zentrale Fragen zur Klärung durch die Gemeinschaft stellen.

Viele Puristen des Volksentscheids werden solche Zwischenstufen möglicherweise ablehnen. Die Gefahr eines unkontrollierten Ausuferns des Instruments des Volksentscheids ist aber zumindest bei der Größe Europas unübersehbar, das Schweizer Modell ist daher nicht einfach übertragbar. Dort gibt es selbst in kleinen Kantonen trotz dichter Terminfolge manchmal bis zu zehn Fragen pro Abstimmungstermin – mit mehrseitigen Erläuterungen der Regierungs- und der Gegenmeinungen. Man muss das für die Belange der Bundesrepublik und erst recht Europas verdichten, muss Volksentscheide durch einen institutionalisierten Kreis von informierten Experten begleiten. Auch hier empfehle ich also ein zusätzliches Organ, das Überblick hat und dadurch verdichten und priorisieren kann. Denn gute Vorbereitungen auf diesem komplexen, auf Europaebene sogar vielsprachigen Niveau sind mehr Arbeit, als eine freiwillige Aktion oder eine einzelne NGO so ohne weiteres leisten kann. Gute politische Arbeit ist Aufwand.

Wissensvernetzung, Information und Mitsprache durch den Bürgerrat

Der Aufwand beginnt schon bei der Formulierung einer Frage – sofern nicht durch ein Quorum festgelegt – und der zugehörigen Information. Beides muss verständlich sein und frei von tendenziösen oder ideologischen Tönen. Unsere heutige Zivilisation hat als Wissensgesellschaft unglaublich viele Spezialkenntnisse, die es bei wichtigen Entscheidungen zu nutzen, zu vernetzen und schließlich zu verdichten gilt. Es gibt herausragende Wissenschaftler, aber vor allem gibt es für alle Fachrichtungen und zu allen Meinungsrichtungen übergeordnete Verbände und Organisationen. Längst sind wir eine komplexe Zivilgesellschaft mit hohem Organisationsgrad. Ein beratendes, »mitbestimmendes« Organ, das diesen Namen verdient, muss deshalb das Fachwissen dieser Zivilgesellschaft gut vernetzen und je nach Thema die Breite der unterschiedlichen Meinungen und Gruppierungen unserer Gesellschaft übergreifend abbilden. Der Aufruf von Rio spricht von notwendigen Zugriffen auf alle Informationen der *öffentlichen* Stellen. Das geht nur weit genug, wenn damit nicht nur die großen Behörden, sondern auch die Analysen werteorientierter Nichtregierungsorganisationen und die Erkenntnisse der Wissenschaft gemeint sind, um zu informieren sowohl über die Gefahren und deren Risiken als auch über Auswege, Lösungsvorschläge und deren Konsequenzen. Das kann kein Beamtenapparat erfüllen, ob er nun in Berlin, Brüssel oder Paris sitzt, und es kann auch keine kleine Beratergruppe schaffen. Man braucht eine größere Organisation, einen Zusammenschluss der Vertreter der wichtigsten NGOs und der besten Wissenschaftler in einer Gruppe von bis zu einigen hundert Beteiligten. Dieser »Bürgerrat« – übrigens im Grunde wieder ein Zukunfts- und Ethikrat – existiert im Prinzip in Form der zahlreichen Beratungsgremien der Bundesregierung und auch der Europäischen Kommission. Jeder kennt die »Wirtschaftsweisen«, also das Beratungsgremium für Wirtschaftsfragen, die meisten kennen die »Enquetekommision«, und mancher kennt vielleicht auch den »Rat für nachhaltige Entwicklung«. Drei Beispiele aus einer Unzahl weiterer Kommissionen der Bundesregierung, der Ministerien und der Parlamente, die allerdings primär auf ihre Auftraggeber orientiert sind und derzeit noch viel zu wenig als unabhängiges Gremium in die Bürgerschaft hineinwirken. Zudem agieren sie weitgehend unkoordiniert. Relativ leicht lässt sich daraus ein Gesamtgremium, ein Bürgerrat, machen, mit spezialisierten, aber vernetzten Untergruppen, mit hoher öffentlicher Sichtbarkeit, hohem Sachverstand und guter Repräsentanz der Meinungsvielfalt. Ein Gremium, das wie der Betriebsrat und die Experten in einem Unternehmen »Bescheid weiß« und damit ordnen, verdichten, priorisieren und manchmal auch beraten und koordinieren kann.

Wichtig ist dabei zuallererst, Volksentscheide auf wenige grundsätzliche und gut vorbereitete Vorgänge zu verdichten, nicht öfter als ein bis zweimal im Jahr, zumal jede höhere Dichte zwangsläufig reduzierte Aufmerksamkeit und eine Schwächung der Beteiligung nach sich zieht.

Dazu muss dieser Bürgerrat – soweit nicht durch eine Quorumregel festgelegt – in der Lage sein, aus der Flut unterschiedlicher Anträge und Aktionen von Zeit zu Zeit das wichtigste

Gemeinsame herauszugreifen und daraus eine einfache Grundsatzfrage zu formulieren. Es ist problematisch, auf nationaler und europäischer Ebene nur über komplette Gesetzentwürfe abzustimmen, das sollte eher die Ausnahme sein. Die Verdichtung auf den Kerninhalt vermeidet, dass alle Komplexitäten eines Gesetzes verstanden werden müssen. Wenn der Bürgerrat wirklich umfassend die wichtigen Meinungen und Strömungen der Gesellschaft vertritt, kann er darauf aufbauend die Kernfragen in einem eventuell moderierten Konsensverfahren herausarbeiten.

Zum Anderen aber, und das ist für die Meinungsbildung besonders wichtig, muss der Bürgerrat die entscheidenden Argumente erläutern, also knapp, aber entscheidungsrelevant über Folgen und Konsequenzen informieren, wie es einem Ethik- und Zukunftsrat entspricht. Die Medien oder auch die Regierungen allein werden das nicht immer in ausreichend umfassendem Maße schaffen, weil die Informationsbereitstellung unterschiedlichste Blickpunkte und einen weitestgehend neutralen Bezugspunkt verlangt. Ein solch breites Gremium »erstreitet« das besser. Internet-Plattformen mit Links sind das ideale Medium für differenzierte Darstellung von Konsens und Meinungsunterschieden.

Das wirft die Frage nach der genaueren Zusammensetzung auf. Dabei ist die Politik von Anfang an gefordert, denn sie muss festlegen, welche Verbände und NGOs und welche Wissenschaftsrichtungen in einem »Bürgerrat« als Ethik- und Zukunftsrat der Bürger vertreten sein sollen. Also nicht die Auswahl der Personen, die wären sonst kaum neutral, sondern die Wahl der Verbände, Fachrichtungen und Organisationen. Es muss, soweit praktisch möglich, Zugriff auf unser gesamtes Fachwissen und unsere Meinungsvielfalt gegeben sein, das ist oberstes Ziel. Deshalb werden in ihm Vorstände aus allen großen wissenschaftlichen und werteorientierten Organisationen vertreten sein müssen. In der Summe muss die berühmte Triade der Nachhaltigkeit durch Fachkenntnisse in Ökonomie, Ökologie und Sozialwissenschaft ausgewogen repräsentiert sein. Die Summe der heute schon existierenden Beratungskreise gibt dies bereits erstaunlich gut wieder.

Die Einbeziehung der Verbände beziehungsweise deren Vorsitzender hat etliche Gesprächspartner, mit denen ich diskutiert habe, zunächst überrascht. Das Image der Verbände – insbesondere der werteorientierten – ist unterschiedlich, zum Teil leider nur mittelmäßig. Aber es ist eine breite Landschaft. Praktisch alle wichtigen Meinungsrichtungen, jede Wissenschaft und die gesamte Wirtschaft sind heute in Verbänden organisiert – das reicht von NGOs wie Greenpeace, Human Rights Watch, WWF und Transparency International bis zu der Max-Planck-Gesellschaft, der Fraunhofer-Gesellschaft oder der Deutschen beziehungsweise der Europäischen Forschungsgemeinschaft, von den zahlreichen Industrie-, Dienstleistungs- und Handelsverbänden, den Land- und Forstwirtschaftsverbänden, den Arbeitgeberverbänden bis zu den Gewerkschaften und dem Bauernverband, von Kommunalverbänden oder dem Städtetag bis zum Naturschutz, von Stiftungen bis zu den pädagogischen Verbänden und den Vertretern in den zahlreichen Nachhaltigkeitsvereinigungen wie dem IPCC, dem International Panel of Climate Change. Sie alle verfügen durch ihre Mitglieder über ein enormes Wissen, über das in der Regel die Vorstände einen guten Überblick haben oder auch selbst hochkarätige Wissensträger sind. Genutzt wird dieses riesige Wissensreservoir aber bislang nur wenig. Zu oft werden Verbände eher als Lobbyvereinigungen oder als Organisatoren von Fachtagungen, Seminaren und Diskussionsrunden gesehen, die Wissenstiefe wird dagegen oft nicht wahrgenommen. Das liegt manchmal auch an den Verbänden und NGOs selbst, die durch Ideologisierung, Übertreibung, Einseitigkeit oder auch Falschdarstellung manchmal eher Goodwill zerstören als Verständnis aufbauen. Klar, dass die Legitimation zur Mitwirkung in einem Bürgerrat hohe Ansprüche stellt.

Die Regierungen und Parlamente machen von den Verbandsstrukturen auch heute schon selektiv reichlich Gebrauch, sie benötigen deren Ratschlag, ohne aber deren Wissen sachgerecht zu vernetzen und verdichtet und verständlich öffentlich zugänglich zu machen. Genau das ist mit dem Bürgerrat gemeint: ein Zukunftsrat, der das Wissen der Experten, aber auch alle Meinungen unserer Zivilgesellschaft vernetzt und deshalb in der Lage ist, zentrale Fragen unserer Zukunft zu beurteilen und, aufbauend auf den zahlreichen Initiativen aus der Bürgerschaft, zu formulieren, einschließlich der wichtigsten Pros und Kontras. Damit kann der Volksentscheid nicht nur dem Willen jedes einzelnen Bürgers Gewicht verschaffen, vielmehr wird dem Bürger dadurch auch das enorme Wissen unserer Zivilisation in verdichteter Form bereitstehen und die Meinungsbildung abstützen.

Der Bürgerrat sollte auch eigene Abstimmungsinitiativen ergreifen dürfen. Gerade bei Themen der Nachhaltigkeit, die Verzicht bedeuten, können wir nicht darauf vertrauen, dass sich ausreichend klare Initiativen entwickeln und dass die Stimme der »Vernunft« in dem lauten Geschrei betroffener Interessengruppen gehört wird. Rückschritte im Sozialsystem zum Beispiel werden trotz seiner Überlastung kaum ausreichend große Zahlen von Befürwortern finden und brauchen deshalb erst recht die meinungsbildende Abstützung durch einen Volksentscheid. Kaum jemand wird ernsthaft behaupten, dass die Erhöhung des Rentenalters, Kürzungen der Leistungen der Krankenkassen oder der Sozialversicherungen durch Volksinitiativen initiiert werden. Analoge Beispiele sind für den Klimaschutz beziehungsweise die Energie-Sparprogramme offensichtlich. Und gerade solche Initiativen kann ein Bürgerrat aufgreifen und durch im Vergleich zu den Medien neutralere Argumentation begleiten. Er wird am besten beurteilen können, wo die öffentliche Meinungsbildung Defizite aufweist und deshalb ein Bürgervotum ein allgemeines Nachdenken und eine vertiefte Meinungsbildung auslösen könnte. Er wird dabei auf die zahlreichen Anregungen der werteorientierten NGOs und direkt an ihn gerichteter Unterschriftenaktionen aufbauen können, manchmal vielleicht sogar auf den Wunsch einer bei einem Thema unsicheren Regierung oder einer zerstrittenen Koalition. Die katastrophal lange Untätigkeit auf dem Gebiet der Klimarisiken oder der Anpassung der Sozialsysteme hätte so sicher bekämpft werden können.

Wenn der Bürgerrat demokratisch legitimiert sein soll, sind allerdings einige grundsätzliche Bedingungen zu erfüllen:

1. Die Zusammensetzung der Verbände, NGOs und Fachexperten kann nur von der Politik festgelegt werden, da der Bürgerrat zwischen vielen unterschiedlichen Vorstellungen vermitteln und entscheiden muss. Dennoch muss diese Zusammensetzung in einer Urabstimmung der Bürgerschaft legitimiert werden durch ein Referendum, das zum Beispiel einmal im Jahrzehnt wiederholt werden könnte und das zudem die Möglichkeit bieten muss, bestimmte Verbände in die Liste hinein- oder auch aus ihr herauszuwählen. Es könnte durchaus sein, dass in der Liste Greenpeace fehlt, weil diese Organisation der Politik zu radikal ist, oder dass Verbände oder Stiftungen, die zu sehr parteipolitisch gebunden sind, herausgewählt werden müssen, weil das Gremium möglichst politisch neutral sein soll.
2. Die teilnehmenden Verbände müssen in sich demokratisch organisiert sein, der Vorstand muss also von allen Mitgliedern in einem geheimen Verfahren gewählt werden und für alle, die die entsprechenden fachlichen Voraussetzungen mitbringen, offenstehen.
3. Zur Personenauswahl der Wissenschaftler wird ein Verfahren notwendig sein, das üblichen internationalen Berufungsverfahren entspricht.
4. Zumindest elektronisch muss über die Internetseite eine Transparenz der Satzungen und Ziele sowie kontinuierlicher Information gegeben sein, ergänzt durch einen Internet-Chat, ein Petitionsverfahren und andere Formen des Dialogs mit der Bür-

gerschaft. Diese Voraussetzungen sind vielleicht noch nicht bei allen Verbänden erfüllt, können aber im Zeitalter des Internets leicht implementiert werden.
Ein solches hochkarätiges Gremium wie den Bürgerrat zu organisieren ist aufwendig und kostenintensiv. Das ist bei Betriebsräten und der industriellen Mitbestimmung nicht anders. Aber ein wirkungsvoll mitbestimmender Bürgerrat wird sich durch seine exzellente Besetzung und natürlich durch die Qualität seiner Arbeit den Respekt der Bürgerschaft und auch der Regierungen verschaffen, so wie ein leistungsfähiger Gesamtbetriebsrat bei Konzernleitung und Aufsichtsräten Respekt genießt. Die Analogien zwischen Unternehmens- und demokratischen Entscheidungen sind deutlich, wie der folgende Vergleich zeigt:

Funktion	**Industriekonzern**	**Demokratie**
»Souverän«	Aktionäre	Wahlberechtigte
	↓	↓
Repräsentanz (für Satzung bzw. Gesetze und Grundsätze)	Aufsichtsrat	Parlament
	↓	↓
Ausführend	Vorstand	Regierung
	↑	↑
Mitbestimmung	Konzernbetriebsrat	Bürgerrat?
	↑	↑
	Belegschaft	Öffentlichkeit

Vergleichende Wirkungskette der Einflüsse auf AG-Vorstand und Regierung

In diesem Konzept des Bürgerrats spiegelt sich also die Vervollständigung der industriellen Entscheidungs- und Überwachungsstrukturen der großen Aktiengesellschaften wider. Die Bürger wählen, der Aktionärs- oder Hauptversammlung entsprechend, als Aufsichtsrat das Parlament, das den Vorstand, also die Regierung, wählt. Die Bürger beschließen themenspezifisch im Volksentscheid beziehungsweise Bürgervotum wichtige Richtlinien der Politik als Vorgabe für die Regierung, so wie auch in der Industrie grundsätzliche Veränderungen und Vorgaben hauptversammlungspflichtig sind, also von den Aktionären in der Aktionärsversammlung bestätigt werden müssen. Der Bürgerrat schließt die Lücke zur Basis und bringt das Wissen der Zivilgesellschaft ein, er berät dadurch in Anlehnung an die Funktionen des Betriebsrats mit, ohne eine eigene gesetzgebende Funktion zu besitzen. Durch die Vernetzung unserer Zivilgesellschaft und der Wissenschaft in einem Bürgerrat entsteht ein Mitsprache-, ja ein Mitbestimmungsorgan der Zivilgesellschaft und damit der Gesellschaft, das Meinungsbildungsprozesse unterstützt und beim Bürgervotum verdichtend koordiniert und begleitet.

Diese Brückenfunktion zur Bürgerschaft dürfte das Bürgervotum bei komplexen Fragestellungen und besonders bei einem Vielvölkerbund erst praktikabel machen. Sicher ist er eine »Elite«, aber eine auf verantwortliche Funktionen und Berufserfahrung aufbauende, ohne die bedenkliche Machtkomponente mancher ererbter »Eliten«. Bürgervotum wie Bürgerrat sind sicher mit einigem Aufwand verbunden, aber sie eignen sich besonders dann, wenn viele unterschiedliche Gruppen und Meinungen in Themenkreise von großer Tragweite hineinspielen, insbesondere also für komplexe Themen der Zukunftssicherung auf der erwähnten nationalen und europäischen Ebene. Das Bürgervotum mit Bürgerrat vermeidet ein Ausufern, verbessert die Meinungsbildung und die Einbindung und rechtfertigt damit diesen Aufwand.

Themenbezogene Demokratie – die Antwort der Sozialpsychologie im Informationszeitalter

Bürgerrat und Gruppenrepräsentanz dienen dazu, unser Wissen und unsere Meinungsvielfalt durch Experten besser in den politischen Prozess und die Meinungsbildung einzubringen, also eine Verdichtung zu erreichen, wie sie in einer komplexen Welt erforderlich ist. Die Abstützung auf Repräsentanten und Eliten bleibt im Vordergrund. Sie werden also fragen: Reicht das Richtungsvotum als Antwort auf die Forderungen der Sozialpsychologie, die Menschen – die Bürger – allgemein besser in die Entscheidungsprozesse einzubeziehen?

Das kann man nur bejahen, wenn zugleich eine kulturelle Veränderung abläuft, ein Kulturwandel des politischen Handelns weg von der rein repräsentativen Machtdemokratie der Parteien hin zu einer »themenbezogenen« Demokratie, also einer Demokratie, die den Bürger bei wichtigen Themen durch sein Votum einbezieht. Wird dies zur Kultur, führt es zu einem anderen Ablauf der großen politischen Entscheidungsprozesse, zu einer weniger polarisierten und stärker konsensorientierten politischen Kultur.

Die Abnahme der Bedeutung der großen Volksparteien durch die stärker werdenden linken und rechten Flügel ist nichts anderes als ein Protest und ein Wunsch des Bürgers, sich zu bestimmten Themen zu äußern, statt nur bestimmte Repräsentanten zu wählen. Es ist die unvollkommene Antwort auf Prioritäten, die das heutige Parteiensystem erlaubt. Umweltorientierung wird dazu führen, dass vermehrt den grünen Parteien die Stimme gegeben wird – trotz deren, aus meiner Sicht, unglücklicher Mischung mit völlig anderen Themen. Die Gegner der Marktwirtschaft werden sich verstärkt den linken Parteien zuwenden, obwohl sie meist eine problematische Vergangenheit haben. Und die Bedenken zur Ausländerpolitik werden sich bei rechten Parteien sammeln trotz deren zum Teil unakzeptabel provokativem Auftreten. Diese Stärkung der Flügel ist nichts anderes als die Sehnsucht, sich zu einem bestimmten Thema, zu seiner eigenen Themenpriorität mit dem Stimmzettel zu äußern. Eine themenbezogene Demokratie beantwortet das durch direkte Fragestellungen an den Bürger, sie stärkt damit die Funktionsfähigkeit des repräsentativen Systems und reduziert die Zentrifugalkräfte der Parteienlandschaft.

Themenbezogene Demokratie durch Bürgerbeteiligung und verbesserte Wissensvernetzung ist die Antwort auf eine komplexere Welt mit immer besser informierten Bürgern und sich explosionsartig vermehrendem Wissen.

Das Richtungsvotum

Bürgerbeteiligung und Bürgervotum dürfen nicht davon ablenken, dass die von gewählten Repräsentanten geführte Demokratie unverändert notwendig bleibt, um komplexe moderne Gesellschaften zu organisieren. Eine übereifrige, alles Strittige dem Bürgerentscheid überlassende Basisdemokratie würde zu Chaos führen. Sowohl die derzeitige »politische Klasse« hat da ihre Bedenken, als auch der Normalbürger. Der Bürgerentscheid sollte also als eine für schwierige Themen wichtige, ergänzende Kraft gesehen werden. Da die Erarbeitung von Gesetzen mit all ihrer Komplexität Erfahrung und Detailkenntnis erfordert, kann die Gesamtheit der Bürger deshalb nur in seltenen und von engagierten Einzelgruppen gut vorbereiteten Fällen der »Gesetzgeber« im Detail sein, aber die Entscheidung über die grundsätzliche Richtung ist durchaus Sache des Volks als »Souverän«. Das gilt umso mehr, wenn man die Zahl der Abstimmungen in Grenzen hält und sich deshalb auf Grundsatzfragen konzentriert. Das allerdings ist ein fundamentaler Unterschied zu den klassischen Bürgerbeteiligungen, die in vielen Ländern für jedes Thema offen und nur von Unterschriftsquoten abhängig sind.

Deshalb spreche ich gerne von einem *Richtungsvotum* statt einem »Volksentscheid« für die nationale und auch die europäische Ebene. Nicht Details sollen entschieden werden, sondern Richtungen, Trends, Grundsätze. Ob wir zum Beispiel den derzeitigen Verbrauch fossiler Brennstoffe tolerieren, Sparmaßnahmen akzeptieren oder den heutigen Verschuldungsgrad der Nation wollen, ob wir Streiks für Flächentarife oder das rechtlich gesicherte betriebliche Bündnis wollen – all das sind Fragen, deren Beantwortung alle Bürger als Richtungsentscheid klären könnten. Das Ergebnis ist ein besseres Verständnis und eine persönliche Verantwortung der Bürger, und es wird verhindert, dass diese Themen von solchen verdrängt werden, die dem (Wahl-)Publikum leichter verkauft werden können. Damit wird auch erschwert, was die reine Stellvertreterdemokratie begünstigt: sich als Wähler in der anonymen Masse zu verstecken und die kurzfristigen Themen zu bevorzugen.

Das Richtungsvotum – in Deutschland verfassungskonform?

In Deutschland kann ein Bürgervotum als Eingriff in Gesetzgebungsverfahren nur mit einer Verfassungsänderung eingeführt werden, denn in den Artikeln 76 bis 78 des Grundgesetzes ist die Gesetzgebung als alleinige Befugnis der Parlamente festgelegt. Das Volk sei zwar der oberste »Souverän«, aber ein Eingriff in Gesetzgebungsverfahren stehe ihm – außer bei der im Grundgesetz erwähnten Veränderung von Ländergrenzen – nicht zu, auch wenn das Grundgesetz neben Wahlen ausdrücklich Abstimmungen zulässt. So lautet die übliche Interpretation. Für einen Nichtjuristen ist das eine reichlich merkwürdige Argumentation, bedeutet es doch, dass der Souverän genau das in bestimmten Fällen nicht ist – ein Widerspruch in sich. Nach etlichen dennoch eingeleiteten und jedes Mal gescheiterten Gesetzgebungsanträgen haben sich die Großen deutschen Parteien gut und dauerhaft in ihrer elitären Rolle eingerichtet und das Thema auch zu Zeiten einer Großen Koalition bisher nicht erneut aufgegriffen. Und das, obwohl laut »Perspektive Deutschland« nur 3 Prozent der Bevölkerung den Parteien die Lösung unserer Probleme zutrauen. Regierende lieben keine Volksentscheide, wie auch der in Bern für die Schweizer Abstimmungsgenehmigungen auf Bundesebene zuständige Ministerialbeamte aus seinen langen Erfahrungen weiß.

Ob diese Interpretation aber wirklich alle Abstimmungen betrifft, wäre zu hinterfragen, denn der Bürger will schließlich keine konkreten Gesetze schreiben, sondern eben grundsätzliche Richtungen festlegen. Der saubere Weg dorthin ist eine Verfassungsänderung. Sie kann auf die Erfahrungen aus der Schweiz und aus den deutschen und etlichen amerikanischen Bundesländern beziehungsweise Bundesstaaten aufbauen und zum neuen Modell fortschrittlicher Bürgerbeteiligung werden. Solange dazu keine Bereitschaft besteht, sollte allerdings angesichts des großen Zuspruchs der Bevölkerung für Bürgerentscheide tiefer gehend diskutiert werden, ob es nicht auch in Deutschland schon jetzt einen aus verfassungsrechtlicher Sicht vertretbaren Weg für ein durch einfaches Gesetz mögliches Initiativrecht für ein Richtungsvotum gibt. Schließlich steht ja auch die Möglichkeit für Abstimmungen im Grundgesetz.

Von verfassungsrechtlich fachkundiger Seite wurde mehrfach betont, dass ein Bürgervotum eventuell doch verfassungskonform sein dürfte, wenn es außerhalb von laufenden Gesetzesvorhaben, also zum Beispiel als Vorstufe einer Gesetzesinitiative, zu sehen wäre. Dazu passt das »Richtungsvotum«, das auf Grundsätze einschränkt und nicht unbedingt über das Gesetz selbst als

Teil eines gesetzgebenden Verfahrens abstimmen will. Aber es kann der Anstoß für die Bundesregierung zu einem gesetzgebenden Verfahren sein, je nach gesetzlicher Ausgestaltung nur als Petitionsrecht, also als unverbindlicher Anstoß oder auch als die Bundesregierung verpflichtende Initiative. Für den durch die Regierung dem Parlament vorzulegenden Gesetzestext bleibt das repräsentative Verfahren, das Bürgervotum ist, Initiator und Ergänzung, aber kein Ersatz für den Parlamentsentscheid.

Die drohende Einführung einer solchen ersten Stufe des ungeliebten Bürgervotums durch Gesetz brächte im Übrigen eine enorme Belebung der Diskussion mit sich, weil es mit einfacher Regierungsmehrheit zu beschließen wäre und damit Teil eines Wahlkampf- und Regierungs- beziehungsweise Koalitionsprogramms werden könnte. Schon das Aufgreifen durch kleinere Parteien würde fast automatisch auch ein neues Interesse der großen Parteien wecken und auch die Verfassungsfragen neu beleben. Bleibt es dennoch bei dieser ersten Stufe, schafft sie zumindest die Erfahrungen, die für ein komplexeres Modell und eine spätere Verfassungsänderung wertvoll sein könnten.

Immer wieder wird die Sorge geäußert, ein Votum über Grundsätze wäre schließlich nicht bindend. Ich hätte da mehr Zutrauen. Denn Parteien müssen schließlich Wähler überzeugen, und die Medien lieben es geradezu, den »Verrat« an der Volksmeinung zu brandmarken. Kluge Politiker – und davon würde ich allemal als Normalfall ausgehen – würden in einem Volksentscheid in aller Regel ein imperatives Mandat, eine moralische Verpflichtung sehen, und darauf sollte man vertrauen. Am Ende bleibt aber natürlich die verfassungsrechtlich verankerte Verpflichtung zur themenbezogenen Bürgerbeteiligung als der sauberste Weg trotz solcher interessanter Zwischenstufen.

Ein gut eingesetztes Bürgervotum kann also zu wesentlich mehr dienen, als für den Bürger ein Ventil des Zorns zu sein und den Politikern in den Arm zu fallen. Vielmehr sind seine Vorzüge so umfassend, dass es in manchen Situationen auch von den Regierungsparteien als ein Mittel der Konsensklärung eingesetzt werden könnte. Wenn etwas sehr umstritten, aber wichtig ist, warum sollte dann nicht auch die Regierung das Volk befragen? Für alle wird es leichter, positiver. Das müsste doch auch die großen Parteien überzeugen können, ob nun mit oder ohne Bürgerrat. Der ist nicht zwingend, aber eben eine hilfreiche Unterstützung, vor allem zur Handhabbarkeit und zur neutral flankierten Meinungsbildung. Die entscheidende Grundsatzfrage ist der Wille zur themenbezogenen Bürgerbeteiligung an sich.

Bürgervotum mit Bürgerrat – Ein Weg zur Bürgerbeteiligung in Europa?

Auf die Potenziale des Bürgervotums zur Meinungsbildung und zur politischen Motivation dürfen wir in einer neuen europäischen Verfassung nicht verzichten. Unsere Probleme der Nachhaltigkeit, insbesondere beim Klimaschutz, würden sich sonst unvermindert fortsetzen, ohne Lehren aus der Vergangenheit zu ziehen. Der Entwurf des europäischen Verfassungsvertrags sah nur eine sehr eingeschränkte Bürgerpetition vor, und die beschlossene Abmagerung zu einem »Reform«-Vertrag hat das so beibehalten. Die Komplexität der Themen und der Bürgerschaft steigt in diesem Vielvölkergemisch im Vergleich zur nationalen Ebene nochmals erheblich an, und offensichtlich fürchtet die Politik ein unkontrollierbares »Ventil des Zorns«. Wenn man manche Leistungen aus Brüssel sieht, kann man das durchaus verstehen, aber gerade auf der europäischen Ebene muss diese Ablehnung echter Demokratie unseren massiven Protest hervorrufen. Allerdings muss er begleitet sein von einem Verständnis für die Schwierigkeiten, die sich aus den nationalen Unterschieden ergeben. Gerade da kann ein begleitender Rat, ein »Bürgerrat« aus Verbänden und Experten, die richtige Brücke sein. Die meisten Verbände sind schon heute auf europäischer Ebene verflochten, und die Wissenschaft ist multinational. Auch die Repräsentanz der Nationen kann ausgewogen einbezogen werden. Die Zusammenstellung aus den nationalen Bürgerräten, sollten sie einmal Allgemeingut werden, bietet sich als natürlichster Weg an.

Es ist aber zu früh, über die Zusammensetzung auf europäischer Ebene heute schon im Detail zu philosophieren. Zunächst wird ja wohl der beschlossene »Vertrag« seinen demokratisch fraglichen Weg gehen. Er ist für die Herstellung der Beschlussfähigkeit durch Mehrheitsvotum statt durch Einstimmigkeit (bei 27 Staaten!) ein notwendiger erster Schritt. Der Kampf um eine echte Verfassung hat also gerade erst begonnen, es ist der Schritt danach.

Zunächst muss die europäische Politik dazu erst einmal anerkennen, dass lediglich die Wahl der europäischen Abgeordneten ohne eine weitere vertiefte Einbeziehung der Bürger nur das alte Prinzip der Demokratie auf dem Plateau 2 fortschreiben würde und damit die Sicherung unserer Zukunftsfähigkeit auf dem Spiel stünde. Deshalb ist das Bürgervotum ein unverzichtbarer Teil einer europäischen Verfassung. Die Fragen werden zum Teil etwas anders aussehen als auf nationaler Ebene, aber schon bei Klimaschutzfragen zeigen sich Notwendigkeit und Praktikabilität ganz eindeutig. Genauso beim Schutz der Jugend oder bei der Durchsetzung der Werteregulierung der Marktwirtschaft. Ein gemeinsamer Markt braucht eine gemeinsame Werteregulierung. Der jetzige Brüsseler Apparat und die heute noch unkoordinierte nationale Politik extrem unterschiedlicher Interessen sind niemals allein in der Lage, solche Grundsatzthemen konsequent umzusetzen.

Ohne einen koordinierenden Bürgerrat auch auf europäischer Ebene ist die Einrichtung von europaweiten Bürgerentscheiden in diesem Vielvölkerbund allerdings kaum vorstellbar. Denn eine große Unterschriftenaktion in Frankreich würde in Griechenland kaum Beachtung finden und umgekehrt. Es ist notwendig, den Fragen erst einmal ihren nationalen Charakter zu nehmen und sie auf eine europaweite Eignung umzuformulieren. Und Unterschriftensammlungen, die in ganz Europa durchgeführt werden, würden vermutlich oft an den immensen organisatorischen Schwierigkeiten scheitern. Vielleicht würde es manchen Politiker freuen, aber eben all die Vorteile des Bürgervotums blieben auf der Strecke.

Der europäische Bürgerrat wird sicher eine noch »buntere« Versammlung sein als jener auf nationaler Ebene. Umso wichtiger wird es sein, ihm unter Mitarbeit erfahrener Mediatoren eine Geschäftsordnung zu geben, die den Dialog fördert und einen zügigen Weg zu Arbeitsergebnissen vorgibt. Denn nur selten wird sich das Gesamtgremium treffen, die meisten Ergebnisse werden in Arbeitsgruppen vorzubereiten sein. Ein Beispiel für gute Moderation ist das Verfahren der *Consultative* nach Dieter Schmid. Er stellt die richtige Wahl der Mitglieder von Arbeitsgruppen in den Vordergrund, insbesondere die Wichtigkeit, dort alle unterschiedlichen Meinungen vertreten zu haben, und die Wahl einer neutralen Moderation im Sinne eines Schlichters sowie ein abschließend bindendes Entscheidungsrecht des Vorsitzenden der Moderation im Sinne eines Richters. Solche Verfahren der Mediation sind besser als die reine Moderation geeignet, aus der sonst unvermeidlichen Polarisation und Streitkultur eine stärker zielgerichtete Dialogkultur zu machen, ein Weg, der auch manchem Parlament durchaus gut täte.

Bis heute ist unklar, wann man sich nach voller Ratifizierung des in Brüssel Mitte 2007 statt des »Verfassungsvertrages« – das Wort soll den Unterschied zu einer echten Verfassung betonen – abgesprochenen »Reform«-Vertrages nun zu einer tatsächlichen Verfassung durchringen wird. Wollen wir hoffen, dass diese dann die Nachhaltigkeitsziele konsequenter verankern und dem europäischen Volk als dem Souverän wirkliche Entscheidungsrechte zugestehen wird.

Selbstverständlich wird eine wirkliche europäische Verfassung in allen Ländern durch ein Bürgervotum anzunehmen oder abzulehnen sein, denn nur der Souverän kann sich eine neue Verfassung geben. Die Annahme der Verträge von Lissabon – ob abschließend oder nicht – nur durch Bundestag und Bundesrat ist eine klare Missachtung unserer Rechte als Souverän. Verfassungen sollen für Jahrhunderte bestimmt sein, ihre Qualität ist entscheidend für die zukünftige Lebensqualität in Europa. Nach der Analyse von Altbundespräsident Roman Herzog werden heute 84 Prozent der Gesetze in Brüssel entschieden. Viel Missstimmung erzeugte auch die aus meiner Sicht überhastete Erweiterung weit nach Osten durch Länder, deren staatliche Ordnung noch bei weitem nicht unseren Ansprüchen an Sicherheit und soziale Kompetenz genügt. Manch einer sieht die Oberflächlichkeit und Hast der im Prinzip willkommenen Erweiterung der Europäischen Union deshalb sehr kritisch. Die Ausgestaltung ohne Mitbestimmung durch die Bürger weiterhin zuzulassen, wäre nicht nur eine grobe Missachtung der europäischen Bürger, es wäre kein guter Start für ein europäisches Nationalgefühl.

Jahresrhythmus bringt Wahlbeteiligung

In der Schweiz hat sich die zeitliche Zusammenfassung mit Wahlen auf immer gleiche jährliche Termine sehr bewährt. Es erleichtert die persönliche Planung, unterstreicht die Wichtigkeit und stärkt das Gefühl, ein »gefragter« Bürger zu sein. Die Wahlen für die Kommunen, für die Länderparlamente, den Bund und für Europa geben schon einen guten Jahresrhythmus vor und sind – wenn sie in diesem Rhythmus bleiben – problemlos mit einem Bürgervotum zu verbinden. Das ist einfach und übersichtlich, was immer eine gute Grundregel für den Erfolg ist. Und die Zusammenfassung erhöht zwangsläufig die Beteiligung, wirkt damit dem Trend fallender Wahlbeteiligung entgegen.

Das Bürgervotum wird dann zur meinungsbildenden neuen Kraft. Es bricht politische Blockierungen auf und erzeugt Problemverständnis und Sachkenntnis in der Bevölkerung. Der Wille zu entschlossenen Problemlösungen wächst, die Marktwirtschaft findet eine neue Orientierung. Die Politik kann mehrheitlich gesicherte Antworten finden, und die Parteien können die polarisierende Auseinandersetzung reduzieren. Zusammen mit der im vorangehenden Kapitel beschriebenen werteregulierten Marktwirtschaft, der zweiten wichtigen Komponente des Plateau 3, ermöglicht das starke Antworten auf die Herausforderungen der Nachhaltigkeit und der Wertesicherung. Lassen Sie uns das an einigen Beispielen vertiefen.

5. Beispiele

Beispiel Koordination: Roadmap Klimaschutz

Die globale Erwärmung – größter Betriebsunfall der Marktwirtschaft

Wenn wir uns nun einigen wichtigen Beispielen marktwirtschaftlicher Wertesicherung zuwenden, werden wir wohl trotz – oder gerade wegen – der zurückliegenden breiten öffentlichen Diskussion mit dem Klimaschutz beginnen müssen. Denn zweifelsfrei, die globale Erwärmung durch die Kohlendioxidanreicherung der Atmosphäre ist die dramatischste Fehlentwicklung des von der Marktwirtschaft getriebenen technologischen Fortschritts, eine Fehlentwicklung mit noch nicht absehbaren, verheerenden Folgen. »Wir sind die Verbrecher – Klimaschutz braucht Revolution«, so formulierte nach dem ergebnislosen Klimagipfel in Nairobi Ende 2006 deshalb der Soziologe Guillaume Paoli in einem Feuilleton-Beitrag für die *Frankfurter Allgemeine Zeitung*. Die Redaktion schickte dem den Vorspann voraus: »Der Klimagipfel von Nairobi ist ergebnislos geblieben. In einem aber sind sich die Europäer einig: Schuld an der Misere sind die USA. Paoli hält das für falsch. Er sieht das größere Versagen auf der Seite derer, die noch an Reformen glauben.«

Das sind harte und vorwurfsvolle Sätze. Zu solchen Formulierungen hätte es nicht kommen müssen. Aber auch diese Konferenz war zu Ende gegangen ohne ein greifbares Handlungskonzept der internationalen Staatengemeinschaft. Sie war nicht in der Lage, der Klimakatastrophe endlich Einhalt zu gebieten. Nicht einer der Regierenden hatte laut aufgeschrien, obwohl allen klar war, wie bedroht wir sind. Seit über zwanzig Jahren wird über das Risiko der Nutzung der fossilen Energien diskutiert, das Gleichgewicht des Klimas zu gefährden. Dennoch blieben die politisch Verantwortlichen wider besseres Wissen untätig, der öffentliche Druck war nicht groß genug. Wobei es natürlich falsch ist, nur die USA zu bezichtigen. Es ist ein Problem aller Industrienationen.

Man möchte meinen, auch die Marktwirtschaft allein hätte das durch die Entwicklung geeigneter Produkte und Technologien lösen müssen. Aber die Grundstimmung entsprach dem nicht, die Kunden wollten es nicht, und die Industrie verwies auf die Gefährdung der Wirtschaft. Die Politik machte deshalb nicht genügend Druck, zu viele Bürger kauften »unvernünftig«, und so blieb es im Wesentlichen bei Debatten und Appellen. Vielleicht hofften viele einfach, dass die Folgen die jetzige Generation nicht mehr betreffen werden. »Abschließende« Beweise wurden verlangt, die es aber so nie geben wird, und der eindringliche Rat der Mehrheit der Wissenschaftler wurde in den Wind geschlagen. Als Ingenieur und Physiker möchte ich dabei noch einmal klarstellen: Es ist absoluter Standard, *Gefahren und Risiken vorzubeugen*, auch wenn Unsicherheit über die genaue Gefahr besteht. Die wissenschaftliche Sicherheit in Bezug darauf, welches Unglück genau eintritt, ist dabei irrelevant. Rauchen macht nicht mit Sicherheit krank (mein Zigarre rauchender Großvater wurde über 80), sondern erhöht das Risiko. Nur deshalb das Rauchverbot in öffentlichen Räumen. Genauso war und ist der genaue wissenschaftliche Nachweis der Klimaveränderungen völlig irrelevant, wenn einmal starke Anhaltspunkte für ein bestehendes großes Risiko vorliegen. Dann gilt es vorzubeugen.

Wir aber haben uns hinter Vorsätzen, Sonntagsreden und Zweifeln versteckt, haben den Aufruf von Rio nicht verstanden oder nicht beachtet. Als man sich sieben Jahre später in Kyoto erneut traf, hatte man sich zwar um viele Ökologiethemen, nicht aber um die Kohlendioxidproblematik gekümmert. Danach wurde vor allem in Europa in weiteren kräftigen Reden die grundsätzliche Bedeutung des Kyoto-Protokolls über Ziele zur Kohlendioxidabsenkung zum Ausdruck gebracht. Aber keine einzige Nation konnte bis heute auch nur annähernd die zugesagte Reduzierung des Kohlendioxidausstoßes erreichen. Einig waren sich die Europäer nur, die Amerikaner als die Hauptschuldigen zu beschimpfen. Wirkliche Maßnahmen wurden nicht ergriffen, weder in Europa noch sonst irgendwo.

Kyoto war nicht die Antwort

Ich weiß, dass ich einer weitverbreiteten Meinung widerspreche, wenn ich das Kyoto-Protokoll kritisiere. Sicher, es war eine erste globale Konferenz mit dem Ziel, eine Trendwende zu erreichen. Aber schon das Gesamtziel einer Reduktion um 5 Prozent unter das Niveau von 1990 war damals bereits als unzureichend bekannt. Diese 5 Prozent wurden dann in einem Verhandlungsmarathon auf die einzelnen Nationen sehr unterschiedlich aufgeteilt. Zwangsläufig führte der Versuch, allgemeine Zustimmung zu erreichen, zu den merkwürdigsten Ergebnissen, die letztlich für die ausbleibende Trendwende verantwortlich sind. Aus meiner Sicht wäre es erheblich besser gewesen, wenn die Konferenz jedem Staat oder Wirtschaftsblock ein klares und aggressives Reduzierungsziel – bei den Schwellenländern relativiert am Wachstum – vorgegeben hätte, statt eine Akzeptanz und Ratifizierung durch die Regierungen der Mehrheit der teilnehmenden Staaten zu fordern. Man vermutet fast, den widerstrebenden Kräften im Hintergrund war klar, dass damit das offizielle Inkrafttreten dieses Protokolls um Jahre hinausgeschoben werden würde.

Zusätzlich enthält dieses Protokoll drei wesentliche Schwachpunkte:

- Es erlaubte insbesondere den zu starkem Wachstum erwachten Nationen Indien und China, unsere Fehler zu kopieren. Ausdrücklich nimmt das Protokoll von Kyoto diese Staaten aus den Verpflichtungen aus. Das war zu einfach. Man kann doch nicht sagen, wir haben gesündigt, und deshalb dürft auch ihr sündigen. Vielmehr hätten alle denkbaren Anreize und auch erheblicher Druck aufgewandt werden müssen, diese Staaten auf einen energiepolitisch anderen Kurs zu zwingen und das durch Vorbildlichkeit unsererseits zu begleiten. Insbesondere in China als einer vergleichsweise zentral gelenkten Marktwirtschaft wäre der Erfolg durchschlagend und ohne wesentliche Nachteile für die chinesische Nation möglich gewesen, aber auch Indien hätte sich den Herausforderungen besser gestellt. Eine aggressive Entwicklung alternativer Lösungen durch diese intelligenten Nationen hätte ihnen sogar einen zusätzlichen enormen Wettbewerbsvorteil gebracht. So aber wurden diese schon damals sichtlich aufstrebenden Länder aus der Pflicht einer strengen Emissionsdisziplin entlassen. Weder wurden neu gebaute Häuser möglichst gut isoliert, noch wurden sparsame Autos zur Pflicht gemacht oder gar durch Elektroautos und eine Ausweitung des öffentlichen Personennahverkehrs ersetzt. Mehr als ein Jahrzehnt lang wurden dort ernsthafte Anstrengungen versäumt, obwohl die Auswirkungen zur Zeit der Kyoto-Konferenz auch dort schon erschreckend sichtbar wurden. Vor allem der enorme Energieverbrauch der chinesischen Industrie – mehr als die USA und doppelt so viel wie durch den Verkehr – zeigt, mit welcher Umweltverachtung China seine Industrie aufbaute, während hier in Europa die Industrie unter den Auflagen stöhnte und gewaltig investierte
- Zusätzlich erfand man den internationalen Emissionshandel, die Kommerzialisierung der Verpflichtung zur Kohlendioxidmin-

derung. Denkbar und auch sinnvoll ist das für Kraftwerke innerhalb einer Nation mit strengen Vergleichsgrößen und politischer Überwachung. Im internationalen oder gar globalen Raum muss ich diesem Instrument jedoch die Glaubwürdigkeit absprechen. Ausreichend genaue Ermittlungsverfahren sind nicht möglich und die Anreize aus diesem internationalen Geldtransfer für ein zielgerichtetes Investment zu gering, zusätzlich das Ausweichen auf Preiserhöhungen wegen meist starker Monopolstellungen einfach.

- Ebenso schlimm war, dass das Jahr 1990 als Bezugsbasis für die Kohlendioxidreduzierung gewählt wurde und damit die Ostblockländer nicht nur aus allem Maßnahmendruck entlassen wurden, sondern sogar wegen der nach dem Zusammenbruch abgeschalteten Fabriken ihre Quoten von Anfang an übererfüllt hatten und zum Nutznießer dieses Handels werden konnten. Damit wären die USA zu einem riesigen Nettozahler an Russland geworden, ein Ansinnen, bei dem jeder von vornherein wissen musste, dass die amerikanische Regierung allein schon deshalb nicht unterschreiben würde. Diese politische Dummheit lieferte der Bush-Regierung gleichzeitig eine gute Begründung dafür, in den USA nichts zu unternehmen (was übrigens später in einem rechtskräftigen Entscheid vom zuständigen amerikanischen Gericht in oberster Instanz als gesetzeswidrige Unterlassung verurteilt wurde).

Man wird den Verdacht nicht los, dass die nach der Konferenz von Rio eingeschlagene Taktik eine sehr geschickte Hintergrundstrategie der Energiekonzerne war, mit der sie sich bis heute vor Konsequenzen drücken konnten. Es wäre verdammt interessant zu wissen, welche Maßnahmen die Energiekonzerne im Vorfeld der Konferenz von Kyoto getroffen haben, um eine solch zahnlose und wirtschaftsfreundliche Lösung zu erreichen. Leider schweigen alle mir bekannten Quellen dazu. Jedenfalls hatte die Energiewirtschaft ab dann nichts mehr zu fürchten. Der ohnehin geringe Druck war durch den Kauf von Emissionsrechten – womöglich noch aus dem Ostblock – bequem beantwortet, und die Energiekonzerne waren aus dem Schneider. Die Situation wurde noch dadurch verschlimmert, dass sich nun erst recht alle anderen Industrien zunächst von jeder Verpflichtung befreit sahen.

All das passte nicht zusammen. Zwar gab es Messgrößen und Ziele, aber die großen Verschmutzer konnten sich nun mit Geld von ihrer Verpflichtung zur Reduzierung freikaufen. Aus meiner Sicht wäre es – wie gesagt – besser gewesen, auf den internationalen Zertifikatehandel zu verzichten und jeder Nation einen aggressiven Wert vorzugeben und dessen Nichteinhaltung regelmäßig anzuprangern und Handelssanktionen anzudrohen. So wäre es zu einem Wettbewerb der Nationen gekommen. Dagegen Ziele »verbindlich« festzulegen, dann aber nicht auch über Sanktionen bei Zielverfehlung zu sprechen, grenzt an Naivität. Dennoch muss anerkannt werden, dass das Protokoll von Kyoto der erste Anstoß war zu einer weltweiten Übereinkunft, die in ihrer Weiterentwicklung globale Belastungen mit Preisen versehen wird und zugleich Instrumente für den globalen Ausgleich – und damit einen ersten »Weltvertrag« – schaffen kann.

Mit dem Stern-Report dürfte alles nun leichter werden. Denn plötzlich wurde klar, dass der Klimawandel enorme wirtschaftliche Kraft entfalten kann. In unterschiedliche Richtung zwar, denn Stern beschreibt vorsichtig drastisch die enormen Kosten eines weiteren Nichtstuns und dessen Folgen, aber zugleich wird mit dem Bericht deutlich, dass eine Vermeidungsstrategie – also Gegenmaßnahmen – wirtschaftlicher sind. Sie haben enorme Wachstumspotenziale durch die notwendigen neuen Energie- und Effizienzkonzepte, von den Kosten des Schutzes vor den Klimaauswirkungen ganz zu schweigen. Was als volkswirtschaftliche Katastrophe drohte, findet plötzlich in den Köpfen der reinen Wirtschaftler die Antwort der großen kommerziellen Chance.

Dekarbonisierung durch alternative Energien, ja allgemein das Thema Klimaschutz hat plötzlich kommerziellen Rückenwind, die moralische Frage steht nicht mehr allein. Gute Vorzeichen für eine tatkräftige Wende. Aber nun tut Eile not, denn viel Zeit wurde schon versäumt.

Die tragische Schlüsselrolle der USA

Dass die Haltung der USA durch die knappe und umstrittene Wahlniederlage von Al Gore verschärft wurde, ist besonders tragisch. Er hat, was oft übersehen wird, das Kyoto-Protokoll als US-Delegierter zustimmend unterzeichnet. Die rechtliche Anerkennung lag aber natürlich bei den gesetzgebenden Organen. Sicher hätte seine Partei einen Weg gefunden, sich den Reduktionszielen, nicht aber dem für die USA nicht akzeptierbaren globalen Emissionshandel (primär mit Russland) zu unterwerfen. Man stelle sich nur vor, Gore hätte danach mit einem Bruchteil der aus seinem Film sprechenden Leidenschaft das amerikanische Volk und dessen Industrie zu der Einsicht gebracht, dass die USA durch ihre bisherige Energiepolitik nicht nur mit der übrigen Welt brutal umgehen, sondern auch sich selbst gefährden. Jahre früher wäre es zu der inzwischen beginnenden Trendwende in der amerikanischen Energiepolitik gekommen.

Im Sinne nachhaltiger Strategien war der amerikanische Wahlausgang vom November 2000 deshalb ein besonders herber Rückschlag. Zwar ließ sich auch Präsident Bush bereits nach der Ablehnung des Kyoto-Protokolls von Wissenschaftlern vertraulich die Umweltprobleme darstellen, zur Einleitung von drastischen Energiesparmaßnahmen konnte er sich jedoch nicht durchringen. Und nach dem Terroranschlag vom 11. September 2001 kam der nach der Konferenz von Kyoto einsetzende Denkprozess zunächst völlig zum Stillstand. Nun erkennen auch die amerikanische Politik und die Öffentlichkeit allmählich, dass das Ziel der Nachhaltigkeit wirtschaftlich interessant und im Interesse der USA ist. Vieles gerät in Bewegung, die öffentliche Meinung beginnt sich zu ändern. Bedenken in Bezug auf den Klimawandel waren laut einer Erhebung des MIT vom Sommer 2007 erstmals bei über der Hälfte der Befragten das wichtigste Umweltthema.

Ein ökologisches Umschwenken der USA ist besonders schwierig. Der Ressourcenverbrauch ist weltweit der höchste, die Macht der Wirtschaft enorm und das Probleminteresse breiter Teile der Bevölkerung begrenzt. Aber die genannte Erhebung zeigt, dass ein Bürgervotum jetzt einen klaren Auftrag an Regierung und Marktwirtschaft brächte. Nicht nur für die USA selbst wäre eine Kurskorrektur jetzt wichtig, auch die übrige Welt würde von der amerikanischen Innovationskraft, Dynamik und Veränderungsstärke sehr profitieren können. Die Hoffnung auf ein Anwachsen der kritischen Kräfte und die hohe Sozialkompetenz vieler Amerikaner werden sich mit dem internationalen Druck auf die amerikanische Industrie verbinden müssen, um die für die globale Gemeinschaft entscheidenden Prioritäten durchzusetzen. Die richtige Mischung aus Begeisterung für die gute Sache mit dem Willen zum weltweiten Geschäftserfolg könnte auch die Amerikaner in das wachsende Lager derjenigen bringen, die das Ziel nachhaltigen Wirtschaftens verfolgen.

Ohne die USA wird eine nachhaltige Weltwirtschaft nicht möglich sein. Ich liebe vieles an diesem Land: das unternehmerische Denken und Handeln, die Beschäftigungsstärke der Wirtschaft, die Größe, den Hang zum undogmatischen praxisnahen »Ärmelaufkrempeln«. Umso mehr schmerzt es mich, dass die USA seit Jahrzehnten ihr kulturelles Defizit dramatischer Energieverschwendung nicht beseitigt haben, obwohl ich viele Amerikaner kenne, die dieses Problem erkannt haben. Es bleibt die Frage, wie die USA den enormen Imageverfall, den sie aus dieser

Fehlentwicklung (und dem »Kreuzzug« im Irak) erleiden mussten, wieder wettmachen können. Das ist die neue Herausforderung an den amerikanischen Wähler und den nächsten Präsidenten und Vizepräsidenten. Die beste Chance, das amerikanische Image wieder in Ordnung zu bringen, sehe ich darin, einen entschlossenen Kampf gegen den fossilen Brennstoffverbrauch und die Kohlendioxidemissionen zu beginnen.

Allein schon die Sanierung der miserabel isolierten Gebäudesubstanz und der durstigen Autoflotte würde einen enormen wirtschaftlichen Aufschwung nach sich ziehen und der übrigen Welt wesentlich verbesserte Technologien bringen. Würde dies mit der gleichen Begeisterung angegangen, wie die USA seinerzeit das Mondprogramm durchgezogen haben, wäre der große Erfolg garantiert. Es wäre *das* Beispiel, mit dem die USA die Sympathie der Welt wieder erobern könnten.

Die 1. Antwort des Plateau 3: Richtungsvotum

Wie nun das Ganze in Europa angehen? Reichen die heute eingeleiteten Maßnahmen? Ich glaube nicht, ich glaube sogar, sie reichen bei weitem nicht. Denn es ist bisher ein reiner Top-down-Ansatz, also ein Ansatz von oben. Die Politik versucht es mit allgemein definierten Zielen, aber daraus erfolgt keine Veränderung des marktwirtschaftlichen Handelns. Die Ziele bleiben sehr generell, sie werden nicht von den einzelnen Produktgebieten ausgehend von unten aufgebaut und koordiniert. Ohne diesen Bottom-up-Prozess der Meinungsbildung und Koordinierung aber bleibt unklar, welche Branche wie viel beitragen kann und wie diese Maßnahmen zusammenspielen sollen. Sichtbar machen, laufendes Messen und konsequente Einbeziehung der Bürgerschaft bleiben zusätzlich außen vor.

Die Situation braucht dringend Druck und eindeutigen Rückhalt aus der Gemeinschaft. Die Klärung in einem Bürgervotum wäre der beste Anfang eines neuen Weges. Also die Beantwortung der Frage durch uns alle, wie rasch wir der Erwärmung begegnen wollen. Erläuterung und Fragestellung könnten wie folgt sein:

> Die wissenschaftliche Empfehlung ist eine Begrenzung des weltweiten Temperaturanstiegs um maximal 2 Grad. Das bedeutet eine sofort beginnende Kohlendioxidabsenkung
>
> um 20 Prozent bis 2020,
> um 50 Prozent bis 2035 und
> um 80 Prozent bis 2050.
>
> *Unterstützen Sie diese Ziele*: Ja / Nein

Dazu eine profunde Erklärung des Hintergrunds durch den Bürgerrat. In etwa:

- Dieser Temperaturanstieg wird nicht überall gleichmäßig erfolgen, sondern die Extreme unseres Klimageschehens in nicht exakt vorhersagbarer Weise verstärken. Bereits bei einem Temperaturanstieg von 2 Grad wird es mehr Dürre, mehr Überschwemmungen und mehr Naturkatastrophen geben. Der für Europa klimatisch so wichtige Golfstrom ist bei noch höheren Werten stark gefährdet.

Und zur Erläuterung des Zeitpunkts:

- Die beschriebene Reduzierung scheint mit großen Anstrengungen möglich. Es bedingt sofortige neue Isolier- und Klimatisierungssysteme bei allen Gebäuden, eine strikte Begrenzung auf sparsame Fahrzeuge, den Ausbau regenerativer Energien und viele weitere Maßnahmen zur Energieeinsparung und Effizienzsteigerung.
- Auf viele dieser Maßnahmen ist die Industrie noch nicht vorbereitet, wichtige Technologien sind noch nicht ausreichend entwickelt. Ein sorgsamere Entwicklung und Implementierung könnte mehr Zeit benötigen.

- Vor dem Hintergrund der Gefahren könnte dieser Zeitplan zu spät sein; es könnte sein, dass erhebliche Teile der Weltoberfläche durch die Klimaveränderung mit diesem Fahrplan irreversibel schlechtere Lebensbedingungen haben.

Dies wären sehr grundsätzliche Fragen, die der Zukunftsrat gemeinsam mit Sozialpsychologen, Meteorologen und Technologie-Experten optimal formulieren, besser als hier gezeigt erläutern und begleiten könnte. Die Beantwortung zwingt viele Bürger zum Nachdenken, stärkt ihre Entschlossenheit, Veränderungen auf sich zu nehmen, und gibt die Zielrichtung für Regierungen und Industrie vor. Manche der Stimmberechtigten werden sich nicht beteiligen, aber die allgemeine Begeisterung und Lebendigkeit der Diskussion wird für hohe Beteiligung an solch einem Grundsatzentscheid sorgen.

Die 2. Antwort des Plateau 3 – Koordinierte Industrie

Nehmen wir an, dem Zeitpunkt wird mehrheitlich zugestimmt, also einer Reduktion auf ein Fünftel des heutigen Verbrauchs bis zum Jahre 2050. Das ist in etwa das Doppelte der momentanen Absicht in der Bundesrepublik, also ein sehr aggressives Ziel, das zu erreichen nur mit einem industrieweit abgestimmten Vorgehen denkbar ist, ja es fast zwingend erfordert.

Ein Handlungsvorschlag, der dazu Anfang 2007 vom schwedischen Energiekonzern Vattenfall vorgelegt wurde, umfasst fünf große Bereiche – von Energieerzeugung, Industrie, Transport, Gebäude, Waldwirtschaft bis zur Land- und Abfallwirtschaft – und deutet schon damit an, wie weit man ausgreifen muss. Es wäre also nicht damit getan, zum Beispiel nur den Kohlendioxidausstoß von Automobilen zu reduzieren. Der hohe Energieverbrauch geht durch alle Branchen, und der Treibhauseffekt wird zusätzlich durch weitere Probleme wie Abholzung und – wie zunehmend klar wird – durch Landwirtschaft und deren Erzeugung von Methanol und Lachgas angefacht. Ein breiter branchenspezifischer Steuerungsansatz, der sich der Instrumente der werteorientierten Marktwirtschaft bedient, ist gefordert.

Der im vorletzten Kapitel beschriebene branchenspezifische Ansatz mit teilweiser Selbstorganisation und einem Zukunftsrat ist das Instrument, das jeder Branche in einem harten Dialog die machbaren Einsparungen abringt, die Branche unter Umständen zu bestmöglichen kreativen Lösungen anregt und die neutrale Überwachung der Wirkung der Maßnahmen sicherstellen kann. Branchenspezifisch könnten sich Ziele und Maßnahmen in einer Roadmap niederschlagen, sozusagen in einer Wegbeschreibung notwendiger Entwicklungsschritte, wie sie aus der Halbleiterindustrie bekannt ist. Sie bietet das beste Beispiel für eine Industriekoordinierung ohne Zwang. Bekanntlich werden die Mikroprozessoren unserer Rechner immer schneller, und die Packungsdichte auf den Prozessoren steigt ständig. Diese Industrie folgt dabei seit vier Jahrzehnten einer Zielkurve, die Gordon Moore, der langjährige Chef von Intel, einmal vorgegeben hat: Alle zwei Jahre erfolgt eine Verdopplung der Packungsdichte auf den Chips und damit doppelte Rechnergeschwindigkeit und halbierte Kosten – von 24 MHz vor mehr als einem Jahrzehnt über 256 MHz vor knapp zehn Jahren auf heute 2 bis 4 GHz. Dieser kontinuierliche Fortschritt lässt sich auf eine Vielzahl von Einzelmaßnahmen diverser Industriezweige, die hieran beteiligt sind, herunterbrechen. Die Halbleiterindustrie ist, wenn auch nicht so sichtbar, inklusive ihrer Zulieferer heute weltweit größer ist als die Automobilindustrie. Es sind rund 1200 Firmen, die ihre Entwicklungsanstrengungen an der sogenannten ITRS Roadmap, der internationalen Technologie-Roadmap für Halbleiter, ausrichten.

Diese Industrie unterhält einen starken Fachverband, die Semiconductor-Equipment Manufacturers Industry Association, kurz SEMI genannt, und eine Koordinierungsstelle SEMATECH, die ursprünglich mit Regierungshilfe gestartet wurde, aber heute allein von der Industrie finanziert wird. Dieses Technologie-Institut greift die Fortschritte der einzelnen Branchen auf, definiert die langfristigen Ziele bis zu einem Horizont von fünfzehn Jahren und gibt Hinweise auf notwendige Entwicklungen und Prioritäten. Keiner ist gezwungen, dem zu folgen. Aber dennoch weicht keines der Unternehmen wirklich ab, alle orientieren sich an diesen Vorgaben, stellen Produkte und Markteinführungen darauf ab und folgen damit der vom Zentralverband vorgegebenen Ziellinie. So wurde Ihr Computer immer schneller und damit leistungsfähiger.

Die Roadmap ist im Grunde eine einfache Ziellinie, die aber Hunderte komplexer Technologien verknüpfen muss, damit sie ein Erfolg werden kann. Materialwissenschaften, Laser, Beschichtungen, Software, Messmethoden, optische und mechanische Präzision, alles muss dafür zusammenspielen, damit die Strukturen von Mikrochips immer komplexer besetzt werden können. Eine der Leittechnologien für diese Entwicklung ist die Optik für den typografischen Herstellungsprozess der feinen Strukturen. Der Weltmarktführer für diese Optiken wurde Carl Zeiss während meiner Zeit als Vorstandsvorsitzender, was mir viel Einblick in diesen erstaunlichen Vorgang konsequenter Industriekoordinierung gab.

Auch für das Erreichen der Klimaziele müssten in jeder der beteiligten Branchen Hunderte von Schlüsseltechnologien zusammenspielen, um eine aggressive Reduktion um zum Beispiel 80 Prozent bis zum Jahre 2050 erreichen zu können. Der Zielpunkt einer Klimaschutzroadmap ist damit definiert, die Herausforderung besteht nun im Herunterbrechen der Maßnahmen auf die beteiligten Branchen. Zeitpunkt und Beitrag jeder Maßnahme müssen klar werden. Aus den Diskussionen und Erwartungen der

Fachkräfte ergeben sich das Potenzial und die ungefähre Aufteilung der Aufgaben für die einzelnen Produktgebiete. Jede Branche erarbeitet daraus ihre Roadmap, also Art und Zeitstrecke der Maßnahmen, klärt technologische Voraussetzungen und verfolgt die Fortschritte. Jede Automobilfirma und ihre Zulieferer sehen zum Beispiel, welche Reduzierung sie zur Wettbewerbsfähigkeit erreichen muss – sie kann damit den Flottenverbrauch einer zukünftigen Modelllinie festlegen. Schafft sie die Reduzierung nicht, werden öffentlicher Druck und Käuferflucht wirtschaftliche Nachteile zur Folge haben. Der Zukunftsrat der Branche begleitet die Planung und regt kreative und mutige Lösungen an, die sich eine zögernde Industrie selbst nicht zutraut. Das gilt auch für alle anderen Branchen, alle können so stärker gefordert werden. Unverändert ergänzt werden müssen Produkt- und Marktauftritt durch den Einsatz üblicher marktwirtschaftlicher Instrumente wie verursachungskorrelierter Besteuerung und Abgaben und Pönalen sowie steuerlichen Anreizen und Subventionen. Auch dazu dürfte jeder Zukunftsrat reichlich Vorschläge entwickeln.

Der große Plan

Die Summe der Pläne der einzelnen Branchen ergibt einen Gesamtplan, der das Veränderungspotenzial und die Geschwindigkeit beurteilen lässt. Die industrieweite Koordinierung der Halbleiterindustrie ist das Vorbild. Mir scheint allerdings unwahrscheinlich, dass dies von Anfang an in allen Branchen als globale Aktion – ähnlich wie in der Halbleiterindustrie – gelingen kann. Wahrscheinlicher ist, dass sich für Europa, die USA und Fernost separate Pläne entwickeln. Gelingt es aber in allen diesen Industrieregionen, so kann sich aus diesen Maßnahmen der Wirtschaftsblöcke dann der »Große Plan«, also die Addition aller Trends zu einer Gesamtschau, zur übergeordneten Roadmap formieren. Dies ist eine ideale Aufgabenstellung für eine UN-Initiative, die aus dem IPCC-Programm zu entwickeln wäre und dann den Weg für einen geordneten Ausstieg aus der Kohlendioxidverirrung weisen könnte. Die Aufgabe ist enorm, deshalb ein Blick in einige Schlüsselbranchen, der zeigt, dass es zwar keine einfachen, aber immerhin gut vorhersehbare Antworten gibt.

Mobilität

Das Auto als »Lieblingsspielzeug« scheint die Öffentlichkeit am meisten zu beschäftigen. Es gibt uns Freiheit in Raum und Zeit. Wegen der konsequenten Emotionalisierung von Geschwindigkeit und Pferdestärken, der vermeintlichen »Sportlichkeit«, hat die Automobilbranche ihren marktwirtschaftlich zwingenden Auftrag verfehlt, energieeffiziente Automobile zu entwickeln. Nun wird mancher hoffen, dass die fossilen Brennstoffe einfach durch Biomasse und Wasserstoff ersetzt werden können und ansonsten alles beim Alten bleibt. Das halte ich für einen fundamentalen Trugschluss, alles wird sich ändern müssen, nicht zuletzt unsere Mobilitätsgewohnheiten. Entsprechend wird es keine einfache Antwort geben können, und die Zukunft wird aus unterschiedlichen, spezialisierten Lösungen bestehen. Die Verdrängungsgeschwindigkeit der Liebe zu Pferdestärken und Geschwindigkeit wird wesentlich davon abhängen, wie schnell die Pflicht zur Nachhaltigkeit als »Kult«, als stolzes Zeichen der Verantwortung, unser Handeln durchdringt. Sobald PS-Angeber so wie Raucher ausgegrenzt werden und die Kohlendioxidminimierung zum wichtigsten Faktor bei der Vermarktung und bei der Kaufentscheidung wird, dürften sich Marktauftritte und das Produktangebot ganz von selbst verändern.

Wollen wir einmal träumen?

Wir sind im Jahr 1998. Der Zukunftsrat des Automobilverbandes Deutschland hatte Vorstand und Geschäftsführung nach der

Kyoto-Konferenz überzeugt, dass die Klimaveränderungen ein erhebliches Risiko für die momentane Marketingrichtung der »Sportlichkeit« bedeuten könnten und eine schwindende Attraktivität im Rahmen des Möglichen läge. Er schlägt vor, in die Initiative zu gehen.

Die Automobilfirmen forcieren daraufhin die neue sparsame Dieseltechnik und den Hybridantrieb und vermarkten sie mit dem auf allen diesen Fahrzeugen sichtbaren »grünen Band der Verantwortung« als eher höherpreisige Fahrzeuge mit Designanspruch, Komfort und guter Ausstattung. Vor allem die jüngere Kundschaft springt trotz der Preisdifferenz größtenteils an, die ältere Kundschaft fühlt die Ausgrenzung und folgt. Die typischen Verbrauchszahlen der Verkäufe sinken auf 3–6 Liter/100 Kilometer, fast eine Halbierung der früheren Werte zwischen 6 und 12 Liter. Die Kunden der meisten anderen Industrieländer und ein Teil der USA-Kundschaft folgen, die deutschen Firmen erleben einen kräftigen Wachstumsschub, kehren zu normalen Arbeitszeiten und Vollbeschäftigung zurück und stellen zusätzlich erheblich mehr Ingenieure und Fachkräfte ein.

Ein Traum? Nun, es hätte so kommen können. Ohne externen Druck, nur auf die kurzfristig denkenden Mitglieder hörend, aber hatte der Verband primär die Pläne einer Reduzierung der Höchstgeschwindigkeit blockiert mit dem Argument, die Verbrauchsersparnis betrage nur 0,6 Prozent und sei im Export wichtig als Differenzierung für die deutsche Industrie durch für hohe Geschwindigkeiten gebaute Fahrzeuge. Ein weniger erfolgreicher, aber riskanterer Weg. Denn diese Designphilosophie kann in den nächsten Jahren rasch zum Abseits werden. Nirgends sonst sind noch uneingeschränkte Autobahn-Geschwindigkeiten zulässig, die Verbrauchsreduzierung könnte stärkstes Verkaufsargument werden, die für hohe Geschwindigkeiten gebauten Fahrzeuge sind zu schwer und die besser vorbereiteten Japaner holen kräftig Marktanteile. In Deutschland werden wieder Arbeitsplätze abgebaut. Das eine ist ein Traum, das andere Szenario (noch) nicht volle Schreckenswirklichkeit. Aber Weitblick von extern ist oft leichter, das Unterbewusstsein ist frei von den enormen Mühen und Vorleistungskosten einer Marktumstellung.

Parallel zu solchen Fragen des Automobildesigns werden sich andere fundamentale Änderungen bei Kraftstoffen und Energiespeicherung vollziehen. Mein Glaube an Biokraftstoffe ist dabei sehr begrenzt, da ihre Erzeugung viele problematische Nebeneffekte hat. Die Umwidmung von Waldflächen, Überdüngung, Raubbau der Wälder in Dritte-Welt-Ländern und unerwünschte Verknappungen von Grundnahrungsmitteln wie Mais und Reis in Entwicklungsländern stellen zu große Gefahren dar. Mehrere Studien, darunter eine der OECD, haben vor allem bei der üblichen Kunstdünger-Verwendung eine miserable Klimabilanz aufgezeigt – nicht nur wegen des Energieverbrauchs bei der Herstellung, sondern vor allem auch wegen der entweichenden Stickoxide, die hundertmal klimaschädlicher sind als Kohlendioxid. Gemäß Arbeiten des Nobelpreisträgers Paul J. Crutzen wäre zum Beispiel bei Raps und Mais der durch den für das schnelle Wachstum notwendigen Kunstdünger erzeugte negative Klimaeffekt des Biosprits 1,7-mal höher als bei fossilem Brennstoff! Dennoch scheint mir erstrebenswert, einen Teil des Energiebedarfs durch Biokraftstoff mit vorsichtigem Düngeeinsatz abzudecken, auch weil der Anbau dieser Pflanzen eine willkommene Nutzung mancher sonst brachliegender ländlicher Bereiche darstellt. Es ist die beste Form, Sonnenenergie einzufangen, und wirkt deshalb gerade in sonnenreichen Gegenden. Ethanol aus Zuckerrohr zum Beispiel ist auch in der Gesamtbilanz deutlich besser als klassischer Brennstoff, natürlich nur, wenn man dazu nicht den Regenwald abholzt. Für eine völlige Substitution unserer fossilen Kraftstoffe taugen Biokraftstoffe jedenfalls nicht, ebenso wenig wie übrigens Wasserstoff dazu geeignet wäre.

Für letzteren existiert bisher keine Herstellungsmethode, die eine akzeptable Energiegesamtbilanz aufweisen würde. Auch sonst bezweifle ich, dass die übrigen Probleme der Wasserstofflagerung und der Versorgungsstruktur eine wirkliche Lösung für den klassischen PKW ergeben. Vorstellbar scheint mir die Eignung von Wasserstoff immerhin für Teile des lokalen Schwerlastverkehrs, also Busse und Lokaltransporte, da in städtischen Großräumen leichter flächendeckende Versorgungsstrukturen unterhalten werden können und die tägliche hohe Nutzung andere Nachteile, wie zum Beispiel die zeitlich begrenzte Lagerung, überspielt.

Die interessanteste Entwicklung ist aus meiner Sicht das Hybridfahrzeug, obwohl es wegen der aufwendig duplizierten Antriebsmechanismen einer fraglichen Energiegesamtbilanz gegenübersteht. Aber die mit Elektrotechnik leicht zu realisierenden hohen Beschleunigungswerte, also die damit überraschende »Sportlichkeit«, überzeugten zusätzlich zum besseren Verbrauch im Kurzstreckenverkehr. Ich sehe es aber mehr als eine Vorstufe zu reinen Elektrofahrzeugen, denen ich die primäre Zukunft im Nahverkehr gebe. Denn einer der noch zu wenig beachteten Bereiche ist die Entwicklung von modernen Batterien auf Basis der Lithium-Ionen- und Lithium-Polymer-Techniken als Energiespeicher. Von Mobiltelefonen und Laptops gut bekannt, zeichnen sich inzwischen auch großvolumige Einsätze zum Beispiel im Automobil ab, wiegen diese Batterien doch nur einen Bruchteil der bisherigen Autobatterien. Entsprechend prophezeie ich den Elektrofahrzeugen eine viel größere Rolle als bisher vermutet, wobei ich neugierig bin, wie die staatlichen Stellen die Systemfragen der innerstädtischen Aufladung lösen werden oder ob sie sich um diese hilfreiche Systemunterstützung drücken. In Japan jedenfalls gibt es bereits sehr leistungsfähige Elektrofahrzeuge mit Reichweiten von einigen 100 Kilometern, besonders in Großstädten sind sie sehr populär. Vielleicht folgt eines Tages sogar die Brennstoffzelle als elektrische Energiequelle.

Diese Trends deuten auf eine stärkere Spezialisierung der Fahrzeuge und Antriebsenergien hin: Elektrofahrzeuge für den Stadtbeziehungsweise Nahverkehr, teils auch als Motorroller und Fahrradderivat, klassischere Lösungen dagegen für die langen Strecken und Busse und Lastverkehr mit Wasserstoff. Parallel dazu werden enorme Anstrengungen notwendig sein, um alle Fahrzeuge durch Gewichts- und Volumenreduktion sparsamer zu machen. Das Drei-Liter-Auto zum Beispiel wird überraschend schnell Realität werden, denn zahlreiche Voraussetzungen liegen bereits vor. Es setzt eine rasche Weiterentwicklung geeigneter leichter Materialien und der zugehörigen Konstruktions-Software voraus. Aluminium ist zwar leicht, seine Herstellung aber mit hohem Energieaufwand verbunden. Die trotz des niedrigeren Gewichts ungewöhnliche Festigkeit und Elastizität von Karbonfaser-Verbundstoffen scheinen mir auch im Karosseriebau für Kraftfahrzeuge überlegen, nicht nur bei der Formel 1 und im modernen Flugzeugbau. Hinzu kommen die enormen Anstrengungen bei der Steuerungselektronik und auf dem Gebiet der Simulationssoftware, wo immer es um optimale Energienutzung geht.

Insgesamt handelt es sich um Spitzentechniken, die unterstreichen, in welch unterschiedlichen Branchen die Schlacht um energiesparende Mobilität heute geschlagen wird. Ein voller Sieg wird es allerdings nur, wenn die dann rasch veralteten Fahrzeuge heutiger Bauart verschrottet werden und nicht noch Jahrzehnte in Schwellenländern ihre Abgase in die Luft blasen. Wieder zeigt sich, wie schwierig hier ein politisch ausgewogener Umgang mit in Summe erheblichen Vermögenswerten sein kann. Ist eine Verschrottung heutiger Spritfresser also nach zehn bis zwölf Jahren vertretbar, durchsetzbar, oder verschwinden die meisten in Ländern, die sich solchen Maßnahmen nicht anschließen wollen?

Parallel zum Umbau der Automobilbranche kommt es zu einer Renaissance der öffentlichen Verkehrsmittel. Im Nachhinein ist es als tragisch zu sehen, wie mit dem Aufkommen des Automobils in den 1930er Jahren die systembezogene Weiterentwicklung des schienengebundenen Verkehrs beendet wurde. Noch heute fahren wir auf dem vor über 100 Jahren definierten Schienensystem mit schweren Waggons und langen Zügen. Mangels staatlicher Entschlossenheit und Systemkompatibilität blieben leisere und effizientere Systeme wie zum Beispiel die Magnetschwebesysteme in der ersten Generation der Züge stecken. Da es, um solche Alternativen zu entwickeln, aber jahrzehntelanger Begleitung durch den Staat bedarf, bleibt jetzt nur die Verbesserung der Bahnsysteme auf Basis der traditionellen Eisenschienen. Auch für den Nahverkehr sind bessere Lösungen denkbar – vom Gemeindetaxi bis zum bedarfsoptimierten Kleinbus, von Kapazitätsoptimierung durch Internetnutzung bis zu neuen Standardisierungen für Kleincontainer und neuen Wegen zur Vermeidung allzu großer Leerfahrten.

Ein Gebiet mit hoher Sensitivität ist die Reiselust, privat wie auch beruflich. Ohne zurzeit schon ernst zu nehmende Alternativen für die Antriebe im Flugverkehr hilft hier nur disziplinierte Vermeidung, Erschließung von Alternativen wie nahe liegende Urlaubsziele und beruflich oft ausreichende Videokonferenzen und eine international hohe Kohlendioxidbesteuerung. Über allen Transportleistungen, auch von Waren, muss der Ruf nach einer gewaltigen Verteuerung stehen. Lokale Produkte und die lokale Weiterverarbeitung müssen sich einen Teil ihrer Bedeutung zurückerobern. Dazu gehören nicht nur die Landwirtschaft und Ernährung, auch der lokale Tourismus, die Attraktivität der ländlichen und Erholungsgebiete, der Radtouren, der Wanderwege und der örtlichen Badestrände. Kaum ein anderes Beispiel als unser Drang nach Mobilität zeigt, wie sehr eine Kehrtwende alle technologischen und öffentlichen Gestaltungsbereiche durchdringen muss.

Denkanstöße – die Zukunftsräte der Branchen machen Druck

Entscheidend wird sein, dass in jeder Branche ein Dialog der Fachleute mit Externen – also deren Zukunftsrat – über den Dekarbonsierungsbeitrag in Gang kommt. Aus externen Forderungen und Vorschlägen werden sich Einsicht und neue, kreativere Handlungsalternativen entwickeln. Daraus können sich zunächst die Roadmap und die übergeordnete Zielsetzung beziehungsweise ein Gesamtprogramm formen. Fortlaufende Messung des Erfolgs und öffentliche Transparenz müssen Begleiter sein. Das führt zur Hervorhebung von Maßnahmen und von Erfolgen, die bewundert werden können und die den ethikbewussten Investoren und Kunden positive Hinweise geben. Wie Kyoto einen Wettbewerb der Nationen hätte anstoßen sollen, so kann heute ein Wettbewerb der Branchen und der Unternehmen initiiert werden.

»Alternative energies? This is not our business, we are an oil and gas company!«, hatte der scheidende Exxon-Chef Lee Raymond noch 2006 auf die Frage eines Journalisten geantwortet, was Exxon für die regenerativen Energien tue. Es ist eines der drastischsten Beispiele für ein totales Versagen der Aufsichtsgremien – nicht nur die Antwort Raymonds an sich war schlimm, schlimmer war, dass dieser CEO nach zwanzigjähriger Tätigkeit mit einem rekordverdächtigen Abschiedsbonus von etwa 400 Mio. US-Dollar aus dem Amt schied. Hier hatte nicht nur der Zukunftsrat gefehlt, der Aufsichtsrat und Vorstand die Hölle hätte heißmachen müssen, hier hat die Aufsicht insgesamt versagt. Und auch eine Negativreaktion der Kunden wäre angebracht gewesen. Später stellte sich auch noch heraus, dass Raymond Millionen ausgeben ließ, um »Unsicherheit über die globale Erwärmung« herzustellen, und zwar durch gezielt lancierte Pressekampagnen und Gegengutachten – also eine Meinungsmanipulation schlimmsten Ausmaßes. Auch sein Nachfolger stieß in das gleiche

Horn. So setzten Exxon und dessen Führung wiederholt ein Fanal seiner totalen Inkompetenz bei der »Corporate Social Responsibility«, erwirtschaftete Maximalgewinne und scherte sich um gesellschaftliche Verantwortung einen Teufel. Wie viele andere, aber keineswegs alle Führungskräfte von Ölgesellschaften.

Alles beginnt bei der Auswahl und Lenkung der Führungskräfte. Ein Zukunftsrat muss schon beim Anforderungsprofil seine Stimme erheben und außerdem dafür sorgen, dass die Bonus- und Vergütungsregeln für die Führungskräfte auf die neuen Ziele ausgerichtet werden, also auf Energieersparnis, Förderung alternativer Energien, CSR im Allgemeinen und die Erfüllung der branchenspezifischen ethischen Pflichten im Besonderen. Bei erfolgsabhängigen Tantiemen kommt es erst in zweiter Linie auf die absolute Höhe an, in erster Linie erzeugt es eine immer präsente Handlungsvorgabe, die sogar das Unterbewusstsein täglich in die richtige Richtung drängt.

Eine klare Aufgabenstellung und richtige Motivation durchzusetzen, diese Herausforderung zieht sich entsprechend durch alle Branchen. Sie gilt für den Architekten, dessen Interesse nicht große Gebäudeflächen und hohe Bausummen sein dürfen, sondern die Optimierung von Nutzflächen, die Minimierung von Bauvolumina und Energieverbrauch. Sie gilt für den Chef des Automobilkonzerns, dessen Flottenpolitik sich nicht daran orientieren darf, dass die PS maximiert werden, und endet beim Verkäufer, der bei der Verkaufsargumentation nicht mehr primär auf diesen Aspekt hinweist. Entsprechend klug gesetzte Anreizsysteme bilden die Orientierungsmotivation für das tägliche Handeln im Sinne der gesetzten Ziele.

Noch läuft es anders. Nach dem Entscheid der EU-Kommission, für PKWs einen Durchschnittsausstoß von 130 Gramm Kohlendioxid pro Kilometer – entsprechend 5 bis 6 Liter pro 100 km – vorzugeben, wollte einer meiner Vettern seinen Autokauf danach ausrichten und ging zum größten deutschen Hersteller. Dort versuchte der Verkäufer sofort, ihn von den vielen Nachteilen so niedrigen Verbrauchs zu überzeugen, und schwärmte von den Vorteilen von Newtonmeter, PS, Platz und Sicherheit. Sein Vorschlag für diese fünfköpfige Familie war ein Fahrzeug mit 170 Gramm Kohlendioxidausstoß pro Kilometer. Die Antwort meines Vetters war der Kauf eines Fahrzeugs beim größten japanischen Konkurrenten mit 109 Gramm pro Kilometer und einem knapperen Platzangebot – ein Auto, das für die seltenen Ausflüge mit seinen drei Jugendlichen völlig ausreicht. Der Verkäufer war noch den alten Grundsätzen verpflichtet und wollte den Umsatz ohne Rücksicht auf Nachhaltigkeitsziele und Käufermotivation maximieren. Derselbe Konzern hatte mit seinem Drei-Liter-Lupo als sparsamstem deutschen Fahrzeug ein Fiasko erlebt – mit 30 000 verkauften Exemplaren in sechs Jahren. Ohne Einfallsreichtum vermarktet, wurde es trotz des weitsichtigen Entwicklungsauftrags des Vorstands ein Misserfolg. Die Marketingexperten hatten ihre Hausaufgaben nicht gemacht und dem Fahrzeug nicht den Appeal der Avantgarde verliehen und die Verkaufsmannschaft nicht ausreichend motiviert. Durch einen kompetenten Zukunftsrat lässt sich das schon im Ansatz vermeiden. Er bringt die notwendige andere Blickrichtung und kann helfen, den wirtschaftlichen Erfolg als Trendsetter durch frühen Marktanteil zu sichern. Vielleicht war den Marketingstrategen beim Nachfolgemodell des Lupo, dem Polo Blue Motion, klar geworden, dass auf Dauer die Kohlendioxidminimierung verlangt wird und wenig Verbrauch nicht »billig« heißen darf. Dieses neue Modell wurde allerdings erst dann vernünftig vermarktet, als die EU begann, mit ihrer neuen Richtlinie Druck zu machen: eben 120, maximal 130 Gramm Kohlendioxid pro Kilometer. Dieser Polo gibt in der kleinsten Version, die im Sommer 2007 angekündigt wurde, nun 119 Gramm Kohlendioxid pro Kilometer ab – ein Wert, der nun hoffentlich Jahr für Jahr unterboten wird. Die dazu für 2010 angekündigte Nachfolgereihe verspricht es zumindest.

Es muss immer klar sein, dass Energieeffizienz nicht billig ist. Im Gegenteil, Energieeffizienz macht das Produkt zwangsläufig teurer. Da unsere Produkte ohne Rücksicht auf Energiepreise kostenoptimiert sind, ist jede technische Lösung, die die Energieeffizienz berücksichtigt, teurer. Ob es leichtere Materialien, bessere Steuerung oder komplexere Antriebe wie Hybridmotoren sind, sie erhöhen die Kosten des Produkts gegenüber der jetzigen »kostengünstigsten« Lösung. Vor allem bei erhöhten Energiepreisen kann sich das auf die Lebenszeit des Produkts dennoch durchaus rechnen. Die Wirkung der Energiekosten ist allerdings geringer als oft gemutmaßt. Ökosteuer und Ölpreisanstieg haben das überdeutlich gezeigt. Preise und Kosten folgen beim Thema Energie einem recht komplexen Zusammenhang. Wer hätte gedacht, dass die in den letzten Jahren so enorm gestiegenen Ölpreise auf die Kohlendioxidemission kaum Auswirkung haben würden. Der Kunde macht meist keine Lebenszeit-Kostenrechnung für ein Produkt, ihn interessiert zunächst nur der Anschaffungspreis. Natürlich helfen höhere Preise der Energie, auch regenerative Energieformen und Effizienz wettbewerbsfähiger zu machen, aber als einzige Antwort reichen sie niemals. Energie ist fast immer ein nur kleiner Teil der Gesamtkosten, und deshalb ist die Preisempfindlichkeit des Energieverbrauchs viel kleiner, als die oberflächliche Theorie vermuten lässt. Wer allein mit Preisgestaltung etwas erreichen will, hat den ersten Trugschluss schon gezogen. Wobei langfristig sowieso klar ist, dass das Problem über den Preis für Kraftstoffe allein nicht zu regeln ist. Denn wenn der Verbrauch einmal zurückgeht, sinken die Preise für Benzin und Öl, der Verbrauch würde erneut ansteigen.

Andere Regelungsmechanismen außer Hochpreis- und Steuerpolitik sind unvermeidlich, insbesondere auch Normen und Verbote. Wieso sollte die oben erwähnte neue Vorgabe der EU für den mittleren Ausstoß von 130 Gramm pro Kilometer jetzt plötzlich für sich allein ein Erfolg werden, wenn dieselbe Industrie gerade die eigene Vorgabe aus dem Jahr 2001 von 180 Gramm pro Kilometer verfehlt hat? Zusätzlich zur Roadmap werden Normen und Verbote notwendig sein, die ebenfalls oft durch den Zukunftsrat als den neutraleren Berater für eine Branche initiiert werden können. Es ist seit Jahrzehnten üblich, Sicherheitsstandards durch Normen industrieweit festzulegen. Das funktioniert in Teilaspekten auch ohne staatlichen Eingriff. Dieses Instrument wirkt natürlich bei der Dekarbonisierung erst recht. Es könnte zum Beispiel so weit gehen, dass PKWs mit einem Kohlendioxidausstoß von mehr als 160 Gramm pro Kilometer nicht mehr gebaut werden dürfen.

Als Begleiterscheinung einer funktionierenden Norm sind Komponenten wie Abwärmenutzung oder Verbraucherzuschaltung, sind Luftwiderstands-Maxima, einheitliche Messzahlen und Zustandsanzeigen für Effektivität und auch Erfolgskontrolle hilfreich. Zur Pflicht, die Konkurrenznachteile verhindert, wird eine Norm allerdings nur durch die Begleitung durch den Gesetzgeber. Ohne staatliche Stützung ist das Ringen der Firmen um die geringsten Änderungskosten, Vertriebsnachteile und Zeitstrecken die übliche verlangsamende Prozedur jedes Normenausschusses. Dieser muss es eben allen Mitgliedern recht machen …

Für die großen Systemfragen käme dem Staat und dem internationalen Staatenverbund sogar die letztlich entscheidende Rolle zu, die er bisher leider kaum wahrnimmt. Ein globales System wie die Schiene oder das Stromversorgungsnetz brauchen staatliche Vorgaben. Die großen Themen der Mobilität, der Immobilien, der Energieversorgung brauchen als Teil der Normung staatliche Regeln. Die Frage, welche Schiene, welche Netzspannung, ja selbst welche »Dachziegel« der Solartechnik die Regel sind, ist so grundsätzlich, dass es die Möglichkeiten der Industrie übersteigt. Das setzt bei den ganz großen Themen möglichst weltweite, aber zumindest innerhalb der großen Wirtschaftsblöcke einheitliche staatliche Vorgaben voraus.

Viele Normen sind »nur« Arbeit an Details, deren Summe allerdings oft Erstaunliches bewirkt. Gerade bei Normen und Verboten empfiehlt sich auch für den Zukunftsrat, auf diese »Kleinigkeiten« mit der großen Wirkung zu achten. Sicherlich kennen Sie die Appelle, die Standby-Funktion von Haushaltsgeräten, also die ständig am Netz hängenden drahtlosen Telefone, die Fernbedienung der Fernseher usw. zu deaktivieren. Denn sie verbrauchen mit ihrem Transformator, der die Niederspannung für die Elektronik macht, ständig Energie, geringe Mengen pro Stunde, aber ständig, Tag und Nacht. Allein in Deutschland entspricht dieser Verbrauch der Leistung von etlichen Großkraftwerken. Es gäbe viel effizientere Lösungen, aber sie kosten ein paar Euro mehr. Aus meiner Sicht sind das typische Beispiele für Verbote. Es ist doch kein Thema, den Großteil der ständig am Stromnetz hängenden Standby-Bequemlichkeiten einfach zu verbieten. Rasch gibt es dann am Markt andere Lösungen, und PCs, Fernseher und Drahtlostelefone ändern sich so, dass in jedem Land mehrere Großkraftwerke eingespart werden können.

Zurück zur Motivation: Die Anerkennung des guten Beispiels durch Sichtbarkeit bleibt entscheidend. Warum sollte eine TÜV-Plakette nur das Datum zeigen, wenn sie sich genauso zur weithin sichtbaren Automobilklassifizierung eignet, oder warum sollte der erwähnte grüne Streifen auf dem Nummernschild besonders effizienter Automobile nicht zur Visitenkarte des Eigentümers werden können? Wenn nicht alle Häuser, unsere Autos, große und kleine Produkte und alle Firmen durch gut sichtbare Klassifizierung, durch Plaketten und Symbole als vorbildlich oder als Umweltsünder eingestuft sind, wird der Weg zum Erfolg deutlich länger. Die Eigenheimklassifizierung am Klingelschild – da höre ich schon die Bedenken zum Datenschutz und zur unverletzlichen Individualsphäre, aber das sind letztlich die Argumente, welche die kleinen Sünden im Anonymen ermöglichen.

All das sind Denkanstöße für die praktische Arbeit eines Zukunftsrates und keine ausdiskutierten Dogmen. Es geht nicht nur darum, die langfristige Vision einer neuen Technologie in einer Roadmap zu definieren, sondern zugleich durch liebevolle Kleinarbeit all die zusätzlichen Möglichkeiten für umwelt- und gemeinschaftskorrektes Handeln auszuschöpfen – und Widerstände durch Motivation, Überzeugungsarbeit und öffentlichen Druck zu brechen. Es ist kein kleiner Job, und er zieht sich durch alle Branchen!

Immobilien – die böse Überraschung

Immobilien sind das andere große Thema unseres komfortablen Energiehungers. Auch hier steht am Anfang die Frage der richtigen Motivation. Die erwähnten Architektenhonorare orientieren sich meist an den Auftragswerten. Klar, dass dies dann Größe und Energieeinsatz steigert und umsatzfreundlich ist, ohne zugleich den Nutzen zu mehren. Richtiger wäre die Orientierung an der späteren Energieeffizienz des Gebäudes und dem Energieaufwand beim Bau und gegebenenfalls auch beim Abriss. Ich habe bei Großbauten, besonders bei Betonfertigbauten, erlebt, welch ungeheure Mengen von Masse mit Tausenden von LKW-Ladungen transportiert werden müssen, noch dazu oft über enorme Entfernungen, weil dort der billigste Anbieter war. Einer unserer Bürobauten der Siemens Medizintechnik in Erlangen mit einer Nutzfläche von circa 30 000 Quadratmetern setzte 440 000 LKW-Kilometer für den Transport der Fertigteile von Hanau nach Erlangen voraus – eine Entfernung von etwa 200 Kilometern.

Oder nehmen wir auch hier die »kleinen« Maßnahmen, die nur geringe Umsätze bringen. Welchen Anbieter interessieren Bewegungsmelder in wenig besuchten Räumen? Wen interessiert ein Luftaustausch mit Wärmekopplung, einer dieser kleinen Ventilatoren mit Wärmetauscher, die beim Luftaustausch den Temperaturausgleich mit der abgesaugten Raumluft ermöglichen und damit das Fensteröffnen unnötig machen, oder wen interessieren die vielen kleinen verbrauchenden Trafos der Klingeln und Sprechanlagen? Aus marktwirtschaftlicher Sicht ist das alles »wertlos«, ohne größeren Umsatz, und die »Promotion« fällt dann auch entsprechend aus.

Eine wichtige Komponente zur Effizienzsteigerung ist für mich als Ingenieur natürlich das elektrische und elektronische Innenleben von Gebäuden mit den enormen Möglichkeiten zur Regelung und systematischen Verbesserung. Ein interessantes Beispiel für eine prinzipielle Systemfrage ist unser Festhalten an der 220-V/50-Hz- beziehungsweise 110-V/60-Hz-Wechselstrom-Versorgung durch Großkonzerne. Elektrische Solarenergie fällt nun aber einmal als Niederspannungs-Gleichstrom an und auch der größte Teil des Verbrauchs in einem Gebäude läuft heute besser über Niedervolt-Gleichspannung, die im Gerät erzeugt wird. Alle Motoren, jede Elektronik und effiziente Beleuchtung funktionieren mit Niedervolt-Gleichspannung. Wirklich wichtig ist unsere gewohnte Wechselspannung nur für die Fernübertragung und Spannungsumrichtung, also für Kraftwerke und deren Energieverteilung. Hausintern wäre der Betrieb all unserer Elektroniken über ein Niederspannungsnetz viel effektiver, und auch Mikrowellenherde und Beleuchtung zum Beispiel mit LED-Technik arbeiten mit Niedervolt-Gleichspannung. Nur die elektrische Herdplatte ist wegen ihrer hohen Ströme für hohe Spannungen dankbar, einer der ineffizientesten Energieverschwender moderner Haushalte. Dennoch, mit einem zum Beispiel auf 42 Volt ausgerichteten Gleichstromsystem und Fotovoltaik-Dächern könnte man erhebliche Einsparungen und weitgehend autarke Lösungen realisieren.

Gebäudevorschriften sind ein politisch heißes Thema. Es ist leicht, Leitlinien für neue Gebäude zu entwickeln, aber es vergehen Jahrzehnte, bis sie tatsächlich einen Effekt haben. Es macht unter Klimaschutzüberlegungen deshalb keinen Sinn, nur bei neuen Gebäuden hohe Isolationswerte vorzuschreiben, vielmehr müssen auch alle schon existierenden Gebäude nachgerüstet werden. Hier kommt es leicht zu Problemen mit der öffentlichen Meinung, dennoch gibt es kein Ausweichen. Deutschland ging dabei – begünstigt durch die Große Koalition – ohne großen Parteienstreit mutig voran. Andere Länder treten auf der Stelle und verweigern den Blick auf die realen Notwendigkeiten. Wenn in Großbritannien, um den EU-Vorgaben zu genügen, jedes siebte Haus abgerissen und neu gebaut werden muss, dann zeigt dies den enormen sozialen und auch mentalen Sprengstoff. Denn es sind dies in diesem Land mit besonders strukturschwachen Gebieten sicher zu nicht unerheblichem Teil die Eigenheime gerade von Angehörigen niederer Einkommensgruppen, oft sicher auch das Heim gerade alter Menschen. Wie man die Lasten und wie die Politik Subventionen und Ausnahmen verteilt, ist im Prinzip eine sekundäre, aber bei dem Umfang in einem Sozialstaat eine äußerst herausfordernde Frage. Solche Problembereiche wird man mit Vorsicht angehen. In wohlhabenderen Regionen mit kalten Wintern oder mit Klimaanlagen für heiße Sommer – wie zum Beispiel in weiten Teilen der USA – wirkt dagegen eine unzureichende Isolierung und damit potenzierter Energieverbrauch als besonders unverantwortliche Gedankenlosigkeit gegenüber der nächsten Generation. Faktum aber bleibt: Dem deutschen Ziel des sogenannten 7-Liter-Hauses, also 7 Liter Heizölverbrauch pro Quadratmeter und Jahr vorzuschreiben, steht ein Altbauverbrauch von 20 bis 100 Liter gegenüber, ein unglaublicher Hebel, aber auch ein unheimlicher Investitionsbedarf bei flächendeckender Sanierung. Aber zumindest in Deutschland soll es durchgezogen werden. Da der tatsächliche Zustand jedes Gebäudes nun mit einem Energiepass unterlegt wird, kann jeder objektiv nachvollziehen, wo er mit seiner Immobilie steht. Aber man könnte noch weiter gehen.

Längst sind Heizungs- und Klimasysteme erfunden, die keine (oder fast keine) fossile Energie benötigen oder praktisch nur mit Sonnenlicht oder Erdwärme betrieben werden können. Für Gegenden mit durchschnittlicher oder starker Sonneneinstrahlung ist das Null-Energie-Einfamilienhaus – oder, wie es die Schweizer nennen, das Minergie-Haus – bereits heute realisiert. Sonnenwärme – die sogenannte Solarthermie – und Fotovoltaik liefern Heiz- und Kühlenergie und Elektroversorgung.

Ein besonders interessanter Aspekt ist die Nutzung der Erdwärme. Schon bei Bohrungen von einigen 10 Meter Tiefe beträgt die Erdtemperatur konstant 11 bis 12 Grad, so dass sich der Einsatz von Wärmepumpen lohnt, die dem Grundwasser Wärme entziehen. Die Erdwärme steigt mit jeweils 200 Meter Tiefe um weitere 10 Grad an und wird damit besonders bei Bohrungen in Tiefen von 3000 bis 5000 Meter interessant, wo wir dann Temperaturen von 150 bis 200 Grad vorfinden und bei geeigneten geologischen Verhältnissen entsprechende Heißwasserschichten. Abgepumpt, kann das bis zu 10 Megawatt Stromleistung produzieren und zusätzlich erhebliche Abwärme für die Wärmefernversorgung liefern. Diese Tiefbohrungen sind nicht billig und nicht immer erfolgreich, aber damit kann eine Kleinstadt mit 10 000 Einwohnern ohne wesentliche Unterstützung von außen mit Elektrizität und Wärme versorgt werden. So zum Beispiel installiert in Unterhaching bei München. Ein Weg, der vor allem bei Tiefbohrungen bis 5000 Meter fast überall auf der Welt zur Verfügung steht.

Im Immobilienbereich sind also zahlreiche technische Möglichkeiten gegeben, um die Höhe der Kohlendioxidemission drastisch zu reduzieren. Dass man sich trotz des vorhersehbaren Energiehungers von China und Indien nicht stark genug gemacht hat, dort von vornherein Mini-Energie-Lösungen für den Hausbau zu propagieren, ist eines der erwähnten traurigen Defizite der Konferenz von Kyoto. Ich erinnere mich an einen Besuch beim MIT, wo man mir stolz für China entwickelte energiesparende

Hauskonstruktionen zeigte, von denen dann auch einige tausend gebaut wurden. Zugleich aber entstanden in China viele Millionen normale, schlecht isolierte Häuser mit konventioneller Heizung und – zumindest in Peking – energiefressender Klimatisierung. Verständlich bei der Eile, die in China zur Verbesserung der miserablen Wohnqualität notwendig war. Aber doch zu kurzsichtig, vor allem wenn man die Möglichkeiten einer Zentralregierung bedenkt.

Dabei ist eine grundsätzliche Systemumstellung des Immobilienbereichs auf regenerative Energien langfristig ein hervorragender Wachstums- und Konjunkturgarant. Vor allem wenn die zwingende Sanierung des Altbestands hinzukommt, ähnelt es einem der langfristigen Wirtschaftstrends, die man Kondratieff-Zyklen nennt und die häufig mit Basisinnovationen im Energiebereich begannen; ob es sich nun um die Erfindung der Dampfmaschine, des Automobils oder die Nutzung der Elektrizität handelte. Nimmt man den bunten Strauß der alternativen Energien und der Effizienzsteigerungen hinzu, kann kein Zweifel bestehen, dass die weitgehende Abkehr von den fossilen Brennstoffen einen enormen Wirtschaftsschub auslösen wird.

Allerdings sind die Vorleistungen erheblich. Die Industrie sieht die Risiken derzeit als noch zu groß an und ist noch nicht bereit, bei der jetzigen Gesetzeslage die Kosten und Risiken für die teure Fertigentwicklung solcher Systeme zu übernehmen. Die großen Firmen scheuen Systemänderungen, und die kleinen können sie nicht finanzieren – eine typische Grenze der »freien« Marktwirtschaft. Es gibt inzwischen vielversprechende technische Vorschläge von renommierten technischen Universitäten. Eine konsequente Finanzierung der Frühphase solcher Projekte wäre daher Aufgabe des Staates, bis sich die aussichtsreichste Lösung herauskristallisiert, die sich dann auch für die Industrie trotz erheblichen Finanzbedarfs für Entwicklung und Markteinführung rechnet. Gerade hier könnte der neutrale Zukunftsrat der Branchenverbände Brücken für die notwendige staatliche Initialzündung dieses wichtigen Zusammenspiels schlagen. Die erheblichen Einnahmen aus Kohlendioxidsteuern müssten für die Förderung der Dekarbonisierung beziehungsweise generell für den Klimaschutz und gegen die Auswirkungen des Klimawandels reichlich finanziellen Spielraum geben.

Kohlendioxidfreie Zentralversorgungen

Auch wenn die dezentralen Lösungen für regenerative Energieerzeugung immer bestechender werden, bleibt dennoch eine Lücke – vor allem für energiehungrige Industrien und Infrastrukturen, deren Bedarf nur mit großtechnischen Lösungen zu decken ist. Ob das nun die sicherheitstechnisch weiter verbesserte Kernkraft ist, bleibt mehr einem ideologischen und emotionalen Streit als der kühlen Abwägung vorbehalten. Vielleicht wird man auch die unter der Bezeichnung Kugelhaufen-Reaktor seit langem bekannte GAU-freie, aber eben teurere Lösung eines Heißwasserreaktors entwickeln. Japan und die USA sowie Südafrika haben dies jedenfalls wieder aufgegriffen. Dieser Typ wäre mit seiner Wasserdampftemperatur von 600 Grad auch für die direkte Wasserstofferzeugung ideal. In jedem Fall empfiehlt sich beim Grübeln über die Kernkraft ein Vergleich mit den Kohlendioxidmengen, die sonst anfallen und exponentiell an der Klimaveränderung mitwirken. Atomkraft ja oder nein, eine typische Frage für ein Bürgervotum, wie es die Österreicher und die Finnen gemacht haben. Denn eine objektiv richtige Antwort gibt es nicht. Energieerzeugung, bei der Kohlendioxid frei wird, oder Kernkraft – beides ist nicht nachhaltig problemfrei. Für mich als Ingenieur ist jedenfalls der sichere Betrieb von Kernkraftwerken unter den Bedingungen, wie wir sie heute in den westlichen Industrieländern haben, bewiesen und das Entsorgungsthema primär ein wirtschaftlicher Aspekt. Eine Einlagerung der (verdichteten) Uranstäbe ohne Aufbereitung am oder unter dem Kraftwerk bleibt immer als mögliche Alternative zur Endlagerung in Salzstöcken, ebenso wie die terrorsichere Bauweise unter der Erdoberfläche in wenig besiedelten Gegenden. Den ursprünglichen Plan, aus Wirtschaftlichkeitsgründen aus den abgebrannten Uranstäben Plutonium zu erzeugen, wird sowieso hoffentlich keiner mehr ernsthaft erwägen. Dazu fehlen inzwischen auch die Folgeentwicklungen des notwendigen »schnellen Plutonium-Brüters«. Aber Uran ohne Wiederaufbereitung – womöglich sogar in GAU-freien Reaktoren – zu verwenden spart Millionen von Tonnen Kohlendioxid und wird damit zur echten Gewissensfrage.

Dabei ist die Kernspaltung natürlich als Brücke für die nächsten vierzig bis fünfzig Jahre gedacht. Denn auch großtechnisch zeichnet sich eine Alternative ab: die Wasserstofffusion, also die Kernverschmelzung in heißen Wasserstoffplasmen, analog zum Energieprozess der Sonne. Diese funktioniert technisch völlig anders als die klassischen Kernkraftwerke, die mit Uran oder Plutonium arbeiten. Die Plasmafusion des Wasserstoffs erzeugt keine langlebige Radioaktivität und kennt keine GAU-Problematik. Aber diese Art der Energieerzeugung erfordert völlig andere Dimensionen und damit eine heute noch ungewohnte Großtechnik, weil die heißen Plasmen große Abstände zu den Wänden und umfangreiche Magnetsysteme benötigen. Die Forschung ist jedoch längst in vollem Gange, die Physik der Realisierung weitestgehend verstanden. In Greifswald und in Frankreich werden die ersten energieerzeugenden Systeme entsprechender Größe gebaut. Allerdings können wir mit aussagefähigen Ergebnissen erst im nächsten Jahrzehnt rechnen. Der Beginn einer darauf aufbauenden großtechnischen Nutzung dieser Energiealternative wird erst in zwanzig Jahren erwartet, und der Aufbau global interessanter Kapazität wird zwei weitere Jahrzehnte dauern. Aber es wäre gerade noch rechtzeitig zum großvolumigen Einsatz von Wasserstoff als mobilem kohlenstofffreien Energieträger. Die Anstrengung lohnt, denn Industrie und öffentlichen Verkehrssysteme werden auch in langer Zukunft auf große Zentralversorgungen mit landesweiten Energiesystemen angewiesen bleiben.

Es ist nicht meine Absicht, hier ein technisch vollständiges Ausstiegsszenario zu entwickeln und ein Kompendium aller Maßnahmen zu bieten. Der Zukunftsrat jeder Branche muss Bescheid wissen und entsprechend zusammengesetzt sein, branchenspezifisch agieren und Druck machen. Er muss sich zum Ziel setzen, seinen maximalen Beitrag zum Ausstieg aus den fossilen Brennstoffen in einigen Jahrzehnten geschafft zu haben. Alle Überlegungen und Maßnahmen werden sich dabei immer an folgender Prioritätenreihenfolge orientieren:

1. Energie sparen
2. Energieeffizienz steigern
3. regenerative Energien dezentral nutzen/beistellen und
4. Kohlendioxidfreie Energielösungen zentral beistellen.

Restmengen von fossiler Energie stellen dabei nur noch einen letzten Ausweg dar. Es ist unmöglich, das alles als Einzelner zu überblicken. Die Antriebsmechanismen für optimiertes Handeln sind der Dreh- und Angelpunkt. Komplexitäten beherrschen, das macht die Stärke einer Marktwirtschaft aus. Wer Einblick hat, ist immer wieder überrascht, wie komplex heute die Entstehung einfachster Produkte ist, was alles dafür zusammenspielen muss. Gerade unter dem Gesichtspunkt der Komplexität überrascht es nicht, dass insbesondere zentral gelenkte sozialistische Systeme besondere Schwierigkeiten mit Umweltthemen hatten. Man denke nur an die DDR und den Sowjetblock, die es mit einer Vielzahl von Sicherheits- und Umweltdefiziten zu tun hatten – ob bei Kernkraft, Chemie oder Landwirtschaft.

Gesamtverbrauch

Nach dem derzeitigen Stand der Wissenschaft liegt die jährliche Kohlendioxidbindung durch Pflanzen und Ozeane bei etwa sieben Tonnen pro Kopf der Bevölkerung in den Industrieländern. In Europa erzeugen wir ungefähr die doppelte, in den USA die dreifache Menge pro Bürger. Das vorrangige Ziel muss also darin bestehen, die Erzeugung möglichst rasch auf diese sieben Tonnen pro Kopf zu beschränken – mit weiter sinkender Tendenz, da auch die Schwellenländer nachziehen werden und sich langfristig auf zwei Tonnen pro Kopf einpendeln muss. Aus meiner Sicht ist es durchaus denkbar, für jeden Bürger beziehungsweise für jeden Haushalt eine Erfassung des fossilen Energieverbrauchs vorzuschreiben. Wie bei der Mehrwertsteuer-Ausweisung wird also bei jedem Bezug von fossiler Energie eine Tonnenerfassung per »Energiekarte« analog zur Kreditkarte Pflicht. Damit weiß jeder, wie viel Kraftstoffe, Heizöle und elektrische Energie auf fossiler Basis er bezogen hat, und kann, sofern er nicht die notwendigen Maßnahmen ergreift, mit Zusatzsteuern und schließlich mit Strafen belegt werden. Das ist zwar unpopulär und bürokratisch, aber wirkungsvoll.

Kohlendioxidbindung – die Fata Morgana

Es gibt immer wieder Vorschläge, das entstehende Kohlendioxid zu binden. Für fossil befeuerte Kraftwerke ist das natürlich ein interessanter Vorschlag, nur gebührt ihm bei genauerem Hinsehen allenfalls eine Nebenrolle. Die Technologie ist noch nicht entwickelt und die Trennung des Kohlendioxids vom restlichen Abgas nur unvollkommen zu erreichen. Schon das zeigt, dass es keine allgemeine Lösung sein kann, um die jährlichen Milliarden von Tonnen merkbar zu reduzieren. Das Gefährliche an diesem

Vorschlag ist, dass er die Hoffnung schürt, es gebe eine Lösung, die uns die Fortsetzung der bisherigen Lebensweise erlaubt. Schon eine einfache Volumenabschätzung des Anteils der Emission von Kohlekraftwerken zeigt, dass auf diesem Wege mit größtem Aufwand in den nächsten Jahrzehnten allenfalls einige Prozent Kohlendioxidemission vermieden werden können.

In die gleiche Rubrik, jedoch noch bedenklicher, gehört die Idee einer amerikanischen Forschergruppe und eines dazu gegründeten Unternehmens, Kohlendioxid im Meer großflächig durch gesteigertes Wachstum von Mikroben oder Algen zu binden. Es basiert auf dem Vorschlag, die Ozeane mit Eisen anzureichern und dadurch das Algenwachstum zu fördern. Der erste »Anreicherungsversuch« durch ein Forschungsschiff im Südpazifik fand Mitte 2007 statt, die Ergebnisse sind umstritten. Es wäre ein Austreiben des Teufels mit dem Beelzebub. Ein Spielen mit einem anderen Risiko, dessen Technikfolgen nicht vorhersehbar sind, ist eine verantwortungslose Alternative, die nur Hoffnung auf den Fortbestand des Karbonzeitalters produziert. Allenfalls in gut begrenzten Gewässerbereichen scheinen mir Anwendungen denkbar.

Solche Maßnahmen sind technologisch vielleicht interessante Ideen mit kleinem Potenzial, ihre psychologische Wirkung ist destruktiv, und ihre realistische Bedeutung ist nur der berühmte Tropfen auf den heißen Stein.

Die Herausforderung ist global

Wir Europäer trauen uns vielleicht zu, Vorreiter zu sein. Aber werden die anderen auch folgen? Realistischerweise muss ich sagen: Wahrscheinlich zunächst nicht, zumindest nicht alle. Und das bedeutet: Wir müssen unsere Marktgröße und Marktmacht nutzen und Nationen, die gegen die Prinzipien der Nachhaltigkeit und Zukunftssicherung verstoßen, mit Sanktionen belegen. Das können nach einer Übergangszeit Importsperren, Schließung der Grenzen für Importe aus derartigen Ländern oder auch politische Ausgrenzungen und Einreiseverbote sein. Schließlich hat es jede Nation selbst in der Hand, diesen Auswirkungen rechtzeitig vorzubeugen und ihren Beitrag zum Ausstieg aus den fossilen Brennstoffen und zur Klimawende zu leisten, denn Ausnahmen gefährden alle. Die UN sind als Vermittler angetreten, aber WTO und Weltbank sind bei der Durchsetzung genauso gefordert.

Zusammenfassend: Jede Branche wird komplexer, die marktwirtschaftliche Aufgabe zu lösen wird für jede Branche entsprechend schwieriger. Die Hoffnung, unsere Autos führen morgen mit Wasserstoff und alles andere bliebe beim Alten, ist genauso trügerisch, wie zu meinen, mit Fotovoltaik sei der Energiebedarf von morgen zu lösen. Keine der bekannten Energiequellen – weder sonnenbasierende Fotovoltaik oder Biomasse, weder Wind noch schwerkraftbedingte Wasserkraft, weder Geothermie von der Oberfläche oder aus der Tiefe, weder Kernkraft noch Plasmafusion – taugt als universeller und einziger Ersatz. Die Lösung wird immer ein komplexer Mix sein, wie auch die fossilen Brennstoffe im Grunde eine Mischung aus Gas und Öl, aus Benzin und Diesel, aus brauner oder schwarzer Kohle sind. Die Technik sucht sich aus dem bunten Strauß der Möglichkeiten die spezifischen Optima, jeweils ausgehend von den gesellschaftlichen Vorgaben.

Gelingt die Dekarbonisierung, also die weitgehende Vermeidung der Kohlendioxidemission, so bleiben andere noch zu lösende Themen, denn es gibt einige weitere die Erderwärmung steigernde Gase, insbesondere das Methan. Es ist ein Fäulnisgas aus dem Reisanbau, es entsteht in erstaunlich großen Mengen in der Tierzucht, es betrifft somit die Agrarwirtschaft aus einem ganz anderen Blickwinkel. Bei diesen Themen werden mangels bekannter technischer Lösungen die Herausforderungen noch wesentlich komplexer. Sie greifen viel tiefer in Gewohnheiten, Notlagen und globale Problematiken. Ihre Lösung wird nur langfristig möglich sein. Und genauso werden Anstrengungen notwendig sein, den vielen Auswirkungen der Klimaveränderung zu begegnen. Auch das wird viel Geld kosten. Umso wichtiger, dass wir energisch von unseren Möglichkeiten bei der Kohlendioxidreduzierung Gebrauch machen.

Stabilisierung der Weltbevölkerung

Das Bevölkerungswachstum ist eine Folge des enormen medizinischen Fortschritts. Die Kunst der Mediziner, die von neuen Arzneimitteln und Apparaten unterstützt werden, sind willkommene Angebote der modernen Märkte und Zivilisation. Die durch den medizinischen Fortschritt entstandene Erhöhung der Lebenserwartung und entsprechende Zunahme der Weltbevölkerung – wie human dies auch immer sein mag – zwingen also dazu, ausgleichend in die Geburtenrate einzugreifen. China geht dabei als einzige der jungen Industrienationen den »mutigen«, aber nach meiner Meinung sozial völlig unakzeptablen Weg eines zentral gesteuerten Landes und verbietet Kinderreichtum junger Familien. Beruhigend mag wirken, dass die Geburtenraten in den meisten Ländern mit hohem Lebensstandard deutlich zurückgehen. In Deutschland und einigen anderen europäischen Ländern sehen wir heute sogar eine Schrumpfung. Je mehr unsere Zivilisation mit medizinischem Fortschritt und Lebensstandard auch in die Schwellenländer vordringt, umso wichtiger wird es, auch bei der Geburten- und Sterberate durch politische Maßnahmen und durch Aufklärung für Gleichgewichte zu sorgen, denn jeder neue Erdenbürger wird für seinen Lebensstandard Energie benötigen und Umweltbelastung erzeugen. Die erste Warnung in diese Richtung gab es übrigens bereits in dem Buch *Ketten für*

Prometheus (1954) von Reinhard Demoll, der erstmals darauf hinwies, dass die Energiebilanz der Bevölkerung die Grenze des Wachstums bilden könnte. Diese und andere Veröffentlichungen führten letztlich zur Gründung des »Club of Rome«, der zum ersten und klassischen Fürsprecher für eine Begrenzung des Wachstums wurde. All diese Warnungen bleiben aktuell, wir dürfen sie nicht länger in den Wind schlagen. Technologien und marktwirtschaftliche Lösungen gibt es genug.

Beispiel Sozialauftrag: Beschäftigungsstarke Kultur

Sie werden sich vielleicht wundern, warum ich den Auftrag der Marktwirtschaft zu einer beschäftigungsstarken Kultur unmittelbar nach der Diskussion der marktwirtschaftlichen Antwort auf die Klimarisiken anspreche. Der Grund ist einfach: Wenn der Kampf um die Dekarbonisierung erst einmal global in Gang kommt, wird dieser – wie gesagt – die Wachstumskraft einer Kondratieff-Basisinnovation besitzen, einer die Wirtschaft fundamental verändernden Innovationsphase. Die Einführung neuer Energie- und Mobilitätsformen hatte schon immer zu gewaltigen Wachstumsschüben geführt, insbesondere allerdings bei den Nationen, die in diesem Gebiet eine Vorreiterrolle besaßen. Es wird ein international konkurrierender Kraftakt der Wissensgesellschaft, ein Kampf der Qualität des Fachwissens, der Schnelligkeit und der Flexibilität der Arbeitswelt der Industrienationen. Alle diese Voraussetzungen sind in Deutschland nur eingeschränkt erfüllt, eine volle Kraftentfaltung ist deshalb hierzulande nicht möglich. Durch die alten Erfolge der Automobilindustrie, des Maschinenbaus und der chemischen Industrie haben wir einigermaßen überlebt, aber alle wesentlichen weiteren Wachstumsschübe moderner Industrien verfehlt. Obwohl in Deutschland wesentliche Erfindungen gemacht wurden, zogen an uns die Elektronik- und Halbleiterindustrie, die Softwarebranche, das Internet und weitgehend auch schon die Biotechnologie vorbei. All das sind wissensbasierte Industrien, ganz zu schweigen vom leichter nachvollziehbaren Verlust der kostenbestimmten Industrien der Consumer-Elektronik und der Textilindustrie.

Manche Politiker erzählen uns, Deutschland sei für die Einführung von regenerativen Energien gut gerüstet, aber das ist falsch. Wir besitzen lediglich gutes Grundwissen und eine Reihe von noch relativ flexiblen kleinen Firmen. Sobald der Konkurrenzkampf zu einer Schlacht der führenden Industrienationen wird, werden wir auch hier zurückfallen. Deutsche Unternehmen werden dann mit ihren deutschen Aktivitäten – wenn ich meine Reiseeindrücke zusammenfasse – in diesem Wachstumsmarkt erheblich gegenüber der japanischen, chinesischen und indischen Konkurrenz, zum Teil auch gegenüber den USA unterliegen, weil deren Arbeitsweise innovationsfreudiger ist und sie den wirtschaftlichen Schatz von Innovationen wirklich heben können, wie die zurückliegenden Jahrzehnte ja beweisen. Auch viele der deutschen Unternehmen werden auf diese Länder ausweichen. Wenn wir also die kommende Phase für unser Wachstum, unseren Wohlstand und unsere Beschäftigungsstärke nützen wollen, dann müssen wir eine für die heutige Welt angemessene und konkurrenzfähige Situation schaffen.

Es geht dabei nicht nur um die volle Wiederherstellung der Beschäftigungskraft unserer Industrie – es hat sich in den letzten Jahren ja schon vieles gebessert –, sondern auch darum, dass Deutschland bei den anstehenden enormen Veränderungen eine

Vorreiterrolle aufbauen und halten kann, denn wir bringen – allenfalls parallel zu Japan – am ehesten von allen Industrienationen das Wissen und die technologischen Voraussetzungen dafür mit. Aber unsere Tarif- und Arbeitsgesetzsituation stützt das nicht, sie erlaubt kein Feuer der Begeisterung, keine großen unternehmerischen Aufbauleistungen. Sie blockiert Veränderung, auch innovatives Wachstum. Die große Lücke zwischen den Forschungsergebnissen und der industriellen Umsetzung ist bekannt, begründet im mangelnden Vertrauen der internationalen Finanzwelt und einer die Begeisterung lähmenden Bürokratie, wie sie für Deutschland typisch ist. Es wird darauf ankommen, dass wir unsere Stärken durch neue Umfeldbedingungen optimaler einsetzen und uns für diese große Aufgabe so begeistern können, dass wir die Kraft zur Umstellung auf neue Tendenzen finden ohne Angst vor dem Wandel. Zielgerichtete Einsatzfreude wird entscheidend sein für den Erfolg.

Können und Fleiß

Computertomografen sind sehr komplexe Produkte der Medizintechnik, die Software, Elektronik, Präzisionsmechanik und Hochvolt-Röntgentechnik in einem teuren und spezialisierten System zusammenführen. Die Stückzahlen sind klein, und ein einzelnes System kostet zwischen einer halben und einer Million Euro. Nur ein absolut hochkarätiges Team von Wissensträgern kann auf einem solchen Gebiet an die Weltspitze gelangen. Meine Entwicklungsmannschaft bei Siemens umfasste etwa 150 Mitarbeiter, sie hatte die Schlüsselfunktion für den Erfolg des gesamten Geschäftsgebiets. Fast jeder von ihnen war ein Spezialist für Teile dieser Hochtechnologie, alle waren mit Begeisterung bei der Sache, und kaum einer hielt sich an die 40-Stunden-Woche. Allein die Aufgabe, bei dieser neuen Methode der Röntgendiagnostik weltweit führend zu sein, gab den Takt vor. Im Laufe der Jahre wurde daraus ein großer kommerzieller Erfolg für die Siemens AG – mit Rückwirkungen auf die Beschäftigungsstärke in Deutschland und die weltweite Vertriebsorganisation. Wenn man unternehmerische Freiheit, ausreichende Finanzmittel und ein begeisterungsfähiges Team zusammenführt, kann solch ein neues Gebiet enorme Beschäftigung hervorbringen. Die Begeisterung erlaubte es, mit allen deutschen Barrieren bei Arbeitszeit und Tarifbestimmungen großzügig zu verfahren. Wir mussten einfach schnell sein, nur so konnten wir erfolgreich sein. Kein anderes Land bot seinerzeit besser ausgebildete Ingenieure und Physiker, eine höhere Loyalität und eine bessere Arbeitskultur. Ich habe das später in anderen Zusammenhängen und Gebieten wiederholen können, sowohl bei der Siemens AG als auch bei Carl Zeiss: die richtige Produktidee, begeisterte Mitarbeiter, Fachkompetenz und Fleiß.

Einmal rief mein Personalleiter an: »Das Gewerbeamt ist hier, die Softwareabteilung macht zu viele Überstunden!« Bei der Entwicklung der neuen Kernspin-Tomographen, die das vor kurzem entdeckte Prinzip der Magnetresonanz von Körperzellen zur Erzeugung medizinischer Bilder ausnützen, war die Entwicklung der für diese Anwendung sehr speziellen Computersoftware immer der Engpass, und so waren die Mitarbeiter zeitweise bis kurz vor Mitternacht am Arbeitsplatz, insgesamt zwölf bis vierzehn Stunden. Sie wussten, dass von ihrer Leistung der Erfolg des gesamten Programms abhing und ein normaler Umfang von Überstunden nicht ausreichte. Nach dem Erscheinen des Gewerbeamts hat der größte Teil des Teams von etwa vierzig Mitarbeitern dann nach Ablauf der gesetzlich zulässigen zehn Arbeitsstunden die vorgeschriebene Zeiterfassung am Werkstor betätigt, aber nicht etwa, um nach Hause zu gehen, sondern um danach an seinen Arbeitsplatz zurückzukehren. Das lief über mehrere Monate hinweg, bis das neue Produkt fertig war und geliefert werden konnte. Dann folgten normalere Arbeits- und ausgedehnte Urlaubszeiten.

Das Beispiel illustriert, wie Beschäftigungsstärke gelingen kann – stets in Aufgaben denken, erfolgsorientiert mit Können und Fleiß. Es scheint den Deutschen nicht aufzufallen, dass in den USA viele der bekannten großen und beschäftigungsstarken Firmen relativ jung sind, während der einzige Großkonzern, der bei uns in den letzten zwanzig Jahren neu entstanden ist und es in den DAX geschafft hat, über Jahrzehnte hinweg ohne Tarife, Arbeitszeitregelungen und Betriebsrat funktionierte und Monat für Monat neue Mitarbeiter einstellte, manchmal mehrere hundert in einem einzigen Monat. Mehr arbeiten bringt mehr Beschäftigung und nicht umgekehrt – das war schon immer so. Solange Deutschland das nicht erkennt, wird es eine beschäftigungsschwache Nation bleiben und die Flucht der Unternehmen in das Ausland mit oftmals fleißigeren Mitarbeitern anhalten.

Deutschland will

Die innere Haltung der Deutschen ist in der Mehrzahl völlig anders. Sie wollen Leistung erbringen und haben Misserfolg, Arbeitslosigkeit und die Trägheit der Politiker und Gewerkschaftsfunktionäre satt. Die Voraussetzungen für ein rasches Wiedererstarken von Wirtschaftskraft und Beschäftigung sind hervorragend. Erste Reformen zeigen ihre Wirkung. Aber nach wie vor wandern viel zu viele unserer jungen, gut ausgebildeten Fachkräfte ins Ausland ab, und selbst solche mit einfacheren Berufsprofilen folgen ihnen. Deutsche Unternehmer sind talentiert, was sie täglich mit der Führung ihres internationalen Weltgeschäfts unter Beweis stellen. Sogar im Ausland sind viele der dortigen Spitzenpositionen von Deutschen besetzt. Sie haben sich abgewandt, weil sie die Voraussetzungen hier nicht schätzen. Unsere

Unternehmer und die abgewanderten Fachkräfte sind für ihr Land sofort wieder zu gewinnen, sobald sie das Vertrauen entwickeln, hier konkurrenzfähige neue Geschäfte aufbauen zu können, ohne gleich von Gewerkschaften behindert und von übermäßigen Sozialkosten erdrückt zu werden. Ein großer Ruck würde mit einer solchen Veränderung durch Deutschland gehen und innerhalb von Monaten die Probleme der Beschäftigung und die Zukunftsangst der Vergangenheit angehören lassen.

»Der einstige Musterschüler ... wurde zum Inbegriff des Verlierers. Vereint, so scheint es, ist das Land nur im allgemeinen Stimmungstief«, zitiert »Perspektive Deutschland« (2006) die von den internationalen Medien viele Jahre wiedergegebene Stimmungslage, es entstand das Bild vom »therapieresistenten Deutschen«, unterstützt auch durch das Negativklischee moderner Stimmungsinterpreten wie Gabor Steingart (*Deutschland – der Abstieg eines Superstars*), Werner Sinn (*Ist Deutschland noch zu retten?*) oder Meinhard Miegel (*Die deformierte Gesellschaft*). »Perspektive Deutschland« hält dem entgegen: »Doch das wahre Bild der Deutschen sieht anders aus«. Kernaussage dieser schon erwähnten großen Umfrage ist:

»Es gibt heute ein klares Erkenntnisdefizit (der Politik) darüber, was das Volk will, kann und zu tun bereit ist. Bessere Politik wird erst möglich, wenn dieses Erkenntnisdefizit beseitigt ist. Es entstand ein neues Bild der Deutschen, das so gar nicht in das Negativklischee moderner Stimmungsinterpreten passen will. Aus den Wunschträumern, die unbeweglich und satt ihren Glanzzeiten – ›Made in Germany‹ – nachtrauern, ist ein Volk von besorgten Realisten geworden, das die Lage viel ernster einschätzt, als es Politiker – vergeblich beschönigend – erahnen. Die Deutschen machen sich größte Sorgen um sich und die Zukunft ihres Landes. Sie erkennen die Brisanz der Globalisierung und die Folgen des harten Wettbewerbs um Märkte, Kapital und Arbeit für ihr persönliches Schicksal. Auch die Folgen der demografischen

Entwicklung stehen ihnen deutlich vor Augen. Aber sie sind trotz des gewachsenen Problembewusstseins zugleich überraschend konstruktiv, leistungswillig und zu durchgreifenden Reformen bereit. Sie haben längst eingesehen, dass sie wieder mit anpacken müssen. Ihnen ein ›Weiter so, Deutschland‹ vorzugaukeln grenzt an Beleidigung. Sie stellen sich viel eher als Teil der Lösung denn als Teil des Problems dar ..., als Menschen, denen Leistung viel bedeutet, aber mit sozialem Augenmaß. Fast 80 Prozent der Menschen wollen mehr arbeiten. Ebenso viele bevorzugen Arbeitsplätze, die höhere Anforderungen stellen, gegenüber einem bequemen Job. Ihnen sind Fleiß und Ehrgeiz wichtig – auch den Jungen. Selbst wenn sie es finanziell nicht nötig hätten, würden zwei Dritel trotzdem arbeiten wollen. Sie glauben, Arbeit gehöre dazu, um ein vollwertiges Mitglied der Gesellschaft zu sein. Zugleich entwickeln sie ein ausgesprochenes Gespür für soziale Gerechtigkeit ... Ein reines Marktmodell amerikanischer Prägung befürwortet eine Minderheit von zwölf Prozent. Das andere Extrem, der allmächtige Vollversorgungsstaat, findet mit zwei Prozent sogar noch weniger Zuspruch ...

An Einsicht und Neigung mangelt es also nicht, eher an passenden Angeboten ...

Die Bürger bieten der Politik einen größeren Lösungsraum an, als sie bisher wahrgenommen hat, denn sie signalisieren ihre Bereitschaft, die Ärmel hochzukrempeln, statt bloß Forderungen zu stellen. Sie wollen keinen Sozialstaat alter Prägung, der den Bürgern die Eigenverantwortung abnimmt und sich zusehends als Wohlstandsillusion und Wachstumsbremse entpuppt. Zwar artikulieren sie weiterhin Ansprüche. Doch sie haben erkannt: Internationaler Wettbewerb und demografischer Wandel erfordern Konsequenzen, die bei ihnen selbst beginnen. Mehr Leistung muss sein. Politik kann sich nicht mehr hinter dem vermeintlich trägen und reformresistenten ›Michel‹ verstecken ... Das Spiel hat neue Regeln ...

Ein breiter Konsens zeichnet sich ab … für Deutschland, möglicherweise für Europa: die soziale Leistungsgesellschaft. Nur eine Minderheit will im Status quo verharren. Je nach Fragestellung wollen 80 bis 90 Prozent den Wandel, mehrheitlich mit mehr Tempo … Die Menschen brauchen eine Plattform, um sich differenzierter, umfassender zu artikulieren – besser, als es mit gelegentlichem Wahlstimmzettel oder in ad-hoc-Umfragen möglich ist.«

So weit zum Stimmungsbild aus der Umfrage »Perspektive Deutschland« 2006. Vieles hat sich seitdem bereits bewegt. Überall schimmern auch die Forderungen nach den Regeln des Plateau 3 durch – also nach Wandel mit mehr Bürgerbeteiligung und nach Werteorientierung. Sie sind die Regeln für ein erfolgreiches, selbstbewusstes Deutschland.

Arbeit gibt es genug

Schon die Schätzungen von einigen Millionen primär in Schwarzarbeit Tätigen zeigen, dass es ein Märchen ist zu behaupten, es gäbe zu wenig Arbeit. Aber das internationale Beispiel ist noch deutlicher, global ist die Beschäftigung fast überall stark gewachsen, Deutschland aber blieb weitgehend außen vor. Wir leben nicht in einem geschlossenen System, sondern in einem offenen und globalen. Deutschland stellt etwa 1 Prozent der arbeitsfähigen Bevölkerung der Welt. Arbeit gibt es überall. Weltweit explodiert der Bedarf an Infrastruktur, an Verbrauchsgütern und an Hochtechnologie. In den jungen Industrienationen wächst der Lebensstandard rapide und damit auch der Bedarf – wenigstens zunächst für den ausgebildeten »Mittelstand« dieser Länder. Allein das zeigt schon, dass es nur darauf ankommt, konkurrenzfähig zu sein. Und dabei können wir uns das eine Prozent, das am besten bezahlt ist, auch noch aussuchen. Die Anforderungen der

Dekarbonisierung werden unsere Möglichkeiten nochmals erweitern. Denn das (noch) hohe deutsche Ausbildungs- und Infrastrukturniveau verspricht hohe Produktivität, das heißt, jede Arbeitsstunde bringt wesentlich bessere und letztlich kostengünstigere Produkte hervor als in einem Billiglohnland. Die hohen Investitionen in Rationalisierung, Produktentwicklung und internationalen Vertrieb versprechen gute Umsätze, Gewinne und Einkommen. Dennoch zögern viele Unternehmer, auf Deutschland zu setzen.

Zu behaupten, Unternehmer würden nur bei Billiglöhnen in Deutschland bleiben, ist Unsinn. Dieses Land hat das Talent zu hoher Produktivität, zu optimaler Nutzung von Wissen, Infrastruktur und Investitionen. Deshalb käme jeder Unternehmer gern nach Deutschland. Man muss akzeptieren, dass unternehmerisches Handeln fast immer risikobehaftet ist und es auf freien Märkten keine Jobgarantien geben kann. Der Nachteil ist die hierzulande fehlende Bereitschaft des Arbeitsmarktes, Bedarfsumstellungen und Risiken mitzutragen, die fehlende Flexibilität. Niemand von uns würde sich auf Jahre hinaus auf denselben Lieferanten für Auto, Kleidung und Lebensmittel oder denselben Urlaubsreiseveranstalter festlegen. Und deshalb kann es auch der Unternehmer nicht. Allein die Konkurrenzfähigkeit bestimmt im globalen, offenen System das Arbeitsangebot.

In Deutschland hätten wir wegen des hohen Standards unserer Industrie die besten Möglichkeiten, wieder einen weltweit führenden Lebensstandard zu erobern, wenn wir nur den Mut aufbringen, uns den Marktgesetzen mit Selbstvertrauen zu stellen. Mehrere Nachbarländer, selbst das lange unterentwickelte Irland oder die neu entstandene Slowakei, haben uns im durchschnittlichen Volkseinkommen bereits eingeholt. Deutschland liegt gemäß den Daten der Weltbank (2005) mit einem Pro-Kopf-Jahreseinkommen von circa 28 000 Euro weit hinter der Schweiz (48 000), den USA (41 000), Dänemark (40 000), Island, Japan,

Schweden, Irland und Großbritannien mit 33 000 Euro an etwa 15. Stelle der Industrienationen. Wir waren einmal unter den ersten fünf. Für jeden von uns bedeutet dieser Rückfall im Mittel einen Einkommensrückstand von mehr als 10 000 Euro pro Jahr und Familienmitglied!

Arbeit gibt es genug, auch gut bezahlte. Man sieht es im Quervergleich nicht nur am Pro-Kopf-Einkommen anderer Industrienationen, sondern auch an der geringeren Arbeitslosenquote. Greifen wir uns die USA als das prägnanteste Beispiel heraus: Die offizielle Arbeitslosigkeit liegt dort heute bei 5 Prozent, überall fehlen Arbeitskräfte. Diese Zahl ist der Prozentsatz der schwer oder nicht Vermittelbaren, ein Anteil, der dort deutlich höher ist als bei uns. Dort werden etwa eineinhalbmal so viele Arbeitsplätze – pro Kopf der Bevölkerung gerechnet – angeboten. Trotz 20 Prozent längerer Jahresarbeitszeit, geringerem Krankenstand, mehr Zweitjobs und mehr Frauenarbeit gibt es fast 5 Prozentpunkte weniger Arbeitslose. Ein großer Teil der Jobs ist dort gut bezahlt. Wegen der Arbeitskräfteknappheit zahlen heute viele Arbeitgeber sogar einen Antrittsbonus. Bei McDonald's beträgt dieser in den Großstädten um die 1000 Dollar und bei hoch qualifizierten Universitätsabgängern bis zu 20 000 Dollar. Es ist diese Kraft zur Innovation und zur Schaffung neuer Geschäftsgebiete, die die dort viel flexibleren Arbeitszeiten und Beschäftigungszusagen, also die fehlende Tariflandschaft und Arbeitplatzgarantie und das Zutrauen der Finanzwelt mit sich bringen und dem dynamischen Unternehmerehrgeiz Handlungsfreiheit lässt.

Natürlich werden wir das amerikanische System nicht einfach kopieren. Aber ein eineinhalbfaches Arbeitsangebot, gesetzlicher Mindestlohn und gute Durchschnittseinkommen, das sind die Kennzeichen einer beschäftigungsstarken Wirtschaft, bei der man keine Zukunftsangst haben muss. Aus meiner Sicht ist das ein nicht zu unterschätzender sozialer Pluspunkt der USA, dem natürlich wegen des übertriebenen »hire and fire« ein dickes Negativum gegenübersteht. Die »Wahrheit« liegt wohl in der Mitte. Jedenfalls sieht man schon an diesem Beispiel, dass es genügend Arbeit gibt, wenn man das System entsprechend ausrichtet. An Arbeit und Verdienstmöglichkeiten für Industrienationen fehlt es also nicht, man muss nur konkurrenzfähig sein.

Konkurrenzfähige Produktivität – sinnlos bei falschen Nebenbedingungen

Das Unverständnis für den Unterschied zwischen Fleiß und Produktivität ist letztlich der Grund, warum die Eingliederung der DDR schiefging. Niemand hat den Menschen klar gesagt, dass ihr zukünftiger Lebensstandard nicht mehr vom Staat, sondern nun von ihrer internationalen Konkurrenzfähigkeit abhängen wird, von Können, Kosten und Produktivität. Konkurrenzfähige Kosten sind kein Ergebnis einer neu gewonnenen Staatszugehörigkeit, sie sind vielmehr das Ergebnis einer in vielen Jahren aufgebauten Produktivität. Sie zeigt, wie effizient wir sind, und entsteht über die Jahre durch die Entwicklung neuer Produkte und Technologien, durch den Aufbau rationell organisierter Fertigungen und Arbeitsprozesse und durch Weiterbildung und Erfahrung der Mitarbeiter. Erst allmählich findet jeder seinen optimalen Platz, erst nach der zweiten oder dritten Produktgeneration werden die Produkte wirklich weltweit erfolgreich, und erst nach Fertigstellung neuer effizienter Fertigungen und Arbeitsprozesse stimmt die Wirtschaftlichkeit. Dazu braucht es Kostengünstigkeit, viel Kapital und die Bereitschaft der Unternehmen, anfangs Investitionen und Verluste zu akzeptieren, um sie später durch Gewinne aufzuwiegen.

Arbeitszeitverkürzung, das süße Gift

Erwartete Gewinne machen verführerisch, sie sind der Appetitanreger, der Brennstoff der Lust auf Umverteilung und auf Arbeitszeitverkürzung, dem häufigen Gegenpol der Produktivität. Entstanden in den stupiden Massenfertigungen und Fließbandstrukturen, ist sie noch heute eine der Kampfparolen der großen Gewerkschaften. Die in den Anfängen des Industriezeitalters miserablen Zustände der Arbeitszeitregelung und Ausbeutung legten dafür die Basis. Diese Zeiten sind lange vorbei, aber weiterhin setzen manche Gewerkschaften auf die Parole des »immer weniger Arbeitens«. Das erhöht die Arbeitslosigkeit und verhindert wirtschaftliche Kraft, hohe Einkommen und Vollbeschäftigung. Fast könnte man meinen, die Gewerkschaften haben kein Interesse an Vollbeschäftigung. Denn bei Vollbeschäftigung regelt der Wettbewerb um Arbeitskräfte deren Entlohnung, Gewerkschaften wären dann lediglich Nebensache.

Der Ansatz der Arbeitszeitverkürzung als Regulativ der Beschäftigungsverteilung funktioniert in einer wissensgetriebenen Wirtschaft und einer Welt offener Grenzen von vornherein nicht. Er passt bestenfalls zu streng organisierten, arbeitsintensiven Fertigungen, die einen geringen Ausbildungsstand der Mitarbeiter und Schichtarbeit voraussetzen, zum Fließband sozusagen.

Heute sind unsere Aufgaben kaum mehr durch solche Handarbeit der Massenproduktion bestimmt, sondern durch die Umsetzung von Wissen und Erfahrung. Die aber ist an Personen gebunden und lässt sich nicht aufteilen. Wissen und Erfahrung, wichtigste Werte des »Humankapitals« und der Produktivität, hängen stark vom individuellen Arbeitseinsatz ab. In einer wissensbasierten Industrie ist ein Tarifvertrag mit verkürzten Arbeitszeiten daher kontraproduktiv. Denn die höchste Effizienz wird erreicht, wenn die Wissensträger höchsten Arbeitseinsatz bringen. Die sonst erforderliche Weitergabe und Verteilung von

Wissen auf mehrere Personen dauert lange, ist arbeitsintensiv und verlangsamt so alle Abläufe.

Die Wissensgesellschaft braucht deshalb hochflexible Zeitmodelle, bei denen sich Phasen von höchstem täglichem Arbeitseinsatz mit längeren Erholungsabschnitten abwechseln. Wie soll denn sonst ein Entwicklungsteam mit den Entwicklungszeiten von Fernost-Entwicklern konkurrieren können, die 50 oder 60 Stunden pro Woche arbeiten?

Wirtschaftlichkeit und Gewinne sind heute wesentlich von zwei Arten von Investitionen bestimmt. Da sind zum einen die Maschinen, Gebäude und Einrichtungen, die mehr als 35 Stunden genutzt werden müssen. Fernost-Unternehmen streben hierfür eine Nutzung rund um die Uhr an. Das ist natürlich kein gutes Ziel, aber die 35- oder 40-Stunden-Woche ergibt eben nur eine Kapazitätsnutzung von 18 beziehungsweise 20 Prozent der 196-stündigen Woche. Der wirtschaftliche Nachteil der geringen Nutzung von kapitalintensiven Arbeitsplätzen ist evident.

Eine andere, meiner Meinung nach noch viel wichtigere Investition ist der schon erwähnte Wert des Wissens und der Erfahrung der eigenen Mitarbeiter. Dieses Wissen bildet sich, aufbauend auf gute Ausbildung, mit der Zugehörigkeit zum Unternehmen allmählich heraus. Die Mitarbeiter lernen im Lauf der Zeit immer besser, was die Kunden wollen, was die Konkurrenten können, welche Technologien im Kommen sind, welche Produktionsverfahren im eigenen Unternehmen zu Hause sind, welche Zulieferer am besten geeignet sind und welche Qualitätsprobleme entstehen können. Dieses unternehmensspezifische Wissen entsteht nur langsam und allmählich, ist Basis der Produktivität und nun einmal an die Köpfe und an deren Arbeitszeit gebunden. Je kürzer die Arbeitszeit, desto schlechter die Nutzung dieser Erfahrungen. Die Splittung auf mehrere Mitarbeiter kann diese Erfahrung nicht einfach teilen, der Neuling muss angelernt werden. Vielmehr ergibt sich eine positive Spirale des Wissens, je mehr der Einzelne arbeitet.

Nun wird niemand die gnadenlose Ausbeutung menschlicher Arbeitskraft, wie sie bei manchem Fernost- und manchem deutschen Start-up-Unternehmen zu finden ist, zur Regel machen wollen. Aber was dabei das richtige Maß an täglicher, wöchentlicher und auch an Lebensarbeitszeit ist, sollte dem Wechselspiel zwischen drängenden Aufgaben des Unternehmens und dem Erfolgswillen und der Bereitschaft jedes Einzelnen überlassen bleiben, anstatt feste Arbeitszeiten vorzugeben, wie sie im letzten Jahrhundert üblich wurden.

Gewerkschaften – in der Spätphase des Plateau 2

Viele Statistiken zeigen, dass es um die Popularität der Gewerkschaften nicht zum Besten steht. Zugleich ist jedoch die überwiegende Mehrheit der Bevölkerung Arbeitnehmer. Der Widerspruch ist offensichtlich. Weite Teile der Gesellschaft und auch der Arbeitnehmerschaft akzeptieren die Arbeit der Gewerkschaften nicht mehr. Denn durch ihren Konfrontationskurs paralysierender Streiks sind schon zu viele Unternehmen vernichtet und ganze Industrien zerstört worden. Statt einer Sicherung der Arbeitsplätze brachten uns die kontinuierliche Lohnspirale und die Arbeitszeitverkürzung die höchste Arbeitslosigkeit, die wir in der Bundesrepublik je hatten. Dies wiederum führte zu einem Sozialstaat, der sich immer höher verschuldete und bis heute dennoch lautstark von den Gewerkschaften verteidigt wird. Die erwähnte Massenflucht der Unternehmen, die zunehmende Verlagerung der Arbeitsplätze ins Ausland und die Abwanderung der innovativen Talente sind deutliche Hinweise auf den Scherbenhaufen, mit dem wir es in Deutschland zu tun haben.

Zum Ursprung des Sozialstaats gehört die Entstehung der Gewerkschaften, weil die Politik allein die Probleme des industriellen Frühkapitalismus nicht lösen konnte. So war es notwendig, dass sich die Arbeitnehmer zusammenschlossen, Streiks organisierten, Druck machten und die Themen der Arbeitsbedingungen und Einkommensverteilung Schritt für Schritt angingen. Das alles war folgerichtig, und es hatte Erfolg. Die Probleme von damals aber sind inzwischen weitgehend abgearbeitet, andere – vor allem das Arbeitsplatzangebot und die internationale Konkurrenzfähigkeit – haben heute Priorität. Und plötzlich greifen alle die Maßnahmen von gestern nicht mehr. Überziehen bei der Arbeitszeitverkürzung, bei den Nebenkosten, Beharrung statt Anpassungsfähigkeit zerstört oder vertreibt Unternehmen und lässt denen, die nicht im Arbeitsprozess stehen – den Jungen und den Arbeitsuchenden –, keine Chance. Das alte System ist kontraproduktiv geworden, wendet sich gegen seine ursprünglichen Aufgaben, gegen die Interessen der Arbeitswilligen und damit gegen die Gemeinschaft an sich.

Der Irrtum

Für Vollbeschäftigung sind die Unternehmen verantwortlich. Wer denn sonst? Diese Annahme ist *der* Irrtum der Nation. Natürlich kann ein einzelnes Unternehmen durch Tüchtigkeit und gute Produkte hochproduktiv sein und eine starke Beschäftigung erzeugen. Für Vollbeschäftigung, also Arbeit für alle Arbeitsuchenden, dagegen ist die Kostenposition der Nation entscheidend, vor allem im internationalen Wettbewerb. Bei einer Investition schaut sich der Unternehmer immer zuerst die mittleren Kosten der Arbeitsstunde eines Landes an, denn sie gehen direkt in die Produktkosten ein, bei guter Produktivität weniger und bei schlechter mehr. Im Quervergleich kombiniert man immer die Produktivitätserwartungen und die landestypischen Kosten der Arbeitsstunde. Die mittleren Gesamtkosten der Arbeitsstunde aber bestimmen allein die Gewerkschaften und die Politik. Sie legen die Höhe der Flächentarife und auch weite Teile der sonstigen

Nebenkosten fest. Nur dieses auf diese Weise gemittelte Niveau der Arbeitskosten entscheidet volkswirtschaftlich gesehen über Vollbeschäftigung oder Arbeitslosigkeit. Wenn die Relation zum Produktivitätsvorteil nicht stimmt, zieht der Unternehmer weiter. Sind die Arbeitskosten und Produktivitätsvorteile konkurrenzfähig, bleibt er im Lande. Deshalb führt ein Bekenntnis der Gewerkschaften zur Konkurrenzfähigkeit sofort zu einem starken Anstieg der Beschäftigung.

Flächentarife bestimmen die Kostenposition der Nation

Es geht dabei nicht nur um Materielles. Arbeitslosigkeit konkurriert mit dem Wunsch nach sozialer Einbindung und beruflicher Integration. Das gibt der kontinuierlichen Sicherung schließlich doch eine höhere Priorität für die Arbeitnehmer als nur die materielle Versorgung. Die Gemeinschaft und große Teile der Arbeitnehmer erwarten deshalb auch von den Gewerkschaften zuallererst eine nachhaltige Beschäftigungs- beziehungsweise Unternehmenssicherung. Das bedeutet die Sicherung der Konkurrenzfähigkeit der Unternehmen. Das aber ist etwas anderes als das, was die meisten Gewerkschaften bisher taten. Es würde die Orientierung an international konkurrenzfähigen Arbeitskosten bedeuten, also einen sorgfältigeren Umgang mit den Flächentarifen, vor allem für exportstarke Industrien. Mit dem klassischen Flächentarif bestimmt man die mittlere Kostenposition einer ganzen Branche und damit den wichtigsten Faktor der internationalen Konkurrenzfähigkeit. Sind die Tarifabschlüsse zu hoch, ist eine gesicherte Beschäftigung in umkämpften Branchen nicht möglich. Die Höhe der Abschlüsse aber wird heute de facto von den Gewerkschaften diktiert, schon kurze Streiks sind insbesondere für international tätige Untenehmen kaum zu verkraften. Dabei sei zugestanden, dass die Beurteilung des nationalen Umverteilungsspielraums internationaler Unternehmen schwierig ist. Eine genauere Analyse der Zahlen großer Konzerne zeigt, dass heute die großen Gewinne oft in kostengünstigeren und flexibleren Ländern, also im Ausland und kaum mehr in Deutschland oder den traditionellen europäischen Industrieländern, gemacht werden. Die Weltergebnisse sind – obwohl meist verwendet – der falsche Bezugspunkt, denn nur der Ertrag im Inland ist für Investitionen und für Umverteilung entscheidend. Leider werden aus Gedankenlosigkeit erstaunlich oft die Welterträge mit dem meist wenig transparenten Inlandsgewinn argumentativ gleichgesetzt, eine Art von unbeabsichtigtem Neokolonialismus, sozusagen der indirekte Wunsch einer Subvention aus ertragsstarken Leistungen der Auslandsaktivitäten.

Der Flächentarifvertrag – wenn man ihn überhaupt will – muss also für den Großteil der Branche international konkurrenzfähige Arbeitskosten definieren. Das kann mit Flexibilität nach oben und unten kombiniert werden, denn es gibt keine exakte Pauschalformel. Erfolgreiche Unternehmen können sich höhere Entlohnungen oder Gewinnbeteiligungen leisten, mit dem Überleben kämpfende Unternehmen brauchen jedoch die Öffnung nach unten. Hätte der Osttarif der IG Metall nach der Wiedervereinigung nicht wenigstens die Öffnungsklausel einer zehnprozentigen Lohnunterschreitung gehabt, wären bei Zeiss in Jena Hunderte Arbeitsplätze mehr weggefallen, eine Rettung vielleicht gar nicht möglich gewesen. Die lange Kette der Insolvenzen in den neuen Bundesländern belegte die im Mittel aber zu geringe Spanne der Flexibilität und die unzureichende Konkurrenzfähigkeit der dortigen Arbeitskosten.

Diese Überlegungen gelten zunächst einmal für die typischen, international im Wettbewerb stehenden Industrien. Im Dienstleistungssektor sind zahlreiche Funktionen lokal gebundene Monopole der Infrastruktur mit anderen Gesetzen. Hier geht es dann nicht um Erpressung der Unternehmer, sondern der Allgemeinheit.

Wertebeitrag für eine positive Gemeinschaft

Unsere Situation erfordert neue Prioritäten der Gewerkschaftsarbeit und der sozialen Sicherung. Die meisten Bürger wissen sehr wohl, dass finanzielle Umverteilung ihre Grenzen hat und ein verschuldeter Sozialstaat genauso wie verschuldete Unternehmen auf Dauer keine Lösung ist. Sie sind der jährlichen Zeremonien der Lohnforderungen und der sich oft anschließenden Streiks müde. Der kontinuierliche Mitgliederschwund bei den Gewerkschaften ist die Antwort, und viele Beobachter sagen deshalb schon das Ende der Gewerkschaftsbewegung voraus.

Aber auch das wäre fatal, würde damit doch ein wichtiges Instrument des Gleichgewichts der sozialen Marktwirtschaft beseitigt werden. Notwendig ist also nicht ein Ende der Gewerkschaftsbewegung, sondern Konsequenzen aus den Problemen der heutigen Spätphase des Plateau 2, eine neue Form für ein Plateau 3. Eine gemeinschafts- und damit auch unternehmerfreundliche Gewerkschaftsarbeit muss die nachhaltige Wirtschaftskraft der Unternehmen und der Nation stärker fördern, statt nur auf Umverteilung, Arbeitszeitverkürzung und Kampfmaßnahmen zu achten. Das wäre für alle der bessere Weg. Sehr langsam beginnt sich diese Erkenntnis heute bei einigen der großen Gewerkschaften durchzusetzen, aber eben spät und noch immer sehr begrenzt.

Der verantwortungsvolle Arbeitnehmer wird deshalb nicht warten und hoffen, sondern solche Veränderungen vorantreiben oder neuen, noch jungen und andersdenkenden Funktionären den Vorzug geben, ja vielleicht sogar die Gründung und Förderung neuer Gewerkschaften unterstützen. Kleine Ansätze dazu gibt es. In Deutschland zum Beispiel ist unter der Bezeichnung »Christlicher Gewerkschaftsbund« eine Richtung entstanden, die sich das Ziel der internationalen Wettbewerbsfähigkeit auf die Fahne schreibt, zu erreichen durch Abkehr von der 35-Stunden-Woche und durch verbesserte, unternehmensbezogene Flexibilität. Dieser CGB, den die IG Metall schon oft eine »Gefälligkeitsgewerkschaft« genannt hat, weil er häufig der Arbeitsplatzsicherung Vorrang gab, ist ein Beispiel für eine Alternative. Nun liegt es am Gesetzgeber, solchen Alternativen die gesetzlichen Voraussetzungen für eine echte Chance einzuräumen, denn der Wechsel des Tarifpartners ist heute für ein Unternehmen gegen die organisierten Kader der IG Metall nicht realistisch möglich, und Tarifabschlüsse mit verschiedenen Gewerkschaften im gleichen Betrieb sind erst recht problematisch. Der Zwang zur Zusammenarbeit ist auch hier unvermeidlich, wenn ein gegenseitiges Hochschaukeln und volkswirtschaftliche Nachteile vermieden werden sollen.

Eine positive Wertegemeinschaft und die Sicherung einer beschäftigungsstarken Kultur erfordern also von vielen der bestehenden Gewerkschaften eine totale Veränderung. Wie bei allen Organisationen der werteorientierten Marktwirtschaft braucht auch jede Gewerkschaft einen Zukunfts- und Ethikrat, der ihr den Spiegel vorhält und auf zeitgemäßes gesellschaftliches Handeln drängt. Notwendig ist also eine Anpassung der Gewerkschaftsziele, um nachhaltiger Wirtschaftsstabilität und Beschäftigungsstärke genug Raum zu geben. Das braucht auch eine wesentlich stärkere Spezialisierung auf die unterschiedlichen Berufsgruppen. Ingenieurteams für die Entwicklungsabteilungen sind in den meisten Konjunkturphasen Mangelware, gute Entlohnung regelt den Markt. Sie brauchen aber Fürsprecher in den Phasen schwacher Konjunktur, in denen die meisten Unternehmen zu einer totalen Einstellungssperre neigen, statt den Studienabsolventen mit Teilzeit- und Einstiegsentlohnung erste Chancen zu bieten.

Mit dem Verständnis einer neuen Rolle der Gewerkschaften in der Gemeinschaft könnten die internationalen Erfolgsvoraussetzungen unserer Wissensgesellschaft enorm verbessert werden. Effizienz, Fortbildung, flexible Lebensarbeitszeitmodelle, Erholungsbedarf, berufliche Zufriedenheit, Anpassungsfähigkeit, sogar Existenzgründung müssen anders gesehen werden und benötigen andere Regeln. Es ist die typische Aufgabe für einen externen Zukunfts- und Ethikrat auch der Gewerkschaften, der den Beitrag zu einer positiven Gesellschaftskultur immer wieder einfordert, überprüft und korrigierend überwacht und einen neuen Wertekodex durchsetzt.

Nicht alle Arbeitnehmer sind allerdings mit Priorität an langfristiger Beschäftigungsstabilität interessiert. Ein Teil wird immer kurzfristig Einkommen maximieren wollen, wie zum Beispiel Arbeitnehmer aus anderen Ländern, die nach einigen Jahren nach Hause zurückkehren wollen. Schon das unterstreicht, dass sich die Gewerkschaftsarbeit nach den unterschiedlichen Anforderungen aufspalten muss. Insbesondere die Wissensbereiche der Unternehmen brauchen differenzierte, leistungsorientierte Modelle. Es war eine echte Tragik, dass sich die Elektrotechnik allmählich aus dem Maschinenbau entwickelte, aus ihr wiederum die Elektronik, später die Computerbereiche und schließlich die Software- und Kommunikationstechnologien. Wegen ihrer Wurzel im Maschinenbau hat in Deutschland die IG Metall alle diese Branchen unter die Fittiche genommen und deren international konkurrenzfähige Entwicklung jahrzehntelang blockiert – trotz der hervorragenden Voraussetzungen durch deutsche Erfindungen, hoher Leistungsfähigkeit der Universitäten und talentierter Unternehmer. So entwickelten sich alle diese Branchen an Deutschland vorbei.

Diese einseitige und übermäßige Stärke der »großen« Gewerkschaften ist aus meiner Sicht der zentrale Grund für die Beschäftigungsschwäche der deutschen Wirtschaft. Die Konsequenzen daraus aber müssen wir alle ziehen. Auf welchem Mittelweg, das kann nur ein Bürgervotum entscheiden. Denn gerade hier ist die Polarisierung der Meinungen bis hin zur Straßenschlacht besonders nahe, dem Feind des Gemeinschaftssinns und der Meinungsvielfalt. Plateau 3 antwortet darauf mit der Forderung nach einem Bürgervotum über die Monopolstellung der heutigen Gewerkschaften und die Lockerung von Tarifzwängen. Vielleicht sogar über die Zulässigkeit von Streiks zur Durchsetzung von Flächentarifverträgen. Denn es gäbe andere Möglichkeiten:

Schlichten statt streiken

Meist wird bei Diskussionen über die Höhe der Arbeitskosten betont, dass Tarifverträge die »Zustimmung« der Unternehmer haben. Formal ist das richtig, aber es ist ein Irrtum zu glauben, dass die durch Streiks erzwungene Unterschrift einer Branche unter einen Tarifvertrag gleichbedeutend wäre mit einer echten Zustimmung seiner Unternehmer. Es geht vielmehr um die Wiederherstellung der Lieferfähigkeit durch sofortigen Arbeitsfrieden, meist aber begleitet von dem inneren Vorsatz, die Flucht ins Ausland zu beschleunigen, wenn der Abschluss dem Unternehmen keine ausreichenden Gewinne lässt. Denn die heutigen Streiks sind in ihrer Schwerpunktbildung, in ihrer Härte und manchmal auch in ihrer Dauer so angelegt, dass der Unternehmer letztlich keine Chance hat. Rasch liegen die gesamten Branchen wegen ihrer inneren Verflechtung am Boden, obwohl nur einige wenige Betriebe bestreikt werden. Der Arbeitgeberverband wird bald unterschreiben, die Unternehmen geben nach. Die internationalen Kunden haben keinerlei Verständnis für mangelnde Lieferfähigkeit und orientieren sich sofort um, womit jahrelange Vertriebs- und Produktarbeit umsonst waren. Die international starke Verflechtung der Zulieferer und der Produktionsprozesse erlaubt keinerlei Toleranz für solche Schwächen einer Nation, sie sortiert sie quasi einfach aus und ersetzt sie durch zuverlässigere und oft auch kostengünstigere Anbieter.

Die inzwischen sehr ausgefeilten Streiktaktiken der riesigen Metall- und Elektrobranche haben die ausgeglichene Auseinandersetzung längst beendet. Der heute übliche Schwerpunktstreik an logistischen Schlüsselpunkten einer Branche legt diese oft komplett lahm und bringt alle Unternehmen in eine aussichtslose Lage. Die hohen Fixkosten der Investitionen laufen täglich ohne Umsätze weiter, so dass die Jahresgewinne mancher Unternehmen durch solche Streiks oft schon in ein bis zwei Wochen aufgefressen werden. Die Unternehmer akzeptieren also sehr rasch die in einem einzelnen Jahr vielleicht nur marginale Kostenerhöhung, weichen aber mittelfristig in andere Länder mit besserer Kostenposition und geringem Streikpotenzial aus. Arbeitsplätze und Konkurrenzfähigkeit im nationalen Umfeld werden bedroht, Millionen von Arbeitslosen sind schließlich die Folge. Streiks schwächen heute die langfristige Position der Arbeitnehmer.

Die richtige Antwort auf Flächentarife kann nur der Weg der streikfreien, bindenden Mediation mit Hilfe einer neutralen Schlichtergruppe sein, die mit volkswirtschaftlichen und Arbeitsagentur-Experten besetzt ist. Eine der wichtigsten Komponenten bei der Arbeit des Schlichterteams scheint mir die Abschätzung der nationalen Arbeitsplatzschädigung durch überhöhte Forderungen. Wirtschaftsinstitute und zentrale Arbeitsagenturen sind heute durchaus in der Lage, neutral die Auswirkungen von tariflichen Lohnerhöhungen und Lohnkürzungen sowie von Arbeitszeitänderungen auf den Arbeitsmarkt abzuschätzen. Nur eine nach bestem Wissen neutrale Beurteilung kann erreichen, dass Arbeitsplatzangebot und Konkurrenzfähigkeit einer Branche den volkswirtschaftlichen Erfordernissen entsprechen. Das wird Konflikte nicht völlig beseitigen können, aber das Neutralitätsgebot für die Schlichter bietet bessere Voraussetzungen für eine Ausgewogenheit als das Kampfmittel Streik. Die emotional aufgeheizte Atmosphäre durch extreme Forderungen der Gewerkschaften und die darauf mit Drohungen reagierenden Unternehmen ist jedenfalls nicht geeignet, volkswirtschaftlichen Bedürfnissen und einer positiven Gemeinschaft zu dienen. Das bindende Schlichtervotum aber könnte den branchenweiten Streik und seine Schäden für die Gemeinschaft vermeiden und dennoch eine neutral beurteilte Anpassung der mittleren tariflichen Einkommen sowie eine kontinuierliche Beschäftigung möglich machen. Ich betone, um Missverständnissen und einem Aufschrei vorzubeugen: Ich spreche vom Flächentarifvertrag, der mit wenig Rücksicht auf Einzelunternehmen die volkswirtschaftlich gemittelten Arbeitskosten festlegt. Der Verteilungskampf, wo angebracht, oder auch der Kampf um den Unternehmenserhalt findet also im Betrieb, im »betrieblichen Bündnis« und damit direkt im eigenen Umfeld der Arbeitnehmer statt mit entsprechend erhöhter Verantwortung, Chance, aber auch Einflussnahme.

Der zwangsläufige Rückgang der Streikkosten würde deutlich geringere Mitgliedsbeiträge erlauben und die Notwendigkeit für die Gewerkschaften beseitigen, große Vermögen anzuhäufen. Damit entfällt auch die merkwürdige Versuchung der Funktionäre, diese Vermögen dann in Unternehmen anzulegen und nicht selten dabei zu verwirtschaften. Statt sich um die Senkung der Beiträge zu kümmern, hatten sich etliche Gewerkschaften jahrelang in Unternehmensführung bei Kaufhausketten, Banken oder großräumiger Wohnungs- und Stadtentwicklung betätigt, ein typisches Beispiel für Ehrgeiz und Machthunger statt Gemeinschafts- und Basisnähe.

Hilfe im Wandel – Wandel gestalten

All das wird die Notwendigkeit zu ständigem Wandel, ständiger Anpassung nicht verhindern »Panta rhei« – alles fließt. Wohl für kaum einen anderen Zeitraum gilt dieser alte griechische Spruch stärker als für die heutige Zeit. Der technische Wandel, die Globalisierung, der Primat der Wissensgesellschaft und die weltweite Konkurrenz sind die Voraussetzungen, auf die sich eine konkurrenzfähige Gesellschaftskultur einstellen muss. Für den einzelnen Arbeitnehmer kann daraus eine riesige Herausforderung entstehen, denn Wandel bedeutet Unsicherheit, Informationsbedarf und Hilfe im Übergang. Gewerkschaften, von denen die meisten ohne Gefühl für die Bedeutung des Wandels zur Sicherung der Konkurrenzfähigkeit sind – sehen ihre Hauptaufgabe noch zu oft im »Schutz« des Arbeitsplatzes, also dem Kündigungsschutz. Sie wehren sich gegen Veränderungen und wollen den Status quo erhalten. Auch unwirtschaftliche Arbeitsplätze werden in der Regel mit aller Macht verteidigt und somit der Wandel, die notwendige Anpassung verhindert. Was sich nicht anpassen kann, stirbt, so lautet eine alte Wirtschaftsregel.

Genau hier greift das erwähnte betriebliche Bündnis, also die Vereinbarung zwischen Unternehmer und Betriebsrat beziehungsweise Belegschaft über Abweichungen gegenüber dem Flächentarif. Die Betriebsräte kennen in aller Regel die Situation und die für den Erfolg notwendigen Maßnahmen sehr gut. Denn die Mitarbeiter wissen, wen sie aus ihrer Mitte wählen. Sie haben schließlich mit den Kandidaten täglich zu tun, die häufig schon seit Jahren im Betrieb arbeiten und oft nur im Nebenamt Betriebsrat sind. In der Praxis hat sich gezeigt: Aus der Belegschaft gewählte Betriebsräte ohne ideologische und gewerkschaftliche Indoktrinierung sind besser in der Lage, die Belastungsfähigkeit des Unternehmens zu erkennen und die zur Anpassung und Konkurrenzfähigkeit notwendigen Maßnahmen zu beurteilen, als externe Funktionäre. Das betriebliche Bündnis ist deshalb ein rationaler, mancherorts bereits bewährter Weg der Unternehmenssicherung, dem eine zentrale Rolle in Deutschland nicht mehr verwehrt werden darf. Die Erfolge in mehreren skandinavischen Ländern und in anderen Staaten bestätigen die Kraft zum Wandel, die in diesem Ansatz steckt.

In solcher Kraft zum Wandel liegt die eigentliche große Herausforderung für nach vorn schauende Gewerkschaften. Nur wenige gingen bisher diesen Weg. Die häufigere Regel der Gewerkschaften lautet: Verteidigung auch unwirtschaftlicher Arbeitsplätze bis zum Schluss. Beispiele wie die Schließung der Produktion von AEG/Elektrolux Nürnberg mit 1700 Arbeitsplätzen oder des Landmaschinenherstellers Faun – bei denen die Unternehmensleitung die 40-Stunden-Woche forderte und nicht zugestanden bekam – sind allgemein bekannt. Es sind miserable Beispiele des Vertreibens von Unternehmen, statt die Kraft zum Wandel aufzubringen, zu notwendiger Anpassung zum Beispiel durch Mehrarbeit. Wir konkurrieren mit Nationen, die im Schnitt die eineinhalbfache, manchmal doppelte Anzahl von Arbeitsstunden pro Mitarbeiter bringen.

Mit ihnen konkurrenzfähig zu bleiben bedeutet nicht nur ständige Innovation, es bedeutet auch ständige Rationalisierung. Eine der typischen Forderungen einer falsch verstandenen sozialen Gerechtigkeit ist, bei guter Ertragslage mögliche Rationalisierungen zu unterlassen. Denn Rationalisierung, wichtiger Teil des Produktivitätszuwachses, ist der Freiraum für den Wohlstand von morgen, für höhere Einkommen und weitere Investitionen. Gute Ertragslage ist deshalb kein Argument gegen Rationalisierung an sich, es ist nur ein Argument, den Wandel vorsichtig und mit hoher sozialer Kompetenz umzusetzen.

Kündigungsschutz ist verständlicher Wunsch und in konkurrenzfähigen Grenzen sinnvoll, aber die Kraft zum Wandel, die Hilfe beim Umsteigen auf andere Arbeitsplätze ist noch wichtiger. Nur diese Kraft der Anpassung sichert auf Dauer die Beschäftigungsstärke. Womit nicht bestritten werden soll, dass viele Unternehmer eine allzu weiche Haltung sofort einseitig nutzen würden, ein durch die Gewerkschaften unterstützter Rechtsschutz der Arbeitnehmerschaft erforderlich ist und auf betrieblicher Ebene – nicht aber in der Fläche – Streik und Aktionsfreiheit das Gleichgewicht sichern müssen. Ein Gleichgewicht der lokalen Kräfte ist die Voraussetzung für gute Kompromissfähigkeit – im

Gegensatz zu branchenweiten Auseinandersetzungen um Flächentarife, bei denen das Gleichgewicht der Kräfte in der heutigen verflochtenen Wirtschaft völlig gestört ist.

Staat im Staate?

Dass die Arbeitsmarktgesetze zur Sicherung der Konkurrenzfähigkeit der Industrie und zur Sicherung der Beschäftigung geändert werden müssen, ist auch der Politik seit langem bekannt. Mehrere Reformen der Sozialgesetze brachten erste Erfolge, aber ohne Anpassung der Arbeitsgesetze bleiben sie Stückwerk. Alle Ansätze dazu wurden in Deutschland bislang sofort mit Streik- und Boykottdrohungen der Gewerkschaften beantwortet, so dass bisher jeder Regierung – abgesehen von ersten, später revidierten Ansätzen im letzten Regierungsjahr von Altkanzler Kohl und der gegenüber den Ursprungsplänen stark reduzierten Agenda 2010 unter der Regierung Schröder – der Mut fehlte, diese allgemein geforderte Korrektur auch durchzusetzen. In vielen Ländern – ich erinnere an England, an Australien und Neuseeland, an Dänemark und auch die USA – wurden die Vorrechte der Gewerkschaften so weit eingeschränkt, dass man wieder von einem Gleichgewicht der Kräfte sprechen konnte, die Wirtschaft zu neuem Wachstum und Beschäftigung fand und mehrfach sogar ein neues Wirtschaftswunder möglich wurde.

Bleibt die Politik hier weiter zu mutlos gegenüber den lautstarken Drohungen, dann wird alles beim Alten bleiben. Irgendwann müssen wir aber durch diesen Flaschenhals durch, wenn wir wieder zu wachsendem Wohlstand, zu bezahlbarem Sozialsystem und einem schuldenfreien Staat zurückkehren wollen. Das Bürgervotum bietet sich als der vermittelnde Weg, solange die Gewerkschaften sich ausreichenden Anpassungen an die neue Situation verweigern. Daran ist auch Altbundeskanzler Gerhard

Schröder gescheitert. In einem *Spiegel*-Interview anlässlich des Erscheinens seiner Memoiren wies er ausdrücklich darauf hin, dass vor allem IG-Metall-Chef Jürgen Peters und ver.di-Chef Frank Bsirske »in aggressiver, auch anmaßender Weise« eine politische Korrektur seiner Reformpolitik verlangten.

Ein Auszug aus dem Interview:

»Schröder: In der SPD gab es relevante Kräfte, die nach der NRW-Wahl von mir verlangt hätten, den Kurs der Agenda 2010 aufzugeben ...

Spiegel: Welche Kräfte meinen Sie genau? In Ihrem Buch tauchen in diesem Zusammenhang vor allem IG-Metall-Chef Jürgen Peters und ver.di-Boss Frank Bsirske auf.

Schröder: Das waren zum einen die Gewerkschaften, die von mir in aggressiver, auch anmaßender Weise eine politische Korrektur verlangten. Die beiden Genannten haben schon viel kaputt gemacht – für die SPD, aber auch für den Reformprozess, und zwar, wie ich es empfunden habe, gegen die Interessen der Menschen, die ihre Mitglieder sind. Die beiden haben Funktionärsinteressen wahrgenommen bis in extenso ...«

Deutlicher kann man kaum noch sagen, dass sich hier ein Machtanspruch einer Organisation entwickelt hat, der weder mit Demokratie noch mit dem Prinzip des Sozialstaats vereinbar ist.

Interessant auch, wie deutlich sich in diesem Frage- und Antwortspiel Partei und Gewerkschaft vermischen, so als ob sie eins wären. Damit entlarvt sich die mit ihren Kadern immer wieder drohende Gewerkschaft eindeutig als Staat im Staate.

Die Tatsache, dass die Gewerkschaft vor 150 Jahren selbst die Sozialdemokratische Partei gegründet hat, ist noch nicht vergessen, die notwendige Entflechtung noch nicht erfolgt. Aber im Zeichen des aufgeklärten Europa ist die Unabhängigkeit der Staatsorgane von Kirche, Industrie und allen anderen Interessengruppen zwingend notwendig. In der Demokratie muss der Stimmzettel entscheiden und nicht Interessensbindungen mit zwangsläufigen Interessenkonflikten. Daran haben sich auch die Gewerkschaften zu halten, sie sind nicht Staat im Staate.

Die entstandene Realitätsferne mag mit ein Grund für die völlig ausgeuferte Überlastung unseres Sozialsystems durch relativ leichten Missbrauch und durch die internationale Öffnung für jeden Arbeitsfähigen sein. Das sind enorme Zusatzbelastungen, die den heutigen Arbeitskosten aufgebürdet werden. Vor diesem Hintergrund hat mich immer wieder die Geduld der jungen Generation überrascht, die wegen dieser Fehlentwicklungen jahrelang vom Erwerbsprozess ausgeschlossen wurde und teils zur »Generation Praktikum« verkam. Gerade die Jugend hat doch typischerweise den Mut, den Wandel eines veralteten gesellschaftlichen Systems einzufordern. Aber hier waren die Zusammenhänge wohl zu komplex und die Medien zu wenig interessiert, um die Forderung nach mehr Flexibilität der älteren Generation zu einem Thema jugendlicher Unruhe zu machen. Man hätte sich die Gründung einer Gewerkschaft, ja fast einer Partei »Junge Generation« gewünscht, die das transparent und dem unbeweglichen Establishment dadurch Beine gemacht hätte.

Den heutigen Knoten am besten durchschlagen könnte nach all den erfolglosen Jahren das themenspezifische Bürgervotum, das dem Politiker unpopuläre Fragen abnimmt und die Verweigerungshaltung der alten Gewerkschaften in die Schranken weist. Bürgerentscheide können optimal beantworten, wie viel Belastung und Verschuldung durch den Sozialstaat wir wirklich wollen, welche Flexibilität im Arbeitsmarkt wir uns zutrauen, welche Hebel der Gewerkschaften wir wollen. Diese Abstimmungen werden nicht immer die Antwort bringen, die die nächste Generation von uns erwarten würde, aber jeder der Älteren weiß dann, dass seine Stimme mitentscheidend war, ob er nun für Veränderung oder für Bewahrung eintrat. Und je mehr die Probleme der nächsten

Generation auch zu denen unserer Generation werden, umso mehr wird sich Nachdenklichkeit breitmachen.

Fassen wir zusammen: Die Schaffung einer international voll konkurrenzfähigen Arbeitswelt ist die beste Voraussetzung für Deutschland, einen unserer großen Schwachpunkte zu beseitigen und zugleich die Anforderungen an die Marktwirtschaft zum Klimaschutz optimal zu meistern. Wir haben als Wissensgesellschaft hier die Kraft zur Vorreiterrolle. Dabei ist Beschäftigungsstärke ein besonderer Werteanspruch der Gemeinschaft, eine der zentralen Werteforderungen einer sozialen Marktwirtschaft überhaupt. Die beschriebenen Verirrungen der Arbeits- und Sozialgesetze haben unsere Konkurrenzfähigkeit verschlechtert und damit diese Beschäftigungsstärke reduziert, sie bedürfen der Sanierung. Plateau 3 fordert hierzu eine am Gemeinschaftsgeist und der modernen Wissensgesellschaft orientierte Sozial- und Unternehmenskultur, begleitet von einer auf die Priorität dieses Ziels ausgerichteten Gewerkschaftsbewegung.

Beispiel Produktpolitik: Die junge Generation beachten

Immer wieder mal flackert sie auf, die Klage über die Probleme unserer Jugend. Gewaltverherrlichende Medien, ungesundes Fast Food oder geistige Schädigung durch übermäßiges Fernsehen und Computerspiele, alles Produktangebote der Marktwirtschaft, die unseren Vorstellungen von Jugendschutz nicht entsprechen. Wir haben uns daran gewöhnt, dass es da ein Problem gibt. Ich will es deshalb hier als drittes Beispiel einer Wertesicherung anführen, ein Beispiel, das einfach erscheint, weil es sich ja »nur« um einige Produktgebiete handelt. Zwar sind zahlreiche Bücher zum Thema geschrieben worden, aber so richtig präsent – wie der Klimawandel – oder gar gelöst ist dieses Problem nicht. Vielmehr sind die regulierenden Maßnahmen in weitgehender Wirkungslosigkeit stecken geblieben.

Jedem ist dabei bewusst, dass die Liebe zur Jugend zentraler Kern der Sorge um Nachhaltigkeit ist. Ohne Jugend führt sich Nachhaltigkeit selbst ad absurdum. Entsprechend kann mit der Diskussion von Produktproblemen nur ein kleiner Teil der bestehenden Aufgaben berührt werden. Andere Themen, wie die Erziehung zur Demokratie, zur Naturliebe, zum Respekt der Gemeinschaft oder zum Engagement, wären genauso wichtig, aber sprengen den Rahmen des Wertebeitrags der Marktwirtschaft. Sie ist hier das Thema. Denn es ist erschreckend, wie Teile der Marktwirtschaft, allen voran der audiovisuellen Medien, der Ernährungsindustrie und der Werbebranche, die Schwächen junger Menschen ohne Rücksicht auf die charakterliche Gefährdung ausnutzen. Eingeschränkte körperliche und geistige Gesundheit, Übergewicht, Verschuldung, schlechtes Konzentrationsvermögen und mangelnde Kreativität sind die Folge.

Es sind abschreckende Wirkungen des amerikanischen Konsumerismus, der sich heute in vielen Teilen der Welt auswirkt. Wir haben weder genügend dafür getan, die Jugend gegen diese negativen Einflüsse des modernen Wirtschaftslebens zu schützen, noch haben wir ihr geistiges Immunsystem entsprechend gestärkt. Schützen und Hegen muss wieder zu einer ganz wichtigen Leitlinie der Kinder- und Jugendpflege in unserer Marktwirtschaft werden, unabhängig von der natürlich immer bestehenden Aufgabe elterlicher Fürsorge. Das ist ein großes Thema für jeden Zukunfts- und Ethikrat. Jugendschutz muss in allen Werteprogrammen der Medien und der Wirtschaft eine besondere Gewichtung, ein gesondertes Maßnahmenpaket erhalten und zum selbstverständlichen Standard des »good corporate citizen« und der Ethik-Beiräte werden. Hierbei handelt es sich um ein Kapitel, das natürlich in enger Zusammenarbeit mit Pädagogen und Psychologen bearbeitet werden muss. Das langfristige, auch wirtschaftliche Interesse kann nur in der Heranbildung einer leistungsfähigen und starken nächsten Generation bestehen, selbst wenn das manchmal den Verzicht auf kurzfristigen wirtschaftlichen Vorteil bedeutet.

Ernährung als Versuchung

Dass mehr als die Hälfte der Jugendlichen in den USA heute übergewichtig ist und die übrigen Industrieländer diesem Trend folgen, wird zwar von Medien und Werbung stark beeinflusst, hat aber noch einen ganz anderen Hintergrund, über den bisher kaum diskutiert wird: die »Geschmacksoptimierung«. Dahinter verbirgt sich die inzwischen hoch entwickelte Kunst, alles Fast Food und alle industriell bearbeiteten Nahrungsmittel mit Zusätzen zu versehen und auch sonst zu »optimieren«. An einem Tag nehmen wir Mitteleuropäer heute etwa 500 (!) Zusatzstoffe mit auf. Damit werden der Geschmack oder das Aussehen verbessert, die Konsistenz und die Porenbildung angepasst usw. Ein großer Teil dieser Stoffe ist auf pflanzlicher Basis gewonnen und gilt daher als Naturprodukt, das dann mit Zucker und Fettzusätzen zur abgerundeten »Geschmacksoptimierung« führt.

Dieses Beispiel zeigt die schwierige Grenze zwischen wohlgemeinten und nur umsatzorientierten Maßnahmen. Natürlich freuen wir uns, wenn es schmeckt. Nachweisbar ist aber, dass insbesondere durch Appetitanreger – wie zum Beispiel Fette – der Appetit größer wird als der tatsächliche Hunger und mehr konsumiert wird, als der Körper benötigt und normal abbauen kann. Wenn die Nahrung dann auch noch hohe Anteile von Zucker oder weißem Mehl oder sich rasch einlagernde tierische Fette enthält, wird das Dilemma vollkommen. Die Gesundheitsgefährdung durch Übergewicht nimmt ihren Lauf. Von daher wäre es notwendig, auf jeder Fast-Food-Speisekarte auf diese Gefahren hinzuweisen. Warum muss nur auf den Zigaretten- und Tabakpackungen gewarnt werden, wenn hier eine völlig analoge Gefahr vorliegt?

Interessant ist in diesem Zusammenhang der Vergleich der Herz- und Kreislaufprobleme der amerikanischen und der japanischen Bevölkerung. Die Statistik zeigt, dass die asiatische Ernährung einen deutlich langsameren Alterungsprozess der Blutgefäße bewirkt, der ungefähr zehn Lebensjahren entspricht und an der deutlich höheren Lebenserwartung der japanischen Bevölkerung ablesbar ist. Die Untersuchungen wurden auch an eingewanderten Asiaten in den USA durchgeführt und bestätigten, dass deren Lebenserwartung mit der Übernahme der amerikanischen Ernährungsweise schnell deutlich sinkt und sich dem Durchschnitt aller Amerikaner anpasst. Es ist also die Ernährung, es ist das beschriebene Auftreten des »big business«, das zu diesen Fehlentwicklungen führt.

Aus meiner Sicht sind gerade zu diesen Problemen erheblich mehr Untersuchungen erforderlich. Die Erarbeitung einer ethisch einwandfreien Vorgehensweise und Aufklärung ist sicher nicht einfach, aber für unsere Jugend extrem wichtig. Und wohl auch für viele Erwachsene, denn die gleichen Effekte stehen natürlich all denen im Weg, die ihre vielen überflüssigen Pfunde wieder loswerden wollen. Hier nämlich schlägt die Natur ganz gemein zurück. Denn die Fettzellen sind zunächst ungenutzt im Körper eingelagert und werden erst durch die Fettspeicherung aktiviert. Einmal aktiviert, sind sie allerdings kaum mehr abzuschalten, sondern bewirken immer wieder Phasen von Heißhunger. So kommt es zu dem bekannten Jo-Jo-Effekt, der besagt, dass nach jeder Diät ein Rückschlag, also eine Heißhungerphase, kommt, die unter Umständen die Situation sogar weiter verschlechtert. Natürlich ist das ein Thema, über das die Industrie, die vom Verkauf teurer Diäten profitiert, dezent hinweggeht.

Boykott des Werbehammers

Viele der Probleme betreffen nicht nur Jugendliche, sie gehen uns alle an und begegnen uns im globalen Vermarktungsdruck der großen Konzerne. Es ist ja bekannt, dass der ständige Werbedruck unser Hirn durchdringt, völlig unnötige Wünsche weckt und eine Welt vorgaukelt, in der wir uns am Ende doch nicht wohlfühlen. Peter Whybrow hat dieses Problem in seinem Buch *American Mania – when more is not enough* drastisch beschrieben, und dem ist kaum etwas hinzuzufügen. Seine Antwort heißt nur: erhöhte Widerstandsfähigkeit, eine bessere Abschottung des Einzelnen. Für einen Psychologen mag das verständlich sein, es ist aber nicht genug. Die Gemeinschaft und ihre Marktwirtschaft müssen es schaffen, diese ständige Vereinnahmung durch den kontinuierlichen Werbedruck einzugrenzen und sozialverträglicher zu machen.

Klar ist, dass wir vor allem den Werbedruck, der uns heute aus jedem Fernseher entgegenspringt, zurückdrängen müssen. Konsumerismus macht unzufrieden, im Grunde verkaufen wir unsere Gehirne. Keiner wird darauf verzichten wollen, das zu kaufen, was er gern möchte und was er sich leisten kann. Es geht nicht um eine Einschränkung der Konsumfreiheit, wohl aber um eine Kultur, die ohne Zwang und ständige Berieselung gerade diese Freiheit aufrechterhält. Die Kritik am Fernsehen steht dabei deshalb im Vordergrund, weil diese Form der Werbung heute ständig auf Unterbrechung, auf das Stören von Zusammenhängen und auf die Nutzung der handlungsbedingten Konzentration aus ist. Das schädigt besonders die Jugend, aber auch bei Erwachsenen ist es eine der Hauptursachen der stark zunehmenden psychischen Störungen.

Konzentrationsphasen ohne Reizüberflutung

Eine wichtige Voraussetzung für einen Erfolg besteht darin, Information und Unterhaltung ohne Reizüberflutung und ohne ständige Ablenkung durch Unterbrechungen zu erreichen. Man muss einmal das gespannte, neugierige Gesicht eines Kindes, das einer Fernsehsendung folgt, beobachten und den erstaunt irritierten Wechsel in der Mimik, den Zusammenbruch der Konzentration, wenn plötzlich eine Werbeeinlage kommt oder am Ende der Sendung überfallartig für den nächsten Krimi geworben wird. Um die Kinder vorzubereiten, aufzuklären und ihnen zu helfen, hineinzuwachsen in eine Selbständigkeit mit Gemeinschaftsverständnis, Selbstwertgefühl und funktionierendem Selbstschutz- und Abwehrvermögen, braucht es das Recht auf Konzentration, auf Geborgenheit und Integration, auf einen Schutz vor Kommerz und Reizüberflutung.

Neben der Programmdisziplin gehören auch technische Maßnahmen zu den logischen Konsequenzen. Erste Versuche mit dem von der Regierung Clinton eingeführten »violence chip« gibt es – allerdings wenig unterstützt von den Medien –, der nur den Empfang von für die Jugend geeigneten Sendungen erlaubt. Zugleich kann insbesondere für Jugendsendungen jede Unterbrechung durch Werbung unterdrückt werden. Gerade die ständigen Werbeunterbrechungen sind ein besonders gefährliches Gift für das Konzentrationsvermögen und Grund für die Interesselosigkeit vieler amerikanischer Jugendlicher und Erwachsener, die diesem Angriff auf ihr Bewusstsein seit Jahrzehnten ausgesetzt sind.

Ende des kontinuierlichen Werbedrucks

Insgesamt wird also die Jugendeignung ein enorm wichtiges Paket der Wertesteuerung. Ein Maßnahmenkatalog für den Fernsehbereich könnte zum Beispiel folgendermaßen aussehen:

- Keine Vermischung von Werbung mit Informationen, Ausbildung oder Entertainment
- Medienvorschriften für Werbungsbeschränkung, Blockbildung, Kennung und Abschaltbarkeit
- Alle TV-Sendungen kodieren (Werbung, Gewalt, Sex), eine jugendgeeignete Fernsehprogrammierung möglich machen (zum Beispiel gewaltfrei)
- Werbung noch stärker in Spezialkanäle abtrennen, genutzt wird öffentlicher »Äther«
- Keine Werbung für Tabak und Alkohol
- Begrenzung oder Verbot der Emotionalisierung, der Gehirnwäsche, der Infiltration
- Große Konzentrationsphasen ohne Reizüberflutung
- Aufklärung in den Schulen über die Gefahren des Werbehammers und die Reizüberflutung durch Medien

»Mens sana in corpore sano«, in einem gesunden Körper steckt auch ein gesunder Geist, ist auch heute noch eine gute Leitlinie. Das heißt: psychische Belastungen reduzieren, Fett, Zucker und Mehl als gesundheitlich fragwürdige Grundstoffe bei Fast Food als eine der Hauptursachen der zunehmenden Fettsucht reduzieren (und diese Essensgewohnheiten nicht in andere Kulturkreise exportieren). Ich will hier nicht den Versuch unternehmen, die von vielen anderen beeindruckend beschriebenen Auswirkungen des globalen Werbedrucks, des Verhaltens der großen Markenartikler und der Schleichwerbung großer Firmen umfassend aufzulisten, obwohl die für die Jugend dringend notwendigen

Veränderungen auch uns Erwachsenen sehr willkommen sein werden.

Immun durch Aufklärung

Natürlich ist mir klar, dass die Jugend clever genug sein wird, technische Einschränkungen des Multimediaangebots oder des Fernsehkonsums gelegentlich zu umgehen oder bestimmten Ernährungsregeln auszuweichen. Es bedarf also von Kindestagen an einer kontinuierlichen Aufklärung über die Gefahren moderner Zivilisation und über den persönlichen Gewinn durch ausreichende Bildung. Jugend ist nicht nur neugierig, sie ist auch ehrgeizig. Eine gute Aufklärung über die intellektuellen und emotionalen Schäden durch die Versuchungen der modernen Welt wird bei vielen den Ehrgeiz anstacheln, wird sie motivieren und damit ihre Widerstandsfähigkeit gegen diese Tendenzen stärken.

Alle vorgenannten jugendgefährdenden Themen benötigen ethische Regeln der beteiligten Unternehmen, sie erfordern aber auch eine konsequente und kontinuierliche Aufklärung schon im Kindesalter, beginnend im Elternhaus, im Kindergarten und in den ersten Schuljahren. Gut aufgeklärte Kinder und Jugendliche werden auch den Versuchungen des Konsumdrucks, ja selbst denen der Drogen widerstehen können. Auf die Immunität gegen falsche Versuchungen und falsche Propheten wird es ankommen, am besten schon im Kindes- und Jugendalter anerzogen. Die Gefahr zu kennen ist gleichzeitig die beste Abwehr.

Das gilt natürlich nicht nur für die Jugend, viele der obigen Beispiele gelten dabei genauso für Erwachsene. Aber Werteorientierung von Produkten geht weit über die genannten Produktbeispiele hinaus. Es betrifft im Grunde alle Produkte, beginnend beim kostensparenden Hintergrund von Billigprodukten. Denn

Werthaltigkeit kostet Geld. Billige Materialien, sozial fragliche Billigarbeit, Recyclingvermeidung, nicht artgemäße Tierhaltung oder auch nur Einsparungen mit der Konsequenz schlechter Energieeffizienz, all das sind Beispiele für Wertemissachtung aus Gründen der Wirtschaftlichkeit, besonders ausgeprägt übrigens bei Importware. Die unheilvolle Neigung des Verbrauchers, primär nach Preisgünstigkeit zu kaufen, wird dann zum Treibsatz einer Wirtschaftsentwicklung in die falsche, die Nachhaltigkeit verachtende Richtung. Verantwortungsvoll kaufen wird unseren Geldbeutel berühren, vielleicht aber auch im Warenkorb unserer Einkäufe manches entbehrlich machen, was letztlich unnötig ist, eingetauscht gegen das Gefühl, verantwortungsbewusst gehandelt zu haben. Aber Produktethik umfasst auch weniger augenfällige Themen wie komplexe Dienstleistungsprodukte des Live-Entertainment – die das Gehör schädigende Lautstärke von Discomusik zum Beispiel – oder Themen der Vermarktung in anderen Kulturkreisen.

Schutz anderer Kulturen

Unsere Produktangebote treffen heute global auf Nationen und Kulturkreise, die Jahrhunderte in langsamer Veränderung und ohne Hektik gelebt haben. Die beschriebene Beeinflussung der Entwicklung der jugendlichen Persönlichkeit trifft dort naturgemäß auf den Widerstand der Älteren, der Erziehenden, die eine völlig andere Werteauffassung besitzen. Sie empfinden unsere Kultur häufig als abschreckend, ängstigend und ohne Überzeugung. Es wird von den USA zwar nicht gern gehört, aber es ist klar, dass der islamistische Terrorismus letztlich ein Kampf gegen die amerikanische Lebenskultur ist, ein Kampf gegen Wertedefizite des geschäftlichen Auftretens in diesen Ländern. Es sind die Auswüchse in den Medien, im Konsumbereich, in der »Vergötterung«

des ökonomischen Erfolgs, die bei vielen Menschen in den islamischen Ländern Abneigung, Wut und Hass erzeugen.

Es scheint angebracht, dass die westliche Marktwirtschaft von sich aus einen Verhaltenskodex erarbeitet, der die islamische Kultur respektiert und schützt, statt sie zu verdrängen. Das bedeutet Einschränkungen der Medien und der Werbung, auch ethisch fraglicher Warenangebote und respektvolles Auftreten in der Vermarktung. Es wäre ein Vorgehen, das andere Gemeinschaften respektiert und helfen kann, durch Verständnis der Wurzeln der Ablehnung die Probleme der kulturellen Polarisation zu verringern. Es wäre für alle Industrienationen ein heilsamer Prozess, um ein besseres Gespür für unterschiedliche Kulturen und die Defizite des amerikanischen »business« zu entwickeln.

Die Beispiele zeigen die Komplexität des Themas Produktethik. Komplexität ist immer eine Herausforderung für alle Beteiligten. Der Weg der werteregulierten Marktwirtschaft kann viel, aber Persönlichkeit, Durchsetzungskraft und Werteorientierung als Grundhaltung aller Beteiligten machen ihn erst zum vollen Erfolg.

6. Nachhaltig leben – eine Grundhaltung

Die drei Beispiele Klimaschutz, Beschäftigungsstärke und Jugendschutz beleuchten die Möglichkeiten der Instrumente des Plateau 3 für diese und für andere Werteerwartungen der Gemeinschaft. Sie umzusetzen aber ist die Aufgabe aller, die Verantwortung tragen und führen wollen. Das setzt einen starken Willen und hohe Verantwortungsbereitschaft voraus. Alle Steuerungssysteme ändern nichts daran, dass die werteregulierte Marktwirtschaft mit einem bürgernahen demokratischen Durchsetzungsmechanismus und einem auf Nachhaltigkeit und Gemeinschaftssinn ausgerichteten persönlichen Lebensstil jedes Einzelnen verbunden werden muss, um das übergeordnete Ziel, Zufriedenheit, Wohlstand und Glück herzustellen, auf Dauer zu sichern. Handeln tut immer nur der Mensch, nur er setzt um, führt, kauft, engagiert sich oder steht beiseite. Die Instrumente des Plateau 3 sprechen alle an, Führungskräfte, Unternehmer, Verbraucher, ebenso wie Wähler, Politiker, Journalisten und Ingenieure – jeden in seinem Handlungsspielraum. Sie wenden diese Instrumente an, oder auch nicht, je nach Einstellung zur Verpflichtung der Zukunftsfähigkeit unserer Gesellschaft.

Bei Fragen der Zukunftsfähigkeit, der »Nachhaltigkeit« hat unser jetziges Gesellschaftssystem bisher versagt, aber dieses Versagen ist uns jetzt bewusst. Der Begriff Nachhaltigkeit erschließt sich noch besser, wenn man seinen Ursprung aus der Forstwirtschaft bedenkt, wird er doch seit Jahrhunderten von Förstern und Waldpflegern benutzt. Etwas auf Dauer erhalten bedeutet, einen gesunden Wald und eine gesunde Gemeinschaft anzustreben. Ein Wohlfühlen der Bäume in einer gesunden Umgebung im funktionierenden Zusammenspiel mit Boden, Flora, Klima und allem, was zu guten Lebensbedingungen beiträgt. Die Voraussetzungen zu schaffen für einen dauerhaften Bestand der (Wald-)Gemeinschaft.

Nachhaltig leben heißt also, seine Umgebung zu schützen, Gesundheit und Gemeinschaft hochzuhalten. Ein Leben in Freude, aber auch in Vernunft und Rationalität im Umgang mit Mitmenschen und Umfeld einschließlich einer besonderen Verpflichtung gegenüber der Nachwelt. Nicht nur dem Egoismus frönen, sondern auch an andere denken, bewusst und verantwortungsvoll leben. Mit dem Wald lässt sich auch unser Wirtschaftsleben vergleichen. Wir leben in diesem Wald und wir leben von ihm. Die Bäume, also die Unternehmen, wachsen oder gehen wieder ein, ein ständiger Wechsel. Wir leben von den Früchten und Blättern dieser Bäume in diesem Wald umso leichter, je besser wir mit seinem dauernden Wandel umgehen können. Und dieser Wald bleibt uns nur erhalten, wenn wir mit ihm sorgsam – eben nachhaltig – umgehen. Verzehren wir alle Blätter wie die Heuschrecken, entsteht ein dürrer und kahler Fleck. Wir berauben uns unserer Lebensgrundlage. Aber auch die Bäume dürfen nicht »in den Himmel wachsen«. Die Gefahr der Monokultur oder gar der Zerstörung bedingt ein vorsichtiges Eingreifen des Försters. Die Erhaltung des Gleichgewichts erfordert Umsicht. Der Wald insgesamt muss frei und ungehindert wachsen und sich entfalten können, damit die einzelnen Bäume in ihm ihren Lebenszyklus durchlaufen können, bevor sie je nach Kraft und Alter absterben und fallen. Und jeder Verfall muss neuen Humus als lebenspendende Bodenschicht schaffen und damit zugleich die Basis für einen neuen Fruchtbarkeitszyklus sein. Damit wir diesen ständigen Wandel der uns ernährenden Bäume beherrschen, ist es so wichtig, dass immer wieder neue Bäume für die abgestorbenen nachwachsen.

Nachhaltig leben. Auf eine neue Lebenskultur bezogen bedeutet das, den ständigen Wandel gekonnt zu beherrschen und dadurch einen konsequenten Beitrag für eine gute Gemeinschaft heute und morgen zu leisten. Zu viele Menschen sind derzeit noch im zeitgeistigen Egoismus mangelnder Anpassungsfähigkeit verfangen, in der rücksichtslosen Haltung unserer Generation. Weder eine verbesserte Unternehmensethik noch eine tiefer greifende Demokratie werden für sich allein für eine neue Zeit ausreichen. Es muss ergänzt werden durch eine persönliche Grundhaltung, durch ein inneres Bekenntnis zum Leben in der Gemeinschaft, zu einem Leben mit Verantwortung auch für die Nächsten – für die mit uns und für die nach uns. Ein Lebensstil, der eine positive Grundhaltung zur Gemeinschaft ausdrückt, wird damit zum dritten Träger des Fundaments, auf dem wir aufbauen können. Er bildet sich aus dieser Verbindung von bürgernaher Demokratie, hochstehender, branchenkontrollierter Unternehmensethik und einer persönlichen Grundhaltung, die zur Verantwortung gegenüber der Gemeinschaft heute und morgen steht, ohne dabei sauertöpfisch auf alle sich bietenden Freuden unseres Jahrhunderts zu verzichten. Es geht nicht darum, möglichst entbehrungsreich und asketisch zu leben, sondern um eine verantwortungsvolle Nutzung unseres enormen Wissens und unserer vielfältigen Möglichkeiten.

Zufriedenheit schaffen – Zukunft vererben

Nachhaltig leben grenzt also die Egoismen ein und gibt allem Priorität, was zu einer dauerhaft gesunden Gemeinschaft führt. Das hilft jedem von uns in vielerlei Beziehung und ist damit nicht einmal frei von Eigennutz. Konsequent gelebt, führt es aber fort von unserer fast ausschließlich materialistischen Welt. Das rein Materielle bleibt zwar Voraussetzung, relativiert sich aber gegenüber den anderen Glücksfaktoren. Der im Eingangskapitel erwähnte Richard Layard zählt als die wichtigsten Glücksfaktoren auf: familiäre und soziale Beziehungen, finanzielle Situation, Arbeit, soziales Umfeld, Gesundheit, persönliche Freiheit und Lebensphilosophie. Nicht so wichtig sind dagegen Alter, Geschlecht, Aussehen, Intelligenz und Bildung.

Zu kurz kommt bei ihm aus meiner Sicht allerdings der Aspekt der Nachhaltigkeit und damit der Langfristigkeit. Wir sind nicht nur für unser eigenes Wohlbefinden, sondern auch für das der Generationen nach uns verantwortlich. Konsequenter und besser als andere diese Verantwortung zu leben trägt nach meiner Überzeugung genauso – wenn nicht noch mehr – zu einem guten Lebensgefühl bei.

Gebt uns unseren Dorfplatz wieder

Neben der finanziellen Situation steht am Anfang allen Wohlbefindens das wunderbare Gefühl, zu einer lokalen Gemeinschaft zu gehören. Es ist die Familie, die Arbeit – und es sind Freunde, Bekannte, unser Umfeld, unser Dorf. Wie Layard zeigt, ist all dies in der Summe noch wichtiger als die finanzielle Situation.

Das steht in einem erstaunlichen Gegensatz zu dem von den Medien verbreiteten Eindruck eines globalen Dorfs mit durchgängigen Grenzen, das von Jetset, Multikulti und Reichtum geprägt wird. Das ist für viele jedoch nicht die Welt, in der sie sich wirklich geborgen und wohlfühlen. Aber es liest sich gu, und neugierig studieren wir die dazu gelieferten Geschichten und Bilder. Es sind die Bilder, die Wünsche erzeugen, aber mit den Bildern kommt auch die Angst, jeden Halt zu verlieren und in einer anonymen globalen Masse ohne kulturellen Bezug verloren zu gehen. Es ist gerade diese lokale Geborgenheit, die stark macht und immun gegen globale Gefahren. Was nicht damit verwechselt werden darf, dass jeder gern einmal in die Fremde schweift, aber eben auch gern wieder zurückkommt.

In diesem Umfeld leben wir für die Gegenwart. Ob wir aber auch Zukunft vererben, ob wir eine nachhaltige, eine überlebensfähige Gemeinschaft bilden, bedeutet noch mehr. Es heißt, in dieser Gemeinschaft den festen Willen zu geistiger Gesundheit und dauerhafter Konkurrenzfähigkeit aufrechtzuerhalten und ständig zu stärken. Das Urteil über das Gelingen wird dabei die nächste Generation sprechen. Wir sollten deswegen versuchen, unsere Handlungen aus deren Blickwinkel zu betrachten. Die nächste Generation wird mit uns sehr kritisch umgehen, wenn wir ihr nicht vernünftige Voraussetzungen für ein sorgenfreies Leben hinterlassen. Also

- eine konkurrenzfähige Wirtschaft mit Beschäftigungsstärke,
- ein schuldenfreier Staat,
- die Erziehung zu ausgebildeten, widerstandsfähigen und lebensfähigen Persönlichkeiten,
- die globalen Ressourcen zu erhalten,
- einen Lebensraum ohne Klimakatastrophen und Umweltschäden zu vererben
- und schließlich eine Kultur zu schaffen, die Gesundheit, Arbeitsfreude und Wohlbefinden vermittelt, also alles das, was Layard unter den Begriff »happiness« fasst.

Alle diese Bemühungen beginnen lokal. In überschaubaren Gemeinschaften verschwindet die Anonymität, die Anerkennung für eine beispielhafte Haltung steigt, man ergänzt sich gegenseitig. Lokale Bezugsnetze vermeiden den oft unsinnigen Transport von Produkten über große Entfernungen und bieten die Sicherheit der lokalen Qualität. Geschäftsreisen, Warenlogistik, Umweltverschmutzung, Haltbarkeitschemie, all das kann reduziert werden. Und vielleicht schaffen wir es als Verbraucher auch, dass Kälber nicht mehr durch halb Europa transportiert oder Nordseekrabben in Polen oder Marokko verarbeitet werden, nur um ein paar Prozentpunkte Kosten zu gewinnen, aber ohne Rücksicht auf alle Nachhaltigkeitsaspekte. Der Schutz der lokalen Marktwirtschaft gilt für Deutschland und für die Industrieländer genauso wie in den Schwellenländern. Gerade dort sollten wir besonders vorsichtig sein, das heutige Konzept einer völlig dezentralisierten Fertigung der Produkte mit der Gewalt der globalen Weltwirtschaft zu implementieren. Lokale Wirtschaftsnetze sind nicht nur nachhaltiger, sie schaffen durch ihr Zusammengehörigkeitsgefühl auch eine besondere Stärke der Gemeinschaft.

Die anderen fünf Milliarden

Die lokale Zusammengehörigkeit der Gemeinschaft ist der Kern. Effektiv wird sie erst in ihrer weltweiten Ergänzung, also in einem toleranten Umgang mit den vielen anderen »communities«, den vielen anderen Gruppen, mit denen gemeinsam wir durch eine langfristig orientierte Lebenskultur zu einem weltweiten Einflussfaktor werden können. Denn das wichtigste Gegengewicht zu Egoismus und Gemeinschaftsfeindlichkeit ist der Druck auf nationaler und globaler Ebene. Als große Gruppen können wir alles erreichen. Egoismen sind die Triebfeder für Fortschritt und damit für Zivilisation, aber Gemeinsinn ist die ethisch höhere Herausforderung. Auch dabei kann man durchaus an sich denken, denn Gemeinsinn macht Freude. Das Gefühl, einer Gemeinschaft etwas zu geben und sich positiv in ihr zu bewegen und anerkannt zu werden, verschafft große Befriedigung. Auch dabei gilt wieder: Wir dürfen keinen »idealen« Menschen erwarten, aber einen tatkräftigen Beitrag zu Gemeinschaft und Menschenwürde, eben eine Lebenskultur in Verantwortung. So wie es John F. Kennedy einmal formulierte: Nicht fragen, was die anderen für mich leisten können, sondern was ich für die anderen leisten kann, damit eine gute Gemeinschaft gelingt. Oder wie es beinahe noch treffender Albert Schweitzer ausgedrückt hat: »Das Glück gehört zu den wenigen Dingen, die sich verdoppeln, wenn sie geteilt werden.«

Auf fünf Milliarden kann man grob den Teil der Weltbevölkerung schätzen, der von den Segnungen der Industrieländer nicht voll profitiert. Deshalb möchte ich an die Rio-Erklärung über Umwelt und Entwicklung erinnern, die die Konferenz der Vereinten Nationen über Umwelt und Entwicklung zum Abschluss ihrer Tagung im Juni 1992 in Rio de Janeiro formuliert hat. In ihr wird die »Schaffung neuer Ebenen der Zusammenarbeit zwischen den Staaten« gefordert, um »eine neue und gerechte weltweite Partnerschaft aufzubauen«. Es werden »internationale Übereinkünfte« verlangt, die die »Interessen aller achten und die Unversehrtheit des globalen Umwelt- und Entwicklungssystems schützen«. Und vor allem wird darauf hingewiesen, »dass die Erde, unsere Heimat, ein Ganzes darstellt, dessen Teile miteinander in Wechselbeziehung stehen«. Dieser Appell gab uns einen Auftrag für eine neue Gemeinschaft – ein Auftrag, den wir nicht erfüllt haben. Der Aufruf gilt weiterhin, er bleibt so lange zeitlos, bis die geradezu unglaublichen Gegensätze zwischen Nord und Süd, zwischen Arm und Reich beseitigt und wir zu einem Leben des Gleichgewichts und des Respekts vor unserem Planeten zurückgefunden haben.

Die Menschheit besteht aus vielen Kulturen. In ihrer Mischung mit unserer Kultur haben sie oft enormen zusätzlichen Reiz, doch nimmt uns das den Blick für den Wert von deren Selbständigkeit. Wir müssen uns deshalb abgewöhnen, unsere eigene Kultur und unsere Produkte für so überlegen zu halten, dass wir beides ohne Rücksicht auf lokale Traditionen überall vertreiben, exportieren und implementieren. Das Respektieren und der Schutz anderer Kulturen ist die wichtigste Aufgabe, wenn wir religiösem Fanatismus und antiindustrieller Gewalt etwas entgegensetzen wollen.

Dazu gehört der Kampf gegen Korruption, Geldwäsche und Kapitalflucht ebenso wie der Respekt vor dem lokalen Humankapital. Unsere Neigung, gut ausgebildete und aktive Mitarbeiter aus armen Nationen in die Industriestaaten zu holen, mag im ersten Moment human klingen, ist aber in letzter Konsequenz eine Schwächung dieser Nationen, ihre Probleme aus eigener Kraft zu meistern. Die Antwort besteht vielmehr in Partnerschaft, im Schutz lokaler Märkte und in der Unterstützung beim Aufbau lokaler Geschäftstätigkeit, Infrastruktur und Rechtssicherheit. Sie besteht im Transfer von Know-how und in der uneingeschränkten Öffnung unserer Märkte für die Produkte benachteiligter Nationen und darin, diesen kaum zahlungskräftigen Nationen einfache und geeignete Produkte zu fairen Preisen anzubieten. Und selbstverständlich müssen diese Produkte so sein, dass sie hohen Wertestandards genügen und neueste Technologie der Nachhaltigkeit zur Verfügung stellen. Also alternative Energielösungen statt fossiler Treibstoffe, Medienexporte mit Jugendeignung und Kulturrespekt und vor allem Hilfe für diejenigen, die von den wachsenden Wüstengürteln und Dürreperioden durch Hungersnot und Auszehrung bedroht sind. Nicht das Wachstum nach der alten Lehre, sondern das Kulturniveau einer neuen Gemeinschaft gilt es zu exportieren, auch als Ausgleich für die Leiden, die in vielen Teilen der ärmeren Welt durch unsere Zivilisation entstanden sind.

All das führt zu einem Vorgehen, das andere Gemeinschaften respektiert und sie nicht mit der Walze des modernen »business« überrollt. Diese Staaten haben in der Regel nur eine schwache innere Rechtsstruktur und können sich deshalb von sich aus gegen solche Einflüsse kaum wehren. Die daraus entstehende Abneigung führt dann allzu oft zu Untergrundstrukturen, antiwestlichen Demonstrationen und schließlich Gewalt und internationalem Terror. Nur ein Verständnis der Wurzeln dieser Ablehnung wird das Problem reduzieren, vielleicht langfristig lösen können. Auf islamischer Seite bleibt natürlich als Voraussetzung für einen sinnvollen Dialog, auch die anderen Religionen und Kulturen zu tolerieren und Religion und Staat erfolgreich voneinander abzugrenzen, wie es ja auch dem Christentum gelungen ist.

Gleichgewichte statt Wachstum – der unerfüllte Auftrag von Rio

Sozialer Fortschritt braucht wirtschaftliches Wachstum. Ist aber erst einmal ein tragfähiges Plateau der sozialen Sicherung und des Wohlstands erreicht – also unser Plateau 2 –, hat die Suche nach Gleichgewichten Priorität. Denn für die Zufriedenheit ist das richtige Maß des Wachstums eine Gratwanderung. Natürlich wollen wir, dass alles etwas schöner wird, etwas besser, etwas rationeller. Wachstum als Selbstzweck aber wird rasch zum Motor der Hektik, des Aktionismus, des rücksichtslosen Ressourcenverbrauchs, also zum Kern der Unruhe und der Unzufriedenheit in der modernen Zivilisation. Wachstum bringt Gefahren. Gemeinschaften in der Natur suchen langfristige Gleichgewichte, wobei die einzelnen Teile ständig Wachstum, Stagnation oder Tod unterworfen sind. Die Gemeinschaft insgesamt bleibt so im Gleichgewicht und erneuert sich von innen durch Geburt, Wachstum und Tod.

So ist rasches Wachstum nichts, was die Welt immer begleitet hat. Erst die technischen Erfindungen brachten die Umwälzung. Durch die Fortschritte in der Medizin stieg die Bevölkerungszahl sprunghaft an, durch Maschinen änderten sich die Produktivität und die Besitzverteilungen, und sie feuerten unsere Fähigkeit zur Rationalisierung und mit ihr den Zwang zu Wachstum an. Rationalisierung setzte Arbeitskraft frei, und nur Wachstum konnte

Beschäftigung erhalten. Dazu war natürlich Einfallsreichtum notwendig, und so wurden Innovation und Wachstum zu den Götzen der modernen Wirtschaft. Daraus entwickelten sich unsere heutigen Probleme, all die Probleme, um deren Bekämpfung der Aufruf von Rio bittet. Auch darum, eine neue und gerechte weltweite Partnerschaft aufzubauen, Schäden für unsere und die kommenden Generationen zu vermeiden und nachhaltige Produktions- und Konsumweisen anzunehmen. Bisher haben wir vor diesen so vernünftigen, den letztlich alten Kant'schen Prinzipien der Aufklärung, unseren heutigen europäischen Grundwerten, versagt.

»Business« und uns Bürger wieder konsequent auf diese Werte einzustimmen, das wäre ein neues Niveau gesellschaftlicher Kultur, es ist das Ziel von Plateau 3.

Epilog

Unsere heutige Marktwirtschaft und Demokratie – unser Plateau 2 – hat bei allen gemeinsamen Erfolgen ein schwerwiegendes Systemdefizit. Wir haben die ethischen Aufgaben nachhaltigen Handelns nicht umfassend genug bewältigt. Verbraucher, Investoren und Politiker ziehen das kurzsichtige, bequeme Handeln vor. Marktwirtschaftliche Kräfte können nicht greifen, wenn der Verbraucher nicht will und politische Kräfte gehemmt sind, weil mangelnde Popularität oder globale Verflechtungen und Abhängigkeiten den Wirkungsrahmen einschränken. Die Konsequenz sind die diskutierten Defizite bei der Sicherung vieler gesellschaftlich wichtiger Werte und Nachhaltigkeitsforderungen.

Es sind moralische Defizite gegenüber unserer weltweiten Gemeinschaft und gegenüber den Folgegenerationen, die wir nur mit einem neuen Niveau von Vernunft, Handlungsbereitschaft und Engagement bewältigen können. Wir brauchen einen bunten Strauß neuer Instrumente. Zwei Prinzipien, die flächendeckend als neue regelnde Kraft eingesetzt werden können, habe ich beschrieben: Instrumente zur verbesserten Werteorientierung der Marktwirtschaft und zu breiterer Bürgerbeteiligung. Sie werden nicht die einzigen sein, aber sie sind überraschend breit einsetzbar, vorausgesetzt, der verbreitete Ruf nach Weiterentwicklung führt zu einer dramatisch verstärkten Bereitschaft der Akteure, die Ziele der Wertesicherung und der Nachhaltigkeit als die wichtigste moralische Verpflichtung unserer Zeit aufzugreifen.

Die *Verantwortung des Verbrauchers*, des Kunden, ist in einer globalisierten Welt zur wichtigsten Kraft überhaupt geworden. Mehr und mehr Bürger kaufen und investieren bewusst, schauen sich um und verändern ihre Umgebung verantwortungsvoll, beispielhaft und durch Engagement. Die Verantwortung des Einzelnen ist in freien Systemen die größte Verpflichtung, zugleich auch die größte Waffe. Engagement als Gruppe kann das noch enorm verstärken.

Die *Verantwortung des Unternehmers* gewinnt mit der CSR-Bewegung – dem Bekenntnis von Unternehmen zur umfassenden sozialen Verantwortung – klarere Konturen und damit Handlungsorientierung. Das wird seinen kommerziellen Effekt nicht verfehlen, wenn die Kunden es würdigen – auch dann, wenn es in Einzelbereichen zu Preisaufschlägen führt. Denn Werteverachtung spart Kosten, und Werteschutz kostet. Das ist das Kernproblem.

Nachhaltig korrektes Handeln der Unternehmen hat einige Grundregeln, ist aber zugleich für jede Branche und für jeden Themenbereich unterschiedlich. Das ergibt eine Komplexität der Wirtschaft, der die Politik nur begrenzt folgen kann und bei der sie von der Vielzahl der Probleme und dem Tempo der Änderungen zu oft überrollt wird. Wollen wir die ungeregelten Kräfte des Marktes nicht übermächtig und vernichtend werden lassen, dann brauchen wir koordinierende und selbstverpflichtende Strukturen in allen Wirtschaftsbranchen.

Mein Appell gilt den Wirtschaftsverbänden, sich mit einem Kulturwandel dieser neuen Aufgabe zu stellen und die Chance und Herausforderung zu ergreifen, sich vom reinen Interessenvertreter zum »Koordinierer und Wächter« zu wandeln, um so ethisch vorbildliches und nachhaltiges Handeln zu koordinieren, zu überwachen und durchzusetzen. Das bedeutet, Brancheninteressen nur noch im Einklang mit nachhaltigen Zielen zu vertreten, Handlungsprioritäten für Technologie und Marktauftritt zu definieren und deren Umsetzung, wenn nötig, auch mit Härte zu überwachen. Es bedeutet letztlich, die CSR-Idee für alle Mitglieder der Branche verpflichtend zu machen und die Grenzen der Freiwilligkeit zu überwinden.

Die Ergänzung durch die institutionalisierte Dialog-Plattform eines »Zukunfts- und Ethikrates« erleichtert die Festlegung von

Prioritäten, bringt Gewinn an Einsicht für beide Seiten durch neue Blickwinkel, aus denen Weitsicht und unterstützende Kooperation entstehen können. Sich diesem Dialog kontinuierlich zu stellen ist deshalb die beste Voraussetzung für den Erfolg. Es ist der Erfolg des kreativen Dialogs mit anderen Denkrichtungen und Wissensnetzen.

Natürlich kenne ich die Bedenken der Wirtschaft und der Politik zu einem weiteren Organ, die Sorge vor endlosen Dialogen und Überbürokratisierung und den Transparenzforderungen eines solchen Dialogs. Aber dieser Dialog findet sowieso statt, unkanalisiert und täglich. Die Marktwirtschaft ist wegen ihrer Wertedefizite unter Druck. Wer sich dem entzieht, leistet nur denen Vorschub, die ständig nach dem Staat rufen oder gar das Gesamtsystem in Frage stellen. Eine durch ein Organ geordnete Mitsprache und damit Mitbestimmung, auch ohne Entscheidungs- und Vetorechte, ist der bessere und am Ende effizientere Weg der Selbstverwaltung und des gesellschaftspolitischen Dialogs. Sobald daraus eine Kultur profunder Achtung und tiefen Rollenverständnisses geworden ist, kann man über die Mitarbeit von Vertretern eines Zukunftsrates auch in Governance-Funktionen nachdenken, um ethischen Themen zusätzliche Aufmerksamkeit zu schaffen und zugleich die Notwendigkeit politischer Regulierung zu reduzieren. Eine so gestaltete ethisch hoch stehende Selbstverwaltung wäre ein wichtiges Kernelement einer positiven Gemeinschaft.

Aufheben wird dies die *Verantwortung der Mandatsträger in Politik und Parteien* zu mutiger, manchmal auch unpopulärer Politik zwar nicht, aber die Entlastung ist bei erfolgreicher Umsetzung dieser Maßnahmen erheblich. Die politische Rolle kann sich auf die stufenweise Entwicklung geeigneter Rahmenbedingungen beschränken, die die beschriebene wirtschaftsinterne Wertesicherung und deren Durchsetzung fordern und fördern. Erleichternd unterstützt werden könnte die politische Arbeit dabei durch die enorme Kraft sachbezogener Volksentscheide, die – insbesondere bei Ergänzung durch einen neutral informierenden »Bürgerrat« – die geordnete Auseinandersetzung mit kontroversen Fragestellungen fördern und die Konsensfindung erleichtern. Denn Nachhaltigkeit bedeutet oft auch Verzicht und Rückschnitt, Maßnahmen, die Einsicht und Rückhalt brauchen. Dies zu beherrschen zeichnet eine echte Gemeinschaft aus. Systemimmanent problembezogener Dialog als Instrument der Mitbestimmung der Zivilgesellschaft wird ein Schlüssel sein, um dem Mut und der Einsicht zu ausgewogen nachhaltigem Handeln den notwendigen Stellenwert zu verschaffen und zugleich nachhaltigkeitsschädliche Überzeichnungen der heutigen sozialen Marktwirtschaft zu korrigieren.

Viele Wertorientierungen sind auf dem Plateau 2 verloren gegangen. Früher fußte die Gesellschaft stärker auf verbindenden Werten und *einer* Gemeinschaft; dies hat sich durch die Individualisierung und den Werteverfall deutlich abgeschwächt. Fehlt der Respekt vor diesen Werten und der Gemeinschaft und fehlen zentrale gesellschaftliche Instanzen, wie es früher etwa eine starke Kirche war, dann muss der Kapitalismus andere normative Regulierungen implementieren. Das ist das Plateau 3 – es mahnt zur Vernunft, weil es zur Nachhaltigkeit keine Alternative gibt!

PETER GRASSMANN

Die Erklärung von Rio über Umwelt und Entwicklung

Die Konferenz der Vereinten Nationen über Umwelt und Entwicklung, zum Abschluss ihrer Tagung vom 3. bis 14. Juni 1992 in Rio de Janeiro, *in Bekräftigung* der am 16. Juni 1972 in Stockholm verabschiedeten Erklärung der Konferenz der Vereinten Nationen über die Umwelt des Menschen sowie in dem Bemühen, darauf aufzubauen, *mit dem Ziel*, durch die Schaffung von neuen Ebenen der Zusammenarbeit zwischen den Staaten, wichtigen Teilen der Gesellschaft und den Menschen eine neue und gerechte weltweite Partnerschaft aufzubauen, *bemüht* um internationale Übereinkünfte, die die Interessen aller achten und die Unversehrtheit des globalen Umwelt- und Entwicklungssystems schützen, *anerkennend*, dass die Erde, unsere Heimat, ein Ganzes darstellt, dessen Teile miteinander in Wechselbeziehung stehen, *erklärt* Folgendes:

Grundsatz 1

Die Menschen stehen im Mittelpunkt der Bemühungen um eine nachhaltige Entwicklung. Sie haben das Recht auf ein gesundes und produktives Leben im Einklang mit der Natur.

Grundsatz 2

Die Staaten haben im Einklang mit der Charta der Vereinten Nationen und den Grundsätzen des Völkerrechts das souveräne Recht, ihre eigenen Ressourcen entsprechend ihrer eigenen Umwelt- und Entwicklungspolitik auszubeuten, und haben die Verantwortung, dafür Sorge zu tragen, dass Tätigkeiten unter ihrer Hoheitsgewalt oder Kontrolle der Umwelt anderer Staaten oder Gebiete jenseits der Grenzen des Bereichs nationaler Hoheitsbefugnisse keinen Schaden zufügen.

Grundsatz 3

Das Recht auf Entwicklung muss so verwirklicht werden, dass den Entwicklungs- und Umweltbedürfnissen der heutigen und der kommenden Generationen in gerechter Weise entsprochen wird.

Grundsatz 4

Damit eine nachhaltige Entwicklung zustande kommt, muss der Umweltschutz Bestandteil des Entwicklungsprozesses sein und darf nicht von diesem getrennt betrachtet werden.

Grundsatz 5

Alle Staaten und alle Menschen müssen bei der grundlegenden Aufgabe, als unverzichtbare Voraussetzung für die nachhaltige Entwicklung die Armut zu beseitigen, zusammenarbeiten, um Ungleichheiten im Lebensstandard zu verringern und den Bedürfnissen der Mehrheit der Menschen in der Welt besser gerecht zu werden.

Grundsatz 6

Erhöhter Vorrang gebührt der besonderen Situation und den besonderen Bedürfnissen der Entwicklungsländer, vor allem der am wenigsten entwickelten Länder und der Länder, die im Hinblick auf die Umwelt am meisten gefährdet sind. Internationale Maßnahmen im Bereich Umwelt und Entwicklung sollten außerdem auf die Interessen und Bedürfnisse aller Länder gerichtet sein.

Grundsatz 7

Die Staaten werden in einem Geist der weltweiten Partnerschaft zusammenarbeiten, um die Gesundheit und die Unversehrtheit des Ökosystems der Erde zu erhalten, zu schützen und wiederherzustellen. Angesichts der unterschiedlichen Beiträge zur globalen Umweltverschlechterung tragen die Staaten gemeinsame, wenngleich unterschiedliche Verantwortlichkeiten. Die entwickelten Staaten erkennen die Verantwortung an, die sie in Anbetracht des Drucks, den ihre Gesellschaften auf die globale Umwelt ausüben, sowie in Anbetracht der ihnen zur Verfügung stehenden Technologien und Finanzmittel bei dem weltweiten Streben nach nachhaltiger Entwicklung tragen.

Grundsatz 8

Um nachhaltige Entwicklung und eine höhere Lebensqualität für alle Menschen herbeizuführen, sollten die Staaten nicht nachhaltige Produktionsweisen und Konsumgewohnheiten abbauen und beseitigen und eine geeignete Bevölkerungspolitik fördern.

Grundsatz 9

Die Staaten sollten zusammenarbeiten, um den Ausbau der eigenen Kapazitäten für eine nachhaltige Entwicklung zu stärken, indem sie das wissenschaftliche Verständnis durch den Austausch wissenschaftlicher und technologischer Kenntnisse vertiefen und die Entwicklung, Anpassung, Verbreitung und Weitergabe von Technologien fördern.

Grundsatz 10

Umweltfragen sind am besten auf entsprechender Ebene unter Beteiligung aller betroffenen Bürger zu behandeln. Auf nationaler Ebene erhält jeder Einzelne angemessenen Zugang zu den im Besitz öffentlicher Stellen befindlichen Informationen über die Umwelt, einschließlich Informationen über Gefahrstoffe und gefährliche Tätigkeiten in ihren Gemeinden, sowie die Gelegenheit zur Teilhabe an Entscheidungsprozessen. Die Staaten erleichtern und fördern die öffentliche Bewusstseinsbildung und die Beteiligung der Öffentlichkeit, indem sie Informationen in großem Umfang verfügbar machen. Wirksamer Zugang zu Gerichts- und Verwaltungsverfahren, so auch zu Abhilfe und Wiedergutmachung, wird gewährt.

Grundsatz 11

Die Staaten werden wirksame Umweltgesetze verabschieden. Umweltnormen sowie Bewirtschaftungsziele und -prioritäten sollten dem Umwelt- und Entwicklungskontext entsprechen, für den sie gelten. Normen, die in einigen Ländern Anwendung finden, können in anderen Ländern, insbesondere in Entwicklungsländern, unangemessen sein und zu nicht vertretbaren wirtschaftlichen und sozialen Kosten führen.

Grundsatz 12

Die Staaten sollten gemeinsam daran arbeiten, ein stützendes und offenes Weltwirtschaftssystem zu fördern, das in allen Ländern zu Wirtschaftswachstum und nachhaltiger Entwicklung führt und es gestattet, besser gegen die Probleme der Umweltverschmutzung vorzugehen. Umweltbezogene und handelspolitische Maßnahmen sollten weder ein Mittel willkürlicher oder ungerechtfertigter Diskriminierung noch eine verdeckte Beschränkung des internationalen Handels darstellen. Einseitige Maßnahmen zur Bewältigung von Umweltproblemen außerhalb des Hoheitsbereichs des Einfuhrlands sollten vermieden werden. Maßnahmen zur Bewältigung grenzüberschreitender oder weltweiter Umweltprobleme sollten soweit möglich auf internationalem Konsens beruhen.

Grundsatz 13

Die Staaten werden innerstaatliche Rechtsvorschriften betreffend die Haftung für Umweltverschmutzungen und andere Umweltschäden und betreffend die Entschädigung der Opfer schaffen. Außerdem werden die Staaten zügig und entschlossener zusammenarbeiten, um das Völkerrecht im Bereich der Haftung und Entschädigung für nachteilige Auswirkungen von Umweltschäden, die durch Tätigkeiten unter ihrer Hoheitsgewalt oder Kontrolle in Gebieten außerhalb ihrer Hoheitsbefugnisse verursacht werden, weiterzuentwickeln.

Grundsatz 14

Die Staaten sollten tatkräftig zusammenarbeien, um die Verlegung und den Transfer in andere Länder von Tätigkeiten und Stoffen, die zu einer starken Beeinträchtigung der Umwelt führen oder sich für die Gesundheit des Menschen als schädlich erweisen, zu erschweren oder zu verhindern.

Grundsatz 15

Zum Schutz der Umwelt wenden die Staaten im Rahmen ihrer Möglichkeiten allgemein den Vorsorgegrundsatz an. Drohen schwerwiegende oder bleibende Schäden, so darf ein Mangel an vollständiger wissenschaftlicher Gewissheit kein Grund dafür sein, kostenwirksame Maßnahmen zur Vermeidung von Umweltverschlechterungen aufzuschieben.

Grundsatz 16

Die nationalen Behörden sollten bestrebt sein, die Internalisierung von Umweltkosten und den Einsatz wirtschaftlicher Instrumente zu fördern, wobei sie unter gebührender Berücksichtigung des öffentlichen Interesses und unter Vermeidung von Verzerrungen im Welthandel und bei den internationalen Investitionen den Ansatz verfolgen sollten, dass grundsätzlich der Verursacher die Kosten der Verschmutzung zu tragen hat.

Grundsatz 17

Als nationales Instrument sind bei Vorhaben, die geeignet sind, erhebliche nachteilige Auswirkungen auf die Umwelt zu haben, und der Entscheidung durch eine zuständige nationale Behörde bedürfen, Umweltverträglichkeitsprüfungen durchzuführen.

Grundsatz 18

Die Staaten haben andere Staaten sofort über Naturkatastrophen oder andere Notfälle zu unterrichten, die geeignet sind, zu plötzlichen schädlichen Auswirkungen auf deren Umwelt zu führen. Die Völkergemeinschaft macht alle Anstrengungen, um den so betroffenen Staaten zu helfen.

Grundsatz 19

Die Staaten haben möglicherweise betroffene Staaten über Tätigkeiten, die schwerwiegende nachteilige grenzüberschreitende Auswirkungen auf die Umwelt haben können, im Voraus und rechtzeitig zu unterrichten, ihnen sachdienliche Informationen zur Verfügung zu stellen und sie frühzeitig und in redlicher Absicht zu konsultieren.

Grundsatz 20

Frauen kommt bei der Bewirtschaftung der Umwelt und der Entwicklung eine grundlegende Rolle zu. Ihre volle Einbeziehung ist daher eine wesentliche Voraussetzung für die Herbeiführung nachhaltiger Entwicklung.

Grundsatz 21

Die Kreativität, die Ideale und der Mut der Jugend der Welt sollten mobilisiert werden, um eine weltweite Partnerschaft zu schaffen und so eine nachhaltige Entwicklung herbeizuführen und eine bessere Zukunft für alle zu schaffen.

Grundsatz 22

Indigenen Bevölkerungsgruppen und ihren Gemeinschaften sowie ortsansässigen Gemeinschaften kommt wegen ihres Wissens und ihrer überlieferten Bräuche eine grundlegende Rolle bei der Bewirtschaftung der Umwelt und der Entwicklung zu. Die Staaten sollten die Identität, die Kultur und die Interessen dieser Gruppen und Gemeinschaften anerkennen und gebührend unterstützen und ihre wirksame Teilhabe an der Herbeiführung einer nachhaltigen Entwicklung ermöglichen.

Grundsatz 23

Die Umwelt und die natürlichen Ressourcen der Völker, die in Unterdrückung, unter Fremdherrschaft und unter Besatzung leben, sind zu schützen.

Grundsatz 24

Kriegshandlungen haben ihrer Natur nach zerstörerische Auswirkungen auf die nachhaltige Entwicklung. Aus diesem Grund haben die Staaten die völkerrechtlichen Bestimmungen über den Schutz der Umwelt in Zeiten bewaffneter Auseinandersetzungen zu achten und soweit erforderlich zusammen weiterzuentwickeln.

Grundsatz 25

Frieden, Entwicklung und Umweltschutz bedingen einander und sind unteilbar.

Grundsatz 26

Die Staaten werden alle ihre Streitigkeiten im Umweltbereich friedlich und mit geeigneten Mitteln im Einklang mit der Charta der Vereinten Nationen beilegen.

Grundsatz 27

Die Staaten müssen in gutem Glauben und im Geist der Partnerschaft bei der Erfüllung der in dieser Erklärung enthaltenen Grundsätze sowie bei der Weiterentwicklung des Völkerrechts auf dem Gebiet der nachhaltigen Entwicklung zusammenarbeiten.

RIO DE JANEIRO, 14. JUNI 1992

Literaturverzeichnis

1. Die Zeit ist reif für neue Lösungen

Beck, Ulrich. Risikogesellschaft. Auf dem Weg in eine andere Moderne, München 1986

Luhmann, Hans-Jochen. Die Blindheit der Gesellschaft – Filter der Risikowahrnehmung. München 2001

Miegel, Meinhard. Die deformierte Gesellschaft, München 2002

Nolte, Paul. Generation Reform – Jenseits der blockierten Republik, München 2004

Nolte, Paul. Riskante Moderne – Die Deutschen und der neue Kapitalismus, München 2006

Radermacher, Franz-Josef, Bert Beyers. Welt mit Zukunft – Überleben im 21. Jahrhundert, Hamburg 2007

Sinn, Werner. Ist Deutschland noch zu retten? München 2003

Steingart, Gabor. Deutschland – der Abstieg eines Superstars, München 2005

2. Brüderlichkeit und Fairness – Kernpunkte europäischer Werte

Albright, Madeleine. Der Mächtige und der Allmächtige, München 2006

Kahn, Daniel, Robert L. Katz. The Social Psychology of Organizations, New York 1966

Layard, Richard. Die glückliche Gesellschaft – Kurswechsel für Politik und Wirtschaft, Frankfurt am Main 2005

Milinski, M., D. Semmann, H.J. Krambeck et al. »Stabilizing the Earth's climate is not a losing game: Supporting evidence from public goods experiments.« Proceedings of the National Academy of Sciences, S. 3994–8. Jg. 103, Bd. 11, 2006

Weidenfeld, Werner, Jürgen Turek. Wie Zukunft entsteht – Größere Risiken – weniger Sicherheit – neue Chancen, München 2002

Wybrow, Peter. American Mania: When more is not enough. New York 2005

3. Werteregulierte Marktwirtschaft

Freeman, R. Edward. Strategic Management – A Stakeholder Approach, Boston 1984

Friedman, Milton. Kapitalismus und Freiheit, München 2004

Heinrichs, Johannes. Revolution der Demokratie – Eine Realutopie für die schweigende Mehrheit, Berlin 2003

Heinrichs, Johannes, Karl Albrecht Schachtschneider. Demokratiemanifest für die schweigende Mehrheit, Ingolstadt 2005

Hemel, Ulrich. Wert und Werte. Ethik für Manager – Ein Leitfaden für die Praxis, München 2005

Hermann, Armin. Und trotzdem Brüder – Die deutsch-deutsche Geschichte der Firma Carl Zeiss, München 2002

Hoffmann, Florian Josef. GlobalÖkonomie – Die Erde ist unser Kapital, Berlin 2007

Olson, Mancur. Power and Prosperity – Outgrowing Communist and Capitalist Dictatorships., New York 2000

Rappaport, Alfred. Creating Shareholder Value: The New Standard for Business Performance, New York 1986

Rauch, Herbert, Alfred Strigl. Die Wende der Titanic. Wiener Deklaration für eine zukunftsfähige Weltordnung, München 2005

Rademacher, Franz J., Balance der Zerstörung, Wien 2002

Schumpeter, Joseph A. Kapitalismus, Sozialismus und Demokratie, Stuttgart 2005

Ulrich, Peter. Zivilisierte Marktwirtschaft – Eine wirtschaftsethische Orientierung, Freiburg im Breisgau 2005

Wieland, Josef. Handbuch Wertemanagement, Hamburg 2004

Zeitler, Gerd: Der Freihandelskrieg – Von der neoliberalen zur zivilisierten Globalisierung, Münster 2006

4. Bürgerbeteiligung – der Schlüssel zum Marktwandel

Etzioni, Amitai. Die Verantwortungsgesellschaft – Individualismus und Moral in der heutigen Demokratie, München 1999

Glaser, Andreas. Nachhaltige Entwicklung und Demokratie – Ein Verfassungsvergleich der politischen Systeme Deutschlands und der Schweiz, Tübingen 2006

Gore, Al. Angriff auf die Vernunft, München 2007

Jung, Sabine. Die Logik direkter Demokratie, Wiesbaden 2001

Schiller, Theo. Direkte Demokratie – Eine Einführung, Frankfurt am Main 2002

Schiller, Theo, Volker Mittendorf (Hrsg.). Direkte Demokratie – Forschung und Perspektiven, Wiesbaden 2002

Markus Freitag, Uwe Wagschal (Hrsg.). Direkte Demokratie – Bestandsaufnahmen und Wirkungen im internationalen Vergleich, Münster 2007

5. Beispiele

Beispiel Koordination: Roadmap Klimaschutz

Flannery, Tim. Wir Wettermacher, Frankfurt am Main 2005

Gore, Al. Wege zum Gleichgewicht – Ein Marshall-Plan für die Erde, Frankfurt am Main 1992

Gore, Al. An inconvenient Truth, New York, 2006 (Film und Buch)

Lovins, Amory B. Winning the Oil Endgame. Innovation for Profit, Jobs, and Security, London 2005

Monbiot, George. Hitze – Wie wir verhindern, dass sich die Erde weiter aufheizt und unbewohnbar wird. München 2007

Müller, Michael et. al. Der UN-Klimareport, Köln 2007

Peters, Lutz. Klima 2055. Fakten – Illusionen – Visionen. München 2007

Rahmstorf, Stefan, Hans-Joachim Schellnhuber. Der Klimawandel, München 2006

Stern, Nicholas. The Economics of Climate Change. The Stern Review, Cambridge 2006

Wagner, Hermann Josef. Was sind die Energien des 21. Jahrhunderts? Der Wettlauf um die Lagerstätten, Frankfurt am Main 2007
von Weizsäcker, Ernst Ulrich, A. Lovins, L. Hunter Lovins. Faktor vier. Doppelter Wohlstand – Halbierter Naturverbrauch. Der neue Bericht an den Club of Rome, München 1995
Wicke, Lutz, Peter Spiegel, Inga Wicke-Thüs. Kyoto Plus. So gelingt die Klimawende. München 2006

Beispiel Sozialauftrag: Beschäftigungsstarke Kultur

Fassbänder, Heino, Jürgen Kluge. Perspektive Deutschland – Was die Deutschen wirklich wollen, Berlin 2006 (www.perspektive-deutschland.de)
Claassen, Utz. Mut zur Wahrheit – Wie wir Deutschland sanieren können, Hamburg 2007
Biedenkopf, Kurt. Die Ausbeutung der Enkel – Plädoyer für die Rückkehr zur Vernunft, Berlin 2006

6. Nachhaltig leben – eine Grundhaltung

Radermacher F.J., Beyers, Bert: Welt mit Zukunft – Überleben im 21. Jahrhundert, Hamburg 2007
Bücherreihe »Forum für Verantwortung«, Frankfurt am Main 2007/08
Zeitler, Gerd: Der Freihandelskrieg – Von der neoliberalen zur zivilisierten Globalisierung, Münster 2006

Weblinks

Stern-Report:
www.hm-treasury.gov.uk/independent_reviews/stern_review_economics_climate_change/sternreview_index.cfm
Forum für Verantwortung: www.forum-fuer-verantwortung.de
Intergovernmental Panel on Climate Change: www.ipcc.ch www.de-ipcc.de
Mehr-Demokratie e.V.: www.mehr-demokratie.de
Die Umweltakademie München: www.die-umwelt-akademie.de
www.plateau3.de und www.plateau3.eu

Über den Autor

Dr.-Ing. Peter H. Grassmann, Jahrgang 1939, studierte und promovierte am Max-Planck-Institut für Physik bei Werner Heisenberg im Bereich der Plasmaphysik. Von dort ging er an das MIT in Cambridge/USA, wo er Management und Computerwissenschaften studierte. Nach seiner Rückkehr nach Deutschland stieg er rasch in den obersten Führungskreis des Bereichs Medizintechnik der Siemens AG auf und trug dort durch technologische Pionierleistungen und weltweite Aufbauarbeit wesentlich zum internationalen Wachstum mit besonderen Erfolgsschwerpunkten in USA und Japan bei, bis er auf Grund dieser Erfolge zum Vorstandsvorsitzenden von Carl Zeiss berufen wurde. Unterstützt von Lothar Späth, sanierte er das zur Carl Zeiss Stiftung gehörende Unternehmen und zog sich relativ früh aus der aktiven Führung von Unternehmen zurück, um sich seinem Interesse für Unternehmensethik widmen zu können. Parallel war er Mitglied in zahlreichen Aufsichtsräten der Industrie und der Wissenschaft, darunter dem Senat der Max-Planck-Gesellschaft.

Grassmann ist Ehrensenator der Hochschule für Technik und Wirtschaft in Aalen sowie Träger der Wirtschaftsmedaille Baden-Württemberg und des Bundesverdienstkreuzes. Heute ist er Vorsitzender des Vorstands der UMWELT-AKADEMIE und Mitglied im Kuratorium von Mehr-Demokratie e.V.